Politische Ökonomie gradueller Handelsintegration

Europäische Hochschulschriften

Publications Universitaires Européennes
European University Studies

Reihe V
Volks- und Betriebswirtschaft

Série V Series V
Sciences économiques, gestion d'entreprise
Economics and Management

Bd./Vol. 3027

PETER LANG
Frankfurt am Main · Berlin · Bern · Bruxelles · New York · Oxford · Wien

Margareta Drzeniek

Politische Ökonomie gradueller Handelsintegration

Eine angewandte allgemeine Gleichgewichtsanalyse des EU-Beitritts Polens

PETER LANG
Europäischer Verlag der Wissenschaften

Bibliografische Information Der Deutschen Bibliothek
Die Deutsche Bibliothek verzeichnet diese Publikation in der Deutschen Nationalbibliografie; detaillierte bibliografische Daten sind im Internet über <http://dnb.ddb.de> abrufbar.

Zugl.: Bochum, Univ., Diss., 2002

D 294
ISSN 0531-7339
ISBN 3-631-51461-1

www.peterlang.de

VORWORT

Obwohl eine Dissertation das Werk eines Einzelnen ist, ist jeder Verfasser auf externe Unterstützung angewiesen. Ich möchte zuallererst Herrn Prof. Dr. Bender, der die Arbeit betreute, für die Übernahme des Themas danken, sowie für seine Bemühungen bei der Durchsicht des Manuskriptes, die mir eine Abgabe zum gewünschten Termin ermöglichten. Seine Bereitschaft, sich in die sehr spezielle Thematik der angewandten allgemeinen Gleichgewichtsmodellierung reinzudenken, sowie seine Flexibilität in Bezug auf die Vorgehensweise haben die Arbeit in der vorliegenden Fassung erst möglich gemacht. Ich danke auch Prof. Dr. Volker Nienhaus für die Übernahme des Zweitgutachtens und seine fundierten Kommentare, die zu einer Verbesserung der Arbeit beigetragen haben.

Ein besonderer Dank gilt PD Dr. Christoph Böhringer. Ich habe von ihm nicht nur sehr viel über die angewandte allgemeine Gleichgewichtsmodellierung, das Arbeiten mit Daten und mit GAMS sowie über wissenschaftliches Arbeiten gelernt, er ermöglichte mir darüber hinaus Zugang zu wichtigen Daten und Informationen. Prof. Dr. Werner Smolny sei an dieser Stelle für die Herstellung des Kontaktes zum ZEW gedankt.

Meine Kollegen von der Fakultät für Wirtschaftswissenschaft der Ruhr-Universität Bochum, haben durch Anregungen, Kritik und vor allem durch Ablenkung ebenfalls zum Gelingen beigetragen. Danke auch an Gabi Schumann für ihr stets offenes Ohr und alle Genfer sowie anderen Freunde, die mich auf andere Gedanken brachten, wenn es mal wieder nötig war. Besonderer Dank gilt an dieser Stelle Clemens Schröder, der mir oft bei viel Wein Mut zusprach und durch Lösung computertechnischer Probleme auch zu unmöglichsten Tageszeiten für manch ruhige Nacht sorgte.

Nicht zuletzt danke ich von Herzen meiner Familie, die durch ihr Vertrauen und durch ihre stetige, mannigfaltige Unterstützung immer wieder für Motivation und Antrieb sorgte.

INHALTSVERZEICHNIS

1 FRAGESTELLUNG UND VORGEHENSWEISE DER ANALYSE

Die ehemaligen Planwirtschaften Mittel- und Osteuropas bekundeten bereits zu Beginn des Transformationsprozesses Interesse an einer Mitgliedschaft in der Europäischen Union (EU). Diese wurde daraufhin schnell in Aussicht gestellt: 1991 - etwa zwei Jahre nach Beginn des Transformationsprozesses - unterzeichneten die ersten Länder die Europa-Abkommen, die - noch vage formuliert - den Beitritt zum Ziel hatten.

Die Gründe für den Beitrittswunsch sind von Beginn an politischer Natur gewesen. Zum einen waren es sicherheitspolitische Überlegungen, zum anderen der Wunsch der frühen Reformer, die in der Regel ehemalige Oppositionelle waren, die politischen und ökonomischen Reformprozesse zu verankern und auch für zukünftige Regierungen unumkehrbar zu machen. Diese Gründe der Bewerber und die hohen Kosten eines gescheiterten Beitritts für die Kandidaten machen diesen de facto nicht mehr widerrufbar. Gleichzeitig erfordern die großen, in keiner der früheren EU-Erweiterungen existierenden Unterschiede zwischen den Mitgliedern und den Kandidaten starke Anpassungen auf Seiten der Transformationsländer. Diese sind, zusammen mit den direkten Wirkungen des Beitritts zum Integrationsraum, mit einer Einkommensumverteilung verbunden. Nach den Aussagen der Neuen Politischen Ökonomie mobilisiert ökonomische Umverteilung die potentiell benachteiligten Partikularinteressen zur Beeinflussung der politischen Entscheidungsträger, um die Einkommenseinbußen zu mindern [Vgl. Kapitel 3]. Bei der Gestaltung des Integrationsprozesses muss die jeweilige Regierung also die Verteilung der Gewinne und Verluste auf die einzelnen Bevölkerungsschichten und deren politische Macht berücksichtigen, da ihr andernfalls Machtverlust und das Ausscheiden aus dem Amt droht. Anders als bei den ersten Reformen der Transformation können die osteuropäischen Regierungen dabei nicht mehr mit einem von der Gesellschaft getragenen Konsens über die Notwendigkeit der Reformen rechnen.[1]

Seit Mitte der neunziger Jahre zeigen Umfragen in Polen eine deutlich abnehmende Zustimmung für den EU-Beitritt des Landes [s. Kapitel 2]. Es stellt sich hier zwangsläufig die Frage nach den Gründen dieser Entwicklung. Ist die beobachtete Ablehnung auf die im Laufe der Zeit zunehmende Information der Wähler über die Kosten der Integration, wie SZCZERBIAK (2000) vermutet, zurückzuführen, oder existieren andere politökonomische Gründe? Die Beantwortung dieser Frage ist von Bedeutung, denn im Hinblick auf das stattzufindende Referendum erfordert die abnehmende Zustimmung Aktivitäten seitens der Regierung, will sie ein positives Ergbebnis sicherzustellen. Eine Verschiebung des Beitrittes bei ablehnendem Volksvotum wäre aufgrund bereits getätigter Anpassungen und der Gefahr einer Umkehrung der

1 Zu Beginn der Transformation existierte ein sog. „window of opportunity". Darunter versteht man eine Situation, die kurz nach dem Amtsantritt einer neugewählten Regierung eintritt, die dann die Möglichkeit hat, unpopuläre Reformen durchzusetzen, ohne den Widerstand der durch die Wahlniederlage geschwächten Opposition fürchten zu müssen. In Transformationsländern war dieser Effekt aufgrund des Ausmaßes der politischen Veränderung sehr stark. Hinzu kam die euphorische Stimmung in der Bevölkerung, die mehrheitlich die Reformen unterstützte.

vereinbarten bilateralen Handelsliberalisierung für Polen kostspielig. Die Kenntnis der Prozesse, die zur steigenden Ablehnung führen, erlaubt der Regierung die Wahl der entsprechenden Instrumente zur Stabilisierung der öffentlichen Meinung. Aus einer politökonomischen Analyse können zudem Erkenntnisse für die weiteren Erweiterungsrunden gezogen werden.

Die folgende Arbeit untersucht mit Instrumenten der Neuen Politischen Ökonomie, ob der EU-Beitrittsprozess in Polen politische Unterstützung generiert. Aus der theoretischen Analyse folgt vereinfacht, dass Zustimmung für die Bildung eines Integrationsraumes durch zunehmende Exporte, die aus dem verbesserten Zugang zu den Märkten des Partnerlandes resultieren, generiert wird. Der in den Europa-Abkommen festgelegte bilaterale Liberalisierungsprozess zwischen Polen und der EU verläuft asymmetrisch und graduell, d. h. die Europäische Union liberalisiert ihre Märkte deutlich schneller als Polen. Eine graduelle Implementierung einer Reform kann, in Abhängigkeit von den vorliegenden Bedingungen und der gewählten Sequenz, die politische Durchsetzung einer Reform im Extremfall ermöglichen oder verhindern. Auf Basis der Theorie der politischen Ökonomie der Integration wird ein einfaches theoretisches Modell entwickelt, welches zeigt, dass die gewählte graduelle asymmetrische Integrationsstrategie tendenziell die politische Durchsetzbarkeit des EU-Beitrittes verschlechtert. Damit wäre eine mögliche politökonomische Ursache der sinkenden Zustimmung identifiziert, die in einer gewählten Sequenz der Integrationsschritte begründet liegt. In der politökonomischen Analyse des graduellen Integrationsprozesses geht die Arbeit über die bestehende Literatur hinaus.

Allen Ansätzen der NPÖ der Handelspolitik ist eine Zweiteilung in einen ökonomischen und einen politischen Teil gemeinsam. Während im ökonomischen Teil die Umverteilungswirkungen einer bestimmten Maßnahme untersucht werden, „übersetzt" der politische Teil diese ökonomischen Wirkungen in politischen Einfluss. Diese „Übersetzung" stützt sich auf drei grundlegende Theorien der Neuen Politischen Ökonomie: die ökonomische Theorie der Demokratie von Anthony Downs, die Theorie der Regulierung von Stigler und die Theorie der Interessengruppen von Mancur Olson. Insbesondere die letzten beiden liefern die Basis für die von Grossman/Helpman (1994) vorgenommene spieltheoretische Analyse des Einflusses von Interessengruppen auf die Regierung im handelspolitischen Zusammenhang. Die Struktur politökonomischer Institutionen in Polen erlaubt eine Anwendung dieses Ansatzes zur Abbildung des Verhaltens politökonomischer Akteure.

Der Beitritt zur Europäischen Union ist ein komplexes Unterfangen und die Breite der Umverteilungswirkungen, die er generiert erfordert Einschränkungen im Umfang des Untersuchungsgegenstandes. Mit dem Beitritt zur Europäischen Union trifft Polen eine Vereinbarung, die weit über die reine Handelsintegration hinausgeht. Neben der bilateralen Abschaffung der tarifären und nichttarifären Handelsbarrieren und der Übernahme des Gemeinsamen Außenzolls der EU ist die Implementierung aller in der EU geltenden Verträge vorgesehen. Diese beinhalten unter anderem Regelungen des Agrarmarktes, Angleichung der Vergabepraxis staatlicher Beihilfen, budgetäre

Wirkungen, Liberalisierung der Faktormärkte und Anpassung an die in der EU geltenden Umwelt-, Sozial- und Sicherheitsstandards.

Die Komplexität der Wirkungszusammenhänge und die Fokussierung der Fragestellung auf das Beispiel Polen empfiehlt die Anwendung eines angewandten allgemeinen

Gleichgewichtsmodells als Verfahren der Bestimmung der Umverteilungswirkungen. Es wird ein Modell konstruiert, dass sich zur Analyse handelspolitischer Fragestellungen eignet. Dieser Ansatz beinhaltet die Modellierung unternehmensinterner steigender Skalenerträge. Die allgemeine Gleichgewichtsanalyse beschränkt sich auf die handelspolitischen Maßnahmen im Rahmen des Beitritts. Dabei werden die Wirkungen der Liberalisierung der Faktormärkte, der Anpassung der Vergabepraxis staatlicher Beihilfen, budgetäre Wirkungen sowie die Anpassungskosten an EU-Normen- und Standards vernachlässigt. Auf Agrarmärkten wird die Anwendung der handelspolitischen Instrumente der Europäischen Union in Polen stellvertretend für eine detaillierte Abbildung der Gemeinsamen Agrarpolitik modelliert.

Die quantitativen Ergebnisse dieses Modells werden mittels der Theorie der Neuen Politischen Ökonomie in politischen Einfluss transformiert und der Beitrittsprozess wird im Hinblick auf seine Optimalität analysiert. Erstaunlicherweise existieren nur zwei Arbeiten, die politökonomische Mechanismen mit CGE-Modellen verknüpfen: RUTHERFORD/WINER (1995) im Kontext der Besteuerung und RUTSTRÖM (1991) im Zusammenhang mit Handelspolitik in Indonesien. RUTHERFORD/WINER (1995) verwenden eine Variante des Medianwählermodells, um ein simultanes ökonomisches und politisches Gleichgewicht zu implementieren. RUTSTRÖM (1991) arbeitet in einem sehr einfachen Modellrahmen mit einer exogen gegebenen Gewichtung der Interessen. Hier geht die Arbeit über bestehende Literatur hinaus, denn die Verwendung des Modells von GROSSMAN/HELPMAN (1994) erlaubt eine Abbildung politökonomischer Prozesse, die auf einer soliden mikroökonomischen Fundierung aufbaut und gleichzeitig empirisch bestätigt ist. Obwohl aus den Ergebnissen des allgemeinen Gleichgewichtsmodells kein „Rezept" für die optimale Ausgestaltung des Integrationsprozesses entwickelt werden kann, trägt die Analyse zum Verständnis der wechselseitigen Beziehungen zwischen Politik und Ökonomie im Zuge der Bildung von Integrationsräumen bei.

Die Analyse beginnt mit einer Betrachtung des Beitrittsprozesses Polens und der Untersuchung der politökonomischen Institutionen im Land (Kapitel 2). Als nächstes werden in Kapitel 3 die Determinanten handelspolitischer Entscheidungen aus der Perspektive der Neuen Politischen Ökonomie untersucht. In Kapitel 4 folgt die theoretische Analyse der politischen Ökonomie der Bildung von Integrationsräumen unter Berücksichtigung der graduellen Vorgehensweise. In Kapitel 5 wird das konstruierte allgemeine Gleichgewichtsmodell detailliert beschrieben. Die Analyse der Simulationsergebnisse in Kapitel 6 bringt die Arbeit zum Abschluss.

2 DER BEITRITTSPROZESS UND DIE POLITISCHEN INSTITUTIONEN IN POLEN

2.1 Der Beitrittsprozess

Obwohl das 1991 unterzeichnete Europa-Abkommen zwischen der EU und Polen die Möglichkeit des EU-Beitrittes noch nicht eindeutig enthielt, markiert es den Beginn des Integrationsprozesses. Der chronologische Ablauf ist in Tabelle 2-1 wiedergegeben. Das 1994 in Kraft getretene Abkommen[2] beschloss die bilaterale Abschaffung aller tarifären und nichttarifären Handelshemmnisse auf Industriegüter. Für die sog. sensiblen Sektoren, Textil, Bekleidung, Kohle, Stahl und Automobilbau galten Übergangszeiten bis zu zehn Jahren (s. Abschnitt 6.1 für Details). Für einige landwirtschaftliche Erzeugnisse wurden bis auf Kontingente für einige Gütergruppen keine nennenswerten Liberalisierungsschritte unternommen. Der Prozess wurde asymmetrisch ausgestaltet: während die EU sofortigen Zugang zu den meisten Märkten gewährte und die Handelsschranken für die sensiblen Güter innerhalb von fünf Jahren liberalisierte, liberalisierten die Mittel- und Osteuropäischen Länder (MOEL) mit zeitlicher Verzögerung, um Handelsungleichgewichte zu vermeiden. Beibehalten wurde die Möglichkeit, in bestimmten Ausnahmefällen Strafzölle und Antidumping-Maßnahmen nach den WTO-Richtlinien zu verhängen.

19.September 1989	Unterzeichnung des **Abkommens über Außen-handel und wirtschaftliche Zusammenarbeit** zwischen Polen und den Europäischen Gemeinschaften (EG)
16. Dezember 1991	Unterzeichnung der **Europa-Abkommen**
1. März 1992	Inkrafttreten der **Interimsabkommen** zu den Europa-Abkommen. Beginn der Handelsliberalisierung
21-22. Juni 1993	Der Europäische Rat von Kopenhagen beschließt die **Kopenhagener Kriterien**
1. Februar 1994	Inkrafttreten der **Europa-Abkommen**
8. April 1994	Stellung des **Beitrittsantrages** auf Mitgliedschaft in der Europäischen Union durch die Republik Polen
16. Juli 1997	Positive Bewertung Polens in der Agenda 2000: Aus-wahl als Beitrittskandidat
31.März 1998	Beginn der **Beitrittsverhandlungen**
April 1998 - November 1999	Screening der Rechtslage
Juni 1998 – Juni 2000	Ausarbeitung der **Verhandlungspositionen**
Oktober 1998 – Dezember 2002	**Verhandlungen** auf Grundlage der vorgestellten Verhandlungspositionen
Juni 2003	**Volksabstimmung** über den Beitritt zur EU in Polen

Tabelle 2-1: Chronologie des Beitritts Polens zur EU
Quelle: eigene Darstellung

Zusätzlich wurden erste Vereinbarungen zur bilateralen Liberalisierung der Märkte für Kapital und Dienstleistungen sowie die Einleitung der Angleichung der Politiken in den Bereichen Wettbewerb, staatliche Beihilfen und Schutz geistigen Eigentums

2 Bis zum Inkrafttreten leitete ein Interimsabkommen die Handelsliberalisierung ein.

getroffen. Lange vor Abschluss des Beitrittsvertrages wurde also eine der Freihandelszone[3] ähnliche Vereinbarung implementiert.

Obwohl die einzelnen Liberalisierungsschritte nicht ausnahmslos eingehalten wurden,[4] erlaubten die Abkommen eine rasche weitgehende Neuorientierung und Ausweitung des Außenhandels mit der Europäischen Union: Die Gesamtexporte Polens nahmen 1992-1999 um 107,5% zu, während die Exporte in die EU im gleichen Zeitraum um 153,2% angestiegen sind. Ende der 90er Jahre erreichte die Handelsverflechtung Polens mit der EU ähnliche Werte, wie sie die EU-Mitglieder untereinander aufweisen (Vgl. Tabelle 2-2).

	Polen-EU		*Intra-EU*
	1989	1999	1999
Exporte	32,7%	70,5%	63,5%
Importe	34,2%	65,0%	61,7%

Tabelle 2-2: Entwicklung der Anteile der Europäischen Union am Außenhandel Polens

Quelle: Rada Ministrow (2000), WTO (2000)

Präferentielle Handelsliberalisierung ist der Ausgangspunkt regionaler Integrationsräume, das Vertragswerk der Europäischen Union geht jedoch über die reine Handelsintegration hinaus. Angestrebt wird die höchste Stufe der ökonomischen Integration, die Wirtschafts- und Währungsunion. Für die osteuropäischen Staaten bedeutet dies, dass die präferentielle Handelsliberalisierung mit zahlreichen aus dem Vertragswerk der EU resultierenden institutionellen Anpassungen verbunden ist. Die Integrationstiefe der EU – und damit auch der Umfang der wirtschaftpolitischen Änderungen im Zuge des Beitritts - kann auf vier zentrale Integrationsformen[5] zurückgeführt werden:

1. *Zollunion*, die eine Übernahme des gemeinsamen Außenzolls der Europäischen Union erfordert.
2. *Gemeinsamer Markt* (Europäischer Binnenmarkt), der Mobilitätsmöglichkeit für Produktionsfaktoren sowie Angleichung der Wettbewerbsbedingungen impliziert, insbesondere in den Bereichen Wettbewerbspolitik, staatliche Beihilfen, indirekte Steuern, Umwelt- Sozial- und Verbraucherstandards sowie technische Normen.
3. *Währungsunion*, an der die neuen Mitgliedsstaaten zu einem späteren Zeitpunkt teilnehmen werden. Diese beinhaltet eine gemeinsame Währung und die geldpolitische Koordination.

---

3 Eine Freihandelszone beinhaltet die bilaterale Liberalisierung des Handels in Gütern und Dienstleistungen.

4 Beispielsweise musste die polnische Regierung unter dem Druck der heimischen Interessengruppen die Liberalisierung im Stahl- und Automobilsektor mehrmals verzögern, und verhängte im Agrarbereich gegen einige Produkte Strafzölle gegen die EU.

5 Zu Integrationsformen vgl. z. B. BLANK/CLAUSEN/WACKER (1998), S. 31ff.

4. *Wirtschaftunion*, die eine Harmonisierung der nationalen Wirtschaftspolitiken mit der EU, bzw. deren Übernahme erfordert, insbesondere der Gemeinsamen Agrarpolitik (GAP), der Struktur- und Regionalpolitik, der Arbeitsmarktpolitik sowie der Sozialpolitik.

Die Übernahme dieser Politikbereiche erfordert institutionelle Anpassungen und wirtschaftspolitische Reformen auf Seiten der Kandidaten. Diese sind deutlich umfangreicher und tiefgreifender als bei früheren Erweiterungsrunden, da das planwirtschaftliche System einen Entwicklungsrückstand zu Westeuropa aufwies und die Integrationstiefe der Europäischen Union in den vergangenen Jahren deutlich gestiegen ist, so dass mehr wirtschaftspolitische Instrumente in den Zuständigkeitsbereich der EU fallen. Hinzu kommen zahlreiche institutionelle Divergenzen zwischen den Transformationsländern und den entwickelten Marktwirtschaften, die aus der Gleichzeitigkeit von Integrations- und Transformationsprozess folgen.[6]

Vor dem Hintergrund der Transformationssituation in den Kandidatenländern formulierte der Europäische Rat von Kopenhagen 1993 die Kopenhagener Kriterien als Zielvorgabe für die Beitrittsvorbereitung von der Europäischen Union. Diese fordern von neuen Mitgliedern:

1. Stabilität demokratischer Institutionen, Rechtsstaatlichkeit, Wahrung der Menschenrechte, Schutz von Minderheiten;
2. Existenz einer funktionierenden Marktwirtschaft sowie die Fähigkeit, dem Wettbewerbsdruck und den Marktkräften, die aus dem gemeinsamen Markt resultieren, standzuhalten;
3. Fähigkeit, aus einer Mitgliedschaft erwachsende Verpflichtungen zu übernehmen, und sich auch die Ziele der politischen Union sowie der Wirtschafts- und Währungsunion zu eigen zu machen[7] sowie
4. Schaffung der Bedingungen für die Integration in Hinsicht auf die Anpassung der administrativen Strukturen, so dass die Rechtsprechung der Europäischen Union umgesetzt und in das nationale Recht effizient implementiert werden kann.

Die ersten beiden Kriterien zielen auf den vollständigen Abschluss der politischen und ökonomischen Transformation vor dem endgültigen Beitritt ab. Das dritte Kriterium impliziert die volle Übernahme des gemeinschaftlichen Besitzstandes der EU, des sog. *acquis communautaire*, (gemeinsamer Besitzstand, im folgenden *acquis*) während das vierte Kriterium die Schaffung der zur Implementierung des *acquis* erforderlichen administrativen Strukturen verlangt.

---

6 Zum Verhältnis zwischen dem Transformations- und Integrationsprozess vgl. PIAZOLO (2000) und GÁCS (1999).

7 Hierzu gehören auch die Bestimmungen der Verträge von Amsterdam (1997) und Maastricht (1992).

Die Implementierung des *aquis* steht im Mittelpunkt der Verhandlungen, die 1998 auf Grundlage der im Strategiepapier Agenda 2000 [EUROPÄISCHE KOMMISSION (1997a)] enthaltenen Beurteilungen über den Grad der Erfüllung der Beitrittskriterien mit Polen begonnen wurden.[8] Das Gesetzeswerk des *aquis* umfasst die gesammelten Rechtsvorschriften und Regeln, die in der Gemeinschaft infolge der Verträge, Vereinbarungen, Gesetzesregelungen und der daraus abgeleiteten Rechtsprechung gelten. Es betrifft alle Politikbereiche, die in Zuständigkeit der Gemeinschaft fallen, bzw. von dieser koordiniert werden. Für die Verhandlungen ist der *acquis* in 31 Kapitel unterteilt worden (s. Tabelle 2-3), aus denen der Umfang der Regelungen ersichtlich ist.

1. Freier Warenverkehr	18. Allgemeine und berufliche Bildung
2. Freizügigkeit	19. Telekommunikation und IT
3. Freier Dienstleistungsverkehr	20. Kultur und Audiovisuelle Medien
4. Freier Kapitalverkehr	21. Regionalpolitik und Koordination der Strukturinstrumente
5. Gesellschaftsrecht	22. Umwelt
6. Wettbewerbsrecht	23. Konsumenten- und Gesundheitsschutz
7. Landwirtschaft	24. Zusammenarbeit in den Bereichen Justiz und Inneres
8. Fischerei	25. Zollunion
9. Verkehr	26. Außenbeziehungen
10. Besteuerung	27. Gemeinsame Außen- und Sicherheitspolitik
11. Wirtschafts- und Währungsunion	28. Finanzkontrolle
12. Statistik	29. Finanzielle und budgetäre Fragen
13. Beschäftigung und Soziales	30. Institutionen
14. Energie	31. Andere
15. Industriepolitik	
16. Kleine und Mittlere Unternehmen	
17. Forschung und Entwicklung	

Tabelle 2-3: Verhandlungskapitel des *acquis communautaire*

Quelle: Europäische Kommission (2001a)

Auf Basis einer Bestandsaufnahme der Abweichungen in den Rechtsprechungen der EU und Polens in den relevanten Bereichen (sog. *screening*) wurden bis Juni 2000 Verhandlungspositionen zu den Kapiteln erarbeitet. Bis zum Sommer 2001 wurden in den Verhandlungen mit Polen 17 Kapitel vorläufig abgeschlossen.

Für die Beitrittskandidaten sind folgende Bereiche des acquis aufgrund der mit ihrer Übernahme verbundenen Anpassungskosten und/oder der zu erwartenden Nutzen zentral:

1. *Binnenmarkt*
   Hierzu gehören Regelungen, die die Liberalisierung der Märkte für Güter, Dienstleistungen und Kapital sowie die Freizügigkeit der Arbeitnehmer betreffen. Dies sind insbesondere Abbau von Handelsschranken, Angleichung der technischen Normen und Produktstandards bzw. Anpassung der Zertifizierungsverfahren wie auch die Öffnung der Bank- und Versicherungsmärkte,

[8] Polen wurde 1997 zusammen mit den anderen Ländern der sog. *Luxemburg-Gruppe* (Polen, Tschechische Republik, Ungarn, Estland, Slowenien) für die Aufnahme der Verhandlungen im März 1998 ausgewählt.

Anerkennung von berufsbildenden Abschlüssen, etc. Ergänzend sind die Wettbewerbsbedingungen für Unternehmen anzugleichen, was eine Anpassung der Vergaberegeln für staatliche Beihilfen, des Wettbewerbsrechtes und des Zugangs zu öffentlichen Ausschreibungen bedeutet. Mit Angleichungen in diesem Bereich ist im Rahmen des Europa-Abkommens begonnen worden.

2. *Landwirtschaft*
   Die Gemeinsame Agrarpolitik (GAP) der EU umfasst im Kern die Markt- und Preispolitik für landwirtschaftliche Erzeugnisse, Nahrungsmittelhygiene, Verordnungen über die Restrukturierung der Betriebe und zur ländlichen Entwicklung, sowie Tier- und Pflanzengesundheit.

3. *Umwelt- und Verbraucherschutz*
   Hierzu gehören Regelungen zur Eindämmung der Wasser- und Luftverschmutzung, zum Strahlenschutz und zum Umgang mit Chemikalien. Dabei sind auch zahlreiche produktspezifische Rechtsvorschriften wie auch Regelungen zur Durchführung von Umweltverträglichkeitsprüfungen bei Großprojekten anzugleichen. Verbraucherschutz der EU umfasst sowohl die allgemeine Produktsicherheit als auch Produktstandards in besonderen Bereichen (Kosmetika, Pharmaerzeugnisse, Spielzeug, etc.) und den Schutz der wirtschaftlichen Interessen der Verbraucher.

4. *Beschäftigung und Soziales*
   Gemeinschafsvorschriften umfassen hier die Bereiche Gesundheitsschutz und Sicherheit am Arbeitsplatz, Arbeitsrecht und Arbeitsbedingungen und weitere Instrumente der Sozialpolitik.

Der EU beitretende Länder sind grundsätzlich verpflichtet, den gesamten Apparat des *acquis communautaire* zu übernehmen und zum Zeitpunkt des Beitritts vollständig anzuwenden. Die Gewährung von Ausnahmebereichen wurde seitens der EU kategorisch ausgeschlossen, lediglich Übergangszeiten konnten in Einzelfällen vereinbart werden.

Es ist zu erwarten, dass die notwendigen Anpassungen für die Kandidaten mit Kosten verbunden sind. Diese betreffen Unternehmen, die z. B. ihre Produktionsprozesse an die neuen Umweltnormen anpassen müssen, und belasten gleichzeitig das Staatsbudget, da Institutionen zu schaffen und Infrastrukturinvestitionen vorzunehmen sind. Inwiefern diese über diejenigen, die im Zuge der Transformation im Falle des Nicht-Beitritts anfallen, hinausgehen, ist unter anderem aufgrund der Schwierigkeiten bei der Erfassung des Umfanges der Änderungen und bei der Definition eines Alternativ-Szenarios [ähnlich BREUSS (1998)] schwer zu schätzen.[9] Zwecks einer beschleunigten Anpassung wurden seit dem Europa-Gipfel in Essen 1994 von der Europäischen

[9] Siehe hierzu auch MORTENSEN/RICHTER (2000), die einen Überblick über Studien zu den Kosten und Nutzen der Osterweiterung in den Beitrittländern geben.

Kommission zahlreiche Instrumente entwickelt und finanzielle Mittel im Rahmen des PHARE-Hilfsprogramms[10] bereitgestellt.

2.2 Ausgewählte Aspekte der institutionellen Umgebung der politischen Einflussnahme in Polen

Polen ist eine stabile und funktionierende parlamentarische Demokratie mit einer arbeitsfähigen staatlichen Verwaltung. Im Jahr 2001 ist die neunte Regierung seit 1989 gewählt worden. Das System der Legislative besteht aus einem Zwei-Kammer-Parlament. Abgeordnete im Sejm (untere Kammer) vertreten 460 Wahlbezirke und im Senat (obere Kammer) die 16 Wojewodschaften. Im Gegensatz zu den Verwaltungen der regionalen Gebietskörperschaften sind die Strukturen der zentralen Staatsverwaltung weitgehend unreformiert geblieben.

2.2.1 Organisation und Einfluss von Interessengruppen

Empirische Untersuchungen bestätigen, dass der Einfluss auf handelspolitische Entscheidungen in erster Linie von sektoral organisierten Interessengruppen ausgeübt wird (s. Abschnitt 3.4). In sozialistischen Systemen wurde die Bildung von Interessengruppen, insb. der Organisationen der Staatsbetriebe, der Handwerksverbände und der Gewerkschaften staatlich verordnet und deren Tätigkeit überwacht. Die staatlich organisierten Industrieinteressen, die über Monopole der Interessenvertretung einzelner Branchen verfügten, nutzten ihre engen Verbindungen zu den sektoral organisierten Ministerien, besonders zur mittleren Ebene der Ministerialbeamten, um Vorteile durchzusetzen [KEAT (2000), S. 2, HAUSNER (1994), S. 12ff., SZOMBURG (1994)]. Obwohl diese Organisationen mit Beginn der Transformation und der Privatisierung an Legitimation verloren, blieben sie in Sektoren, in denen die Anpassung an marktwirtschaftliche Verhältnisse schwierig war, (Metall, Werften, Bergbau) bestehen [HAUSNER (1994), S.19]. Da sie in der Beeinflussung effektiver sind als andere Unternehmenstypen konnten sie Restrukturierungsmaßnahmen hinauszögern [KEAT (2000), S. 2]. Ihre Bedeutung schwindet mit der zunehmenden Privatisierung.

Gleichzeitig bildete sich eine neue Struktur der Interessenvertretung privater Unternehmen heraus. In der zweiten Hälfte der neunziger Jahre gewann der Prozess an Dynamik und eine große Anzahl neuer sektoral organisierter und übergreifende Arbeitgeberinteressen vertretender Interessengruppen entstand. Da sich zahlreiche Gruppierungen parallel entwickelten, ist eine stark fragmentierte Struktur zu beobachten, die aus Tabelle 2-4 erkennbar ist. Darin werden die am deutlichsten in Erscheinung tretenden Interessengruppen in Polen genannt, wobei zu sehen ist, dass allein fünf Gruppen Unternehmensinteressen repräsentieren. Da diese Gruppierungen über unterschiedliche Grade an Legitimation verfügen, kann für die Zukunft ein Konsolidierungsprozess erwartet werden. Aufgrund der konkurrierenden Interessen ihrer Mitglieder beschränkt sich ihre Tätigkeit auf politische Entscheidungen, die den gesamten Unternehmenssektor betreffen. Neben den in Tabelle 2-4 genannten Organisationen

---

[10] Das PHARE-Programm wurde 1989 als Hilfsprogramm für Transformationsländer eingerichtet.

existieren zahlreiche sektorale Interessengruppen. Gewerkschaften sind aufgrund der langjährigen Tradition stark etabliert, NSZZ Solidarnosc und OPZZ vereinen zusammengenommen ca. 37,7% der Arbeitnehmer in Dienstleistungen und Industrie. Aufgrund ihrer jeweiligen Nähe zu den größten politischen Parteien[11] und der institutionalisierten Beteiligung am Gesetzgebungsprozess haben Gewerkschaften ein sehr hohes Gewicht bei politischen Entscheidungen.

Eine weitere mächtige Gruppe, die sichtbar im politischen Geschehen auftritt, sind Landwirte. Mit 27,5% aller Beschäftigten sind sie ein beträchtlicher Teil der Wählerschaft. Zusätzlich werden sie durch eine Interessengruppe mit Zwangsmitgliedschaft (s. Tabelle 2-4), die Polnische Bauernpartei (PSL), und durch die Partei „Selbstverteidigung" (Samoobrona) repräsentiert, die zur Durchsetzung der Interessen der Landwirte zu radikalen Maßnahmen wie Straßenblockaden greift.

	Wer wird vertreten?	*Anzahl vertretener Unternehmen*
Business Centre Club (BCC)	Unternehmen	Über 1200 Unternehmen
Vereinigung der Polnischen Arbeitgeber (Konfederacja Pracodawcow Polskich)	Unternehmen	74 kleinere regionale und sektorale Arbeitgeberorganisationen
Polnische Vereinigung Privater Arbeitgeber (Polska Konfederacja Pracodawcow Prywatnych)	Unternehmen	Keine Angabe
Polnischer Unternehmer-Rat (Polska Rada Biznesu)	Unternehmen	Ca. 500 Unternehmen ab 100 Mitarbeitern
Landeswirtschaftskammer (Krajowa Izba Gospodarcza)	Unternehmen	Dachverband für 165 kleinere regionale und sektorale Interessenvertretungen, insgesamt über 500.000 Unternehmen
Nationaler Rat der Landwirtschaftlichen Kammern (Krajowa Rada Izb Rolniczych)	Landwirte	Zwangsmitgliedschaft für alle Landwirte in 16 regionalen Landwirtschaftskammern
NSZZ Solidarnosc	Gewerkschaft	1,3 Mio. Mitglieder, in 16 Branchengruppen
OPZZ	Gewerkschaft	Über 3 Mio. Mitglieder, in 110 Branchengruppen
Samoobrona („Selbstverteidigung")	Gewerkschaft der Landwirte	Keine Angaben

Tabelle 2-4: Wichtigste Interessengruppen in Polen

Quelle: eigene Zusammenstellung

Insgesamt ist Einflussnahme durch Interessengruppen oder einzelne Unternehmen ein weit verbreitetes Phänomen. In einer Umfrage unter den Abgeordneten in der zweiten Wahlperiode des Sejm (1989-1993) bestätigten 67% der Befragten, dass der von Inte

[11] Die ehemalige „offizielle" Gewerkschaft OPZZ steht den Postkommunisten (SLD) nahe und aus Solidarnosc ging die Reformpartei AWS hervor.

ressengruppen ausgeübte Druck „groß" oder „sehr groß" war [MLICKI (1998), S. 181f.]. Eine genaue Bewertung der Effizienz des Lobbying einzelner Gruppen und ihre Gewichtung im politischen Entscheidungsprozess ist jedoch schwierig, da sich erstens die Strukturen in der Entwicklung befinden und zweitens genaue zentral erfasste Daten zur Organisation und zur Tätigkeit der Gruppen fehlen. Dies macht eine empirische Analyse der Einflussmechanismen polnischer Interessengruppen auf politische Entscheidungen unmöglich. Einige dominante Einflusskanäle können identifiziert werden.

Die Einflussnahme von Gewerkschaften (OPZZ und NSZZ Solidarnosc) und Arbeitgebervertretern (Vereinigung der Polnischen Arbeitgeber) auf den Gesetzgebungsprozess ist seit 1994 mit der Bildung der *Dreiseitigen Kommission* (Trojstronna Komisja d/s Spoleczno-Gospodarczych) institutionalisiert worden. Die Regierung ist verpflichtet, die Kommission zu allen sozialen und ökonomischen Gesetzesinitiativen zu konsultieren. Darüber hinaus haben Gewerkschaften und alle registrierten Unternehmensorganisationen das Recht, zu den sie tangierenden Gesetzesentwürfen gehört zu werden sowie deren Umsetzung zu bewerten. Hier ist jedoch der Zugang zu Informationen über Gesetzesentwürfe der Regierung - von der die meisten Neuerungen initiiert werden - nicht rechtlich gewährleistet. Diese Informationen sind häufig nur gegen Zahlung von Bestechungsgeldern oder über informelle Verbindungen zu Bürokraten, welche die Gesetzesvorlagen erarbeiten, erhältlich. Dieses schränkt die Möglichkeiten der Einwirkung deutlich ein und führt zur Illegalisierung dieses Einflusskanals. Insgesamt ist die institutionelle Verankerung der Interessengruppen im Gesetzgebungsprozess erst seit kurzer Zeit vorhanden und schwach ausgeprägt, so dass davon ausgegangen werden kann, dass nur ein geringer Teil des Einflusses über diesen Kanal ausgeübt wird. Auch die Beeinflussung politischer Entscheidungen durch Bereitstellung von Informationen für Politiker in Form von Konferenzen oder Expertisen zu einer anstehenden politischen Entscheidung findet selten statt [PILCZYNSKI (1999), S. 2, ZIELINSKI (1998), S.44f.].

Einflussnahme findet ebenfalls stark auf der Ebene der staatlichen Verwaltung statt, da politische Parteien häufig nicht als Vertreter von Interessen gesellschaftlicher Gruppen aufgefasst werden, was die Formulierung der Partikularinteressen außerhalb des Parteiensystems verlagert. Gleichzeitig sind bürokratische Entscheidungsprozesse aufgrund der großen Anzahl von Regulierungen durch Intransparenz und diskretionäre Spielräume gekennzeichnet [HAUSNER (1998), S. 137]. Verstärkt wird der Einfluss der Unternehmensinteressen auf bürokratische Entscheidungen durch die sektorale Organisation der Ministerien. Die Folge ist eine auf allen Ebenen der staatlichen Verwaltung ausgeprägte Neigung, klientelistischen Interessen nachzugeben [WILKOS (2000), S. 82]. Hinzu kommt das Fehlen einer präzisen gesetzlichen Regelung der Beziehungen zwischen dem Privatsektor und der Staatsverwaltung, wodurch die Korruptionsneigung steigt [HAUSNER (1998), S. 135].

Eine weitere beobachtete Möglichkeit der Ausübung politischen Drucks sind illegale Maßnahmen, die die öffentliche Ordnung stören. Der Partei „Selbstverteidigung" ist es über Verkehrsblockaden und andere illegale Aktionen gelungen, Subventionen für einige landwirtschaftliche Produkte durchzusetzen und die Restrukturierung des gesamten Agrarsektors hinauszuzögern.

Schließlich stellen die rechtlich zugelassenen Partei- und Wahlkampfspenden eine Möglichkeit der Einflussnahme dar. Die Bedeutung der Parteispenden für die Finanzierung der Parteien in Polen wird im nächsten Abschnitt untersucht.

2.2.2 Regelung und Praxis der Wahlkampf- und Parteienfinanzierung

Die Abgrenzung des legalen Einflusses von politischer Korruption ist nur bei Transparenz und effizienter Kontrolle der Finanzierungsquellen der Adressaten der Zahlungen möglich. Der Mangel an solchen Regelungen nach der Wende förderte die Ausbreitung der Korruption sowohl auf der Ebene der Legislative als auch in der Exekutive. Das 1990 verabschiedete Gesetz hat die Parteien zur regelmäßigen Abgabe von Berichten über die Quellen der Finanzierung ihrer Aktivitäten verpflichtet.

Die im Gesetz festgeschriebenen Sanktionen haben ihre Funktion der Kontrolle der Parteifinanzen und des Schutzes vor Korruption nie wirksam erfüllt [DORN (2000), S. 145]. In Kontrollinstitutionen in Polen dominiert Vetternwirtschaft, es mangelt in der Regel an Unabhängigkeit und Unparteilichkeit [WELTBANK (1999), S. 13], so dass Sanktionen auch in Fällen, in denen sie verhängt werden können, ihre disziplinierende Wirkung nicht entfalten. Besonders ins Gewicht fällt, dass keine Sanktionsmöglichkeiten bei falschen Berichten existieren. Zusätzlich besteht auch keine Verpflichtung, Einnahmen zu belegen. Die zuständigen Organe haben keine Befugnis, Belege oder andere Dokumente von den Parteien bzw. Wahlkomitees anzufordern. Hinzu kommt, dass die privaten Vermögensverhältnisse der Kandidaten nicht beleuchtet werden.

Infolge fehlender steuerlicher Abschreibungsmöglichkeiten der Parteispenden, besteht auch für Spender kein positiver Anreiz, die Spende öffentlich und damit die Parteifinanzierung transparenter zu machen. Aus der negativen Bewertung von Parteispenden in der öffentlichen Meinung folgen zusätzliche negative Anreizeffekte für Unternehmen und Interessengruppen [DORN (2000)].

Durch die geringe Transparenz ist davon auszugehen, dass ein wesentlicher Teil des Einflusses in Form illegaler Parteispenden oder Bestechungszahlungen an Politiker bei gleichzeitiger Ausnutzung informeller Verbindungen stattfindet [ZIELINSKI (1998), S. 45]. Aufgrund fehlender Daten zum Korruptionsverhalten ist eine Überprüfung der Größenordnung unmöglich. Zahlreiche Umfragen sowie an die Öffentlichkeit gelangte politische Korruptionsaffären bestätigen jedoch, dass die Praxis weit verbreitet ist [z. B. BARLIK (1999), EBRD (1999), S. 123ff.]. In einem Bericht über Korruption in Polen stellt die Weltbank fest: „(...) it is reportedly a widespread practice to supply funds in return for favors. The vehicle is often the supply of political party financing for which favors and preferences of various kinds are exchanged (...)" [WELTBANK (1999), S. 6].

Eine Analyse der Finanzierungsquellen der politischen Parteien gibt Aufschluss über die relative Bedeutung der Parteispenden als Mittel der Einflussnahme. Die Gesetze über die Finanzierung der politischen Parteien in Polen haben sich immer wieder als nicht geeignet erwiesen, den Einfluss von Partikularinteressen und die Korruption auf politischer Ebene einzudämmen. Die zahlreichen Regelungen flossen in das 1997 verabschiedete *Gesetz über Politische Parteien* ein. Die Abbildung 2-1 fasst die legalen Finanzierungsquellen der Parteien nach diesem Gesetz zusammen. Die Finanzierung der Wahlkampagnen wurde in den jeweiligen Wahlordnungen geregelt. Diese sahen neben den zur Parteifinanzierung zugelassenen Quellen auch Eigenmittel der Kandidaten und der Parteien vor.

Das Parteienfinanzierungsgesetz und die Wahlordnung für Parlamentswahlen sind 2001 grundlegend geändert worden, indem Parteispenden untersagt wurden. Da die Parteien den Wahlkampf 2001 nach dem alten Gesetz finanzierten, ist davon auszugehen, dass dieses in die Legislaturperiode 2001-2005 nachwirkt [GAZETA WYBORCZA (2001)]. In dieser Legislaturperiode soll der EU-Beitritt fallen.

Einnahmen der Partei		
Private Quellen	***Kredite***	***Öffentliche Quellen***
Erbschaften, Übertragungen *Schenkungen* *Öffentliche Sammlungen* (Individuelle und institutionelle Spenden von inländischen Unternehmen, Gewerkschaften und Anderen) *Wirtschaftliche Tätigkeit* (Anteile an Unternehmen und Genossenschaften, Vermietung und Ver-pachtung von Immobilien) *Finanzierung durch die Mitglieder* (Mitgliedsbeiträge Abgaben von Mitgliedern, die öffentliche Ämter wahrnehmen, Abgaben der Kandidaten) *Sachleistungen*		*Direkte Hilfen* (Sach- und Subjektbezogene Subventionen) *Indirekte Hilfen* (Finanzierung der parlamentarischen Klubs, Steuererleichterungen, kostenloser Medienzugang im Wahlkampf)

Abbildung 2-1: Finanzierung der Parteien in Polen bis 2001

Quelle: WALECKI (2000a), S. 87, modifiziert.

Die im Gesetz erlaubten öffentlichen Sammlungen eröffnen neben den offiziellen Parteispenden die Möglichkeit, Spenden ohne Nennung des Spenders offiziell zu verbuchen, so dass hier keine Kontrollmöglichkeiten bestehen. Diese Finanzierungsform wird oft dazu gebraucht, größere institutionelle Spenden zu kaschieren. Untersuchungen deuten auf einen Anteil von mehr als 50% der in öffentlichen Sammlungen erhaltenen Beträge hin, die als größere Summen von Interessengruppen oder Unternehmen gezahlt worden sind [WALECKI (1999), S. 19].

Die Gewährung vorteilhafter wirtschaftspolitischer Maßnahmen im Gegenzug für Parteispenden wird erleichtert durch die schwachen Organisationsstrukturen und die geringe Parteidisziplin der Parteien in Polen. Neben den sehr heterogenen politischen Positionen der Parteimitglieder führt dies zu einer stärkeren Orientierung der Parteieliten an Partikularinteressen als an übergeordneten ideologischen Zielen. Die privaten

Ziele der Nutzenmaximierung eines Kandidaten bzw. Mandatsträgers müssen nicht in einem Ausmaß der Parteiideologie und –disziplin unterworfen werden wie dies in entwickelten Parteiensystemen der Fall ist [DORN (2000), S. 159ff.]. Dies eröffnet zusätzliche diskretionäre Spielräume für die Beteiligten. Gleichzeitig wächst damit die Bedeutung der Wahlkämpfe als Mittel zur Gewinnung von Wählerstimmen, da keine wählerbindenden langfristigen Parteiprogramme verfolgt werden [NALEWAJKO (1997), S. 63ff. und 212f.]. Mit der Bedeutung der Wahlkämpfe für das Wahlergebnis steigt auch die Rolle der finanziellen Mittel, die aus diesem Grund ein wesentlicher Erfolgsfaktor bei Wahlen sind.[12]

Die Finanzierungsquellen polnischer Parteien unterscheiden sich in Abhängigkeit von ihrer Entstehungsgeschichte. Die Nachfolgeparteien der Polnischen Vereinigten Arbeiterpartei (PZPR) und deren Satellitenparteien konnten nach der Wende einen Teil des Parteivermögens behalten [WALECKI (2000a), S. 88]. Die postkommunistischen Parteien verfügen daher über erhebliche Vermögenswerte, die unter anderem in Unternehmen und Genossenschaften anlegt sind.[13]

	PSL (Polnische Bauernpartei)			*UW (Freiheitsunion)*		
Finanzierungsquelle	1997	1998	1999	1997	1998	1999
Einnahmen aus wirtschaftlicher Tätigkeit und Vermögen	77,48%	87,96%	90,69%	-	0,93%	4,93%
Schenkungen, Spenden und öffentliche Sammlungen	17,48%	7,18%	4,19%	70,51%	70,51%	23,15%
Mitgliedsbeiträge	0,29%	0,42%	0,81%	15,75%	15,75%	62,8%
Subventionen aus dem Staatsbudget	4,75%	4,44%	0,68%	11,63%	11,63%	4,52%
Kredite	-	-	-	1,18%	1,18%	-
Insgesamt (in Mio PLN)	12,1	10,5	11,1	7,1	8,4	3,1

Tabelle 2-5: Finanzierung der polnischen Parteien in den Jahren von 1997-1999. Anteile der Quellen in %.
Quelle: Walecki (2000a), S. 89.

12 Zum gleichen Schluss kommt WALECKI (2000b), S. 117.

13 Damit entstand ein Netz von parteikontrollierten Unternehmen und Genossenschaften, was die Verflechtungen zwischen Politik und Wirtschaft verstärkte [WNUK-LIPINSKI (1996)].

Die neu entstandenen Parteien müssen sich dagegen vollständig über andere Quellen finanzieren. Diese Zweiteilung wird anhand von zwei Parteien, der postkommunistischen Polnischen Bauernpartei (PSL) und der nach 1989 gegründeten Freiheitsunion (UW), deutlich, deren Finanzierungsquellen in Tabelle 2-5 dargestellt sind. Aus der Vermögensposition der Parteien folgt die Bedeutung der Parteispenden für die Finanzierung der Partei. Während sie bei der Freiheitsunion über 20% der Einnahmen abdecken, sind sie in der PSL von untergeordneter Bedeutung und bleiben unter 5%.

Diese eindeutige Trennung wird bei Finanzierung der Wahlkämpfe relativiert, wie aus Tabelle 2-6 zu erkennen ist. Die Bedeutung der Wahlkampfspenden und öffentlichen Sammlungen beträgt im Durchschnitt 27% und schwankt je nach Partei zwischen 2% (ROP) und 58,7% (UW). Eine große Rolle spielen die Eigenmittel der Kandidaten (ROP, PSL, SLD) und die Finanzierung durch die Parteien (AWS, PSL) sowie bei der AWS die Aufnahme von Krediten.

	ROP (Bewegung für den Wiederaufbau Polens)	*PSL (Polnische Bauernpartei)*	*UW (Freiheits-union)*	*SLD (Demo-kratische Linke Allianz)*	*AWS (Wahlak-tion Solidar-nosc)*
Eigenmittel der Kandidaten	75,0%	46,1%	19,6%	47,7%	0,0
Spenden	1,3%	6,3%	18,5%	3,0%	7,2%
öffentliche Sammlungen	0,7%	17,4%	40,2%	30,5%	9,9%
Kredite	5,1%	0,0%	15,1%	5,4%	35,4%
Parteimittel	17,9%	30,0%	6,3%	13,3%	42,8%
Andere	0,0	0,3%	0,3	0,1%	4,7%
Summe (in Mio. PLN)	1,7	3,3	6,6	9,3	7,6

Tabelle 2-6: Finanzierung der Parlamentswahlen in Polen in 1997. Anteile der Quellen in %.
Quelle: Walecki (2000b), S. 132.

Da die Angaben zur Wahlkampf- und Parteifinanzierung aus den offiziellen Finanzberichten der Parteien entnommen wurden, ist deren Glaubwürdigkeit aufgrund der bereits angeführten institutionellen Schwächen eingeschränkt. Jede der offiziell genannten Finanzierungsquellen kann zur Kaschierung illegaler Parteispenden genutzt werden. Obwohl eine Einschätzung der Größenordnung schwierig ist, kann davon ausgegangen werden, dass der Anteil der Parteispenden an der Partei- und Wahlkampffinanzierung in den oben genannten Daten deutlich unterschätzt wird.

Die vorausgegangene Analyse lässt insgesamt den Schluss zu, dass die Höhe der eingeworbenen Wahlkampfmittel ein elementarer Erfolgsfaktor bei Wahlen ist und dass Spenden mit einem hohen Anteil illegaler Zahlungen ein zentrales Element der Partei- und Wahlkampffinanzierung in Polen sind.

2.3 Politische Unterstützung für den EU-Beitritt

Obwohl die Positionen der politischen Partein in Polen sich in Bezug auf den EU-Beitritt in Einzelheiten deutlich unterschieden, bestand bis vor kurzem Konsens über die Notwendigkeit der EU-Mitgliedschaft. Wie aus dem in Tabelle 2-7 dargestellten Überblick über die Positionen einzelner Parteien zum EU-Beitritt ersichtlich ist, haben sich innerhalb der stark zersplitterten Parteienlandschaft erst seit den Parlamentswahlen 2001 euroskeptische Lager (LPR und Samoobrona RP) gebildet. Zusammengenommen haben sie bei den Wahlen 2001 ca. 18% der Stimmen erreicht. Diese Entwicklung spiegelt die wachsende Skepsis der Wähler gegenüber dem EU-Beitritt wider. Die übrigen Parteien befürworten den Beitritt, unterscheiden sich jedoch stark in den geforderten Bedingungen. Da die Zustimmung zum Beitritt in keiner Wahl ein entscheidendes Wahlkampfthema der großen Parteien war, kann gefolgert werden, dass weitgehend politischer Konsens über die Notwendigkeit des EU-Beitrittes besteht.

Partei	*Position zur EU-Erweiterung*	*Wahlergebnis 1997*	*Wahlergebnis 2001*
AWS (Wahlaktion Solidarnosc)	Beitritt mit starkem Schutz der inländischen Wirtschaft	33,8%	5,6%
SLD (Demokratische Linke Allianz)	Beitritt als gleichberechtigter Partner	27,1%	41,0 % (in Koalition mit UP)
UW (Freiheitsunion)	Beitritt als gleichberechtigter Partner	13,4%	3,1%
PSL (Polnische Bauernpartei)	Graduelle Integration mit weitgehender Protektion der inländischen Wirtschaft, insbesondere des Agrarsektors	7,3%	9,0%
ROP (Bewegung für den Wiederaufbau Polens)	Graduelle Integration mit starkem Schutz der inländischen Wirtschaft	5,6%	Nicht angetreten
UP (Arbeitsunion)	Beitritt mit starkem Schutz der inländischen Wirtschaft	4,7%	Angetreten in Koalition mit SLD
PO (Bürgerplattform)	Beitritt als gleichberechtigter Partner	Nicht angetreten	12,7%
PiS (Recht und Gerechtigkeit)	Beitritt mit starkem Schutz der inländischen Wirtschaft und geringem Souveränitätsverlust	Nicht angetreten	9,5%

Samoobrona RP (Selbstverteidigung der Republik Polen)	Beitritt mit starkem Schutz der inländischen Wirtschaft. Unter den geltenden Bedingungen wird der Beitritt abgelehnt.	Nicht angetreten	10,2%
LPR (Liga der Polnischen Familien)	Beitritt unter den geltenden Bedingungen wird strikt abgelehnt.	Nicht angetreten	7,9%

Tabelle 2-7: Positionen der politischen Parteien in Polen zum EU-Beitritt und deren Wahlergebnisse.
Quelle: eigene Darstellung, PKW (2001), GUS (2000)

Die Unterstützung der polnischen Wähler für den Integrationsprozess war mit 75% Mitte der neunziger Jahre eine der höchsten von allen Beitrittskandidaten. Seit Beginn der Beitrittsverhandlungen im Jahr 1998 sank der Wert auf knapp über 50% der Befragten, während gleichzeitig die Ablehnung des Beitrittes sich auf ca. 25% verdoppelte (s.Abbildung 2-2). Nach SZCZERBIAK (2000) liegt die Ursache dieser Entwicklung in dem seit Beginn der Beitrittsverhandlungen zunehmenden Bewusstsein der Wähler für die Kosten des Beitrittes. Das Problembewusstsein stieg mit der Konkretisierung der für den Beitritt notwendigen Anpassungen an. Da wirtschaftspolitische Bereiche, die voraussichtlich die größten Kosten für die polnische Volkswirtschaft mit sich bringen, als letzte verhandelt werden, ist es denkbar, dass die Unterstützung sich so stark verringert, dass die Zustimmung im Referendum gefährdet sein könnte.

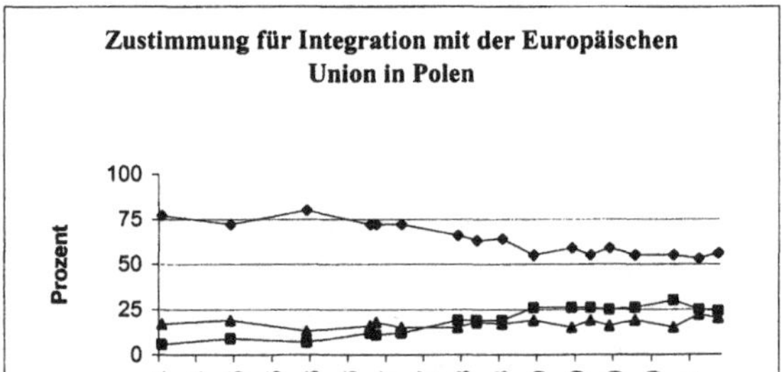

Abbildung 2-2: Entwicklung der Zustimmung für die Mitgliedschaft in der Europäischen Union in Polen[14]
Quelle: CBOS (2001)

14 Ergebnisse einer Umfrage unter Wahlberechtigten. Die Frage lautete: Wenn gegenwärtig eine Volksabstimmung über die Mitgliedschaft Polens in der EU stattfände, wie würden Sie stimmen?

2.4 Vorbereitung der Verhandlungsposition in Polen und Möglichkeiten der Beeinflussung des Prozesses durch politökonomische Akteure

Vor Beginn der Beitrittsverhandlungen erarbeitet das Beitrittsland und die EU-Kommission jeweils zu jedem Kapitel eine einseitige Position, die Vorschläge für Ausnahmen und Übergangsregelungen beinhaltet. Die Positionen der EU werden vom Europäischen Rat in Absprache mit den Mitgliedsstaaten auf Basis von Vorschlägen der Europäischen Kommission erarbeitet. Verhandelt wird im Rahmen der vom Ausschuss der Ständigen Vertreter[15] geführten Regierungskonferenzen zur Erweiterung unter Vorsitz des Staates, der die Rats-Präsidentschaft inne hat. Die Verhandlungsstrategie Polens wird von der Regierung festgelegt. Abbildung 2-3 auf S. 29 stellt das Ablaufschema der Vorbereitung einer Verhandlungsposition detailliert dar. Die abschließenden Positionen werden vom Verhandlungsteam, das aus Vertretern der zuständigen Ressorts besteht, formuliert und müssen die Zustimmung des Ministerrates erhalten. Die Details einer jeden Position werden zum überwiegenden Teil jeweils von einem der 38 meist nach den Kapiteln gegliederten Fachteams, die aus Mitarbeitern der Ressorts bestehen, ausgearbeitet. Das Parlament wird regelmäßig über den Stand der Verhandlungen informiert und beschließt alle notwendigen Gesetzesänderungen. Der endgültige Beitrittsvertrag muss nach Abschluss der Verhandlungen vom polnischen Parlament ratifiziert und in einer Volksabstimmung bestätigt werden.

Bei der Erarbeitung der Verhandlungspositionen sind die von Interessengruppen bereitgestellten Informationen von hoher Relevanz, da die Konsequenzen der notwendigen Gesetzesänderungen auf einzelne Bevölkerungs und Wählergruppen sich aufgrund der zahlreichen simultanen Änderungen nur unzureichend schätzen lassen.[16] Die Beteiligung von Interessengruppen ist für alle Etappen des Beitrittsprozesses vorgesehen: beim Abgleich der Rechtslage, bei der Erarbeitung der Verhandlungspositionen, der Umsetzung beschlossener Verträge wie auch bei Entscheidungen über die Abfolge der Rechtsharmonisierung [KPRM (2000)]. Dabei ist nur deren Beteiligung an der Erarbeitung der Verhandlungsposition institutionalisiert worden. Hierbei wird jedem Team der ressortübergreifenden Arbeitsgruppe eine Interessengruppe als Partner für Konsultationen zugewiesen, die auf Initiative des Teams eingeschaltet werden kann (sog. *Konzept der Partnergruppen*). Die Aufgabe der Gruppen ist hier die Bereitstellung von Informationen über mögliche Konsequenzen der Verhandlungspositionen auf bestimmte Bevölkerungsgruppen. Es liegen jedoch weder Informationen über das Verfahren noch über die Kriterien der Auswahl dieser Gruppen vor. Zusätzlich finden in unregelmäßigen Abständen Treffen zwischen Mitgliedern des Verhandlungsteams, der Fachteams und Vertretern interessierter Interessengruppen statt. Von Beginn der Verhandlungen Anfang 1998 bis Ende des Jahres 2000 fanden jedoch nur 14 Treffen mit jeweils unterschiedlichen Gruppierungen statt.

---

15 Der Ausschuss der ständigen Vertreter (COREPER) vereint die ständigen Vertreter der Mitgliedsstaaten bei der EU.

16 Eine Übersicht über die in den Beitrittskandidaten vorgenommenen Versuche der Schätzung der Kosten und Nutzen geben MORTENSEN/RICHTER (2000).

Angesichts der Breite der Verteilungswirkungen, welche in den meisten Verhandlungskapitel behandelt werden, führt die Auswahl nur einer Gruppe als Partner für Konsultationen zwangsläufig zu einer Beschränkung der Informationen auf Vor- und Nachteile, die dieser Gruppe entstehen. Die für ein Thema ausgewählte Gruppe besitzt eine monopolähnliche Stellung und kann daher durch entsprechende Informationspolitik höhere Renten realisieren als dies bei Konkurrenz seitens anderer Gruppen der Fall wäre (vgl. Abschnitt 3.3.3). Der starke Einfluss dieser Gruppe wird durch die Tatsache eingeschränkt, dass Konsultationen nur auf Initiative der Regierungsseite stattfinden, jedoch keine Verpflichtung zu Konsultationen besteht. Die Aktionsmöglichkeiten anderer Interessengruppen werden zusätzlich eingeschränkt, da kein Zugang zu den Inhalten der Verhandlungspositionen in der Projektphase gewährleistet ist. Insgesamt trägt diese Art der Institutionalisierung der Existenz konkurrierender Interessen nicht Rechnung. Die durch die Ausgestaltung des Verfahrens benachteiligten Gruppen werden andere Wege der Einflussnahme suchen. Dadurch wird die Bedeutung der Übermittlung von Informationen als Kanal der Einflussnahme deutlich eingeschränkt. Aus der vorausgegangenen Analyse folgt, dass wesentliche Entscheidungen über die Inhalte der Verhandlungsposition auf Regierungsebene getroffen und Details von Ministerialbeamten erarbeitet werden. Somit sind die Regierung und die ihr untergeordnete ministerielle Staatsbürokratie die wichtigsten Zielinstitutionen für Interessengruppen, die Einfluss auf die Gestaltung der Verhandlungspositionen nehmen wollen. Die Art der Institutionalisierung des Einflusses der Interessengruppen im Entscheidungsprozess lässt trotz der hohen Bedeutung der Informationenübermittlung vermuten, dass dies nicht der einzige und auch nicht der primäre Einflusskanal ist.

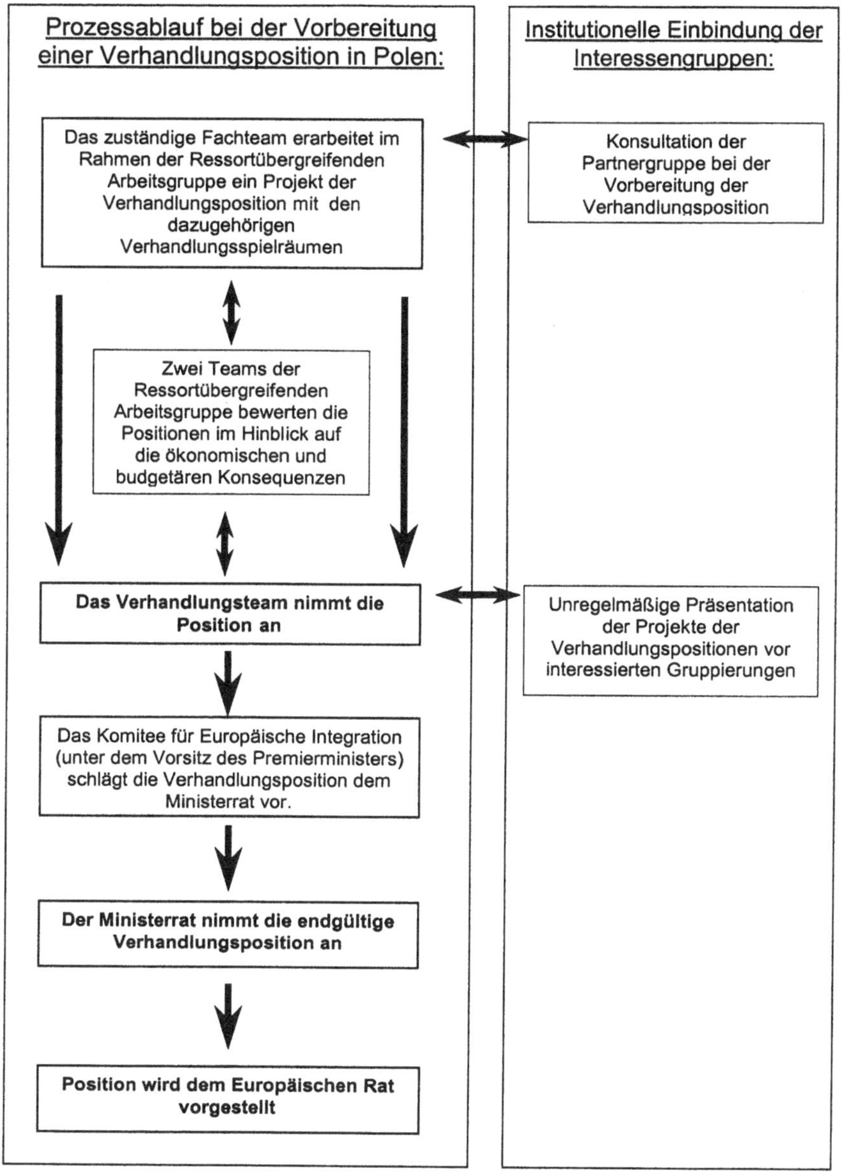

Abbildung 2-3: Ablauf der Vorbereitung einer Verhandlungsposition in Polen und institutionelle Einbindung der Interessengruppen

Quelle: eigene Darstellung

3 DER POLITÖKONOMISCHE RAHMEN DER HANDELSPOLITIK

Die politökonomische Analyse der Handelsintegration eines Landes setzt die Kenntnis der beteiligten Akteure und der Prozesse voraus, die in der politischen Sphäre für die Beeinflussung der Handelspolitik entscheidend sind. Die Forderung der Wirtschaftssubjekte nach der Verhängung handelspolitischer Maßnahmen kann über verschiedene Kanäle weitergeleitet werden, die entscheidend von den institutionellen Gegebenheiten sowohl des politischen als auch des ökonomischen Systems geprägt sind.

Nach einer kurzen Einführung in die Verhaltensdeterminanten von Regierungen und Interessengruppen in Abschnitten 3.1 bis 3.3, werden im Abschnitt 3.4 die grundlegenden Ansätze der Theorie endogener Handelspolitik dargestellt. Diese bilden die Grundlage für die in Kapitel 4 dargestellten Ansätze der politischen Ökonomie der Handelsintegration.

3.1 Die Ansatzpunkte der ökonomischen Analyse der Politik

Ansätze der Neuen Politischen Ökonomie (NPÖ) berücksichtigen explizit politische Aktivitäten der ökonomischen Akteure in Modellen, die politische und ökonomische Zusammenhänge simultan erfassen [BHAGWATI (1991), S. 153]. Politisches Handeln wird ausgehend vom Ansatz des methodologischen Individualismus erklärt. Danach lassen sich Entscheidungen von Kollektiven, wie z. B. Regierungen, Verwaltungsapparaten oder Interessengruppen auf das rational handelnde, nutzenmaximierende Individuum zurückführen. Das Individuum verhält sich wie *homo oeconomicus*: es handelt stets rational und reagiert systematisch[17] auf Anreize, wodurch sein Verhalten – und damit auch das des Kollektivs - vorhersehbar wird. Das sichtbare staatliche Handeln ist das Ergebnis individueller Entscheidungen der beteiligten Akteure: der Politiker, Bürokraten, Wähler und Interessenvertreter, die jeweils eigene Ziele verfolgen [WECK-HANNEMANN (1992), S. 34ff.]. Unter der Annahme symmetrischer Akteure kann die Analyse auf die Betrachtung eines repräsentativen Mitgliedes, das seinen Präferenzen folgt und dabei Restriktionen beachten muss, reduziert werden.

Prozesse, die zum simultanen politischen und ökonomischen Gleichgewicht führen, werden mittels der neoklassischen Methoden der mikroökonomischen Theorie erklärt. Die Interaktion der Institutionen läßt sich daher über eine Analogie zum Gütermarkt beschreiben: Die Regierung und die staatliche Verwaltung treten als Anbieter wirtschaftspolitischer Maßnahmen auf, die Wähler und Interessengruppen als Nachfrager. Im Gegenzug erhält die Regierung politische Unterstützung. Die Ausprägung der Maßnahme, z. B. die Höhe eines Zolles, gleicht die beiden Marktseiten aus.

In seinem ökonomischen oder politischen Handeln unterliegt jedes beteiligte Individuum Restriktionen, die seine Entscheidungen maßgeblich beeinflussen. Diese werden

---

17 Die systematische Reaktion steht im Gegensatz zur willkürlichen oder zufälligen, vgl. WECK-HANNEMANN (1992), S. 36.

über die Ausgestaltung der politischen, ökonomischen, rechtlichen und gesellschaftlichen Institutionen determiniert, die sich in drei Kategorien einteilen lassen:

1. *Regeln* und *Verfahren* (z. B. Bürokratie, Marktmechanismus, Demokratie), die den Handlungsspielraum der Akteure einschränken,
2. *Normen* und *Traditionen*, die sich aus dem kulturellen Umfeld ergeben (soziale Normen, religiöse Regeln) und
3. *Organisationen*, die Richtlinien für Entscheidungen der Individuen darstellen (Parteien, Unternehmen, Interessengruppen).

Unterschiedliche Ausgestaltung dieser Institutionen kann zu divergierenden Ergebnissen in der politökonomischen Analyse führen. In den nächsten Abschnitten wird das Verhalten der politökonomischen Akteure analysiert und die institutionellen Einflüsse werden aufgezeigt.

3.2 Der Einfluss der Wähler auf wirtschaftspolitische Entscheidungen

Den Wettbewerb der Parteien um Wählerstimmen in einer Demokratie untersucht das bekannte Medianwählermodell von DOWNS (1957). Annahmegemäß agieren Wähler und eine Regierung, die jeweils ihren Nutzen maximieren. Die Politiker beziehen ihren Nutzen aus der Ausübung von Macht, aus Einkommen, Prestige und auch aus der Umsetzung ihrer ideologischen Vorstellungen. Diese Ziele können sie nur erreichen, wenn sie in das angestrebte Amt gewählt werden. Der Politiker formuliert sein Programm so, dass er seine Zielgrößen unter den genannten Nebenbedingungen maximieren kann. Der Wähler wählt die Partei[18], von deren Programm er den höchsten Nutzen erwartet. Welche das ist, hängt von seiner Nutzenfunktion ab und von seinen Erwartungen in Bezug auf die Politik der Kandidaten.

Zusätzlich nimmt DOWNS an, dass die Parteiprogramme in einem Kontinuum, z. B. von liberal nach konservativ, angeordnet werden können, die Präferenzen der Wähler eingipfelig verteilt sind und jeder Wähler stets die Partei wählt, deren Programm ihm den höchsten Nutzen bringt.

Die Dynamik des Parteienwettbewerbs nach DOWNS kann anhand von Abbildung 3-1 verdeutlicht werden. Existieren in der Ausgangssituation zwei Parteien, von denen die eine eher liberal positioniert ist und die andere eher konservativ, dann wird der politische Wettbewerb dazu führen, dass beide Parteien sich auf die Position des Wählers hin bewegen, dessen Präferenzen im Median des Programmspektrums liegen. Denn jede Partei kann durch eine Bewegung zur Mitte des politischen Spektrums neue Wähler gewinnen. Verschiebt beispielsweise die liberale Partei ihre Position zum Medianwähler hin, dann gewinnt sie Stimmen aus dem mittleren Spektrum, ohne die extrem liberalen Wähler zu verlieren, denn diese stimmen annahmegemäß immer für

---

[18] Die Begriffe Politiker und Partei werden hier synonym verwendet, da davon ausgegangen wird, dass die Partei die gleiche Position vertritt wie der von ihr aufgestellte Kandidat. Zur innerparteilichen Abstimmungsproblematik vgl. z.B. Kirsch (1997).

die am nächsten liegende Partei. Solange auf der liberalen Seite keine neue Partei hinzukommt, ist dies die liberale Partei. Es wird also die Partei gewinnen, die die Position des Medianwählers besetzt, da sie dann die zusätzlich zu den Stimmen „ihrer

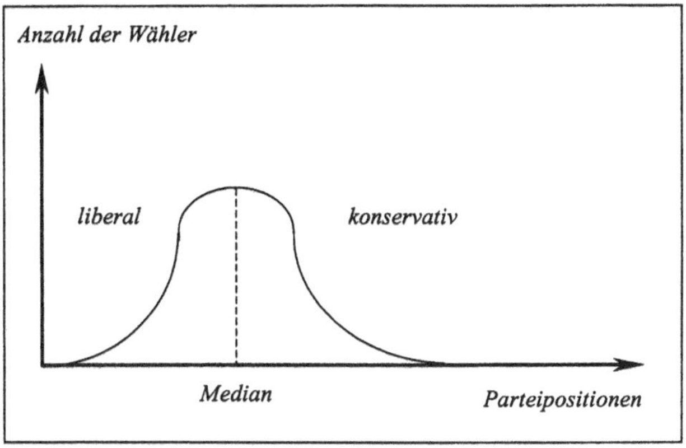

Abbildung 3-1: Wählerverteilung im Medianwählermodell

Quelle: MUELLER (1989), S. 181, modifiziert

Seite“ der Wählerschaft auch vom Medianwähler gewählt wird.

Das Ergebnis ist sehr deterministisch, da es impliziert, dass die Parteien über keinerlei diskretionären Spielraum verfügen: um die Wahl zu gewinnen, müssen sie die Position des Medianwählers einnehmen. Dieses Ergebnis gilt zunächst nur unter den restriktiven Annahmen des Medianwählermodells.[19] Eine der Voraussetzungen ist, dass die Wähler über die zukünftige Politik der Kandidaten und die Konsequenzen für ihren Nutzen vollständig informiert sind und deren Umsetzung auch stets kontrollieren können.

Sind die beteiligten Akteure dagegen unvollständig informiert, kann es zu Abweichungen von dem Medianwählerergebnis kommen. Es ist plausibel, anzunehmen, dass Informationsaymmetrien zugunsten der Regierung vorliegen, da Gesetzesformulierungen komplex sein können und nicht immer in der Öffentlichkeit diskutiert werden. Die Wähler stehen dann hohen Informationskosten gegenüber und können die Einhaltung des Wahlprogramms nicht kontrollieren, da sich Kontrollprobleme im Sinne einer Beziehung zwischen Prinzipal (Wahlvolk) und Agent (Regierung) ergeben.[20]

In repräsentativen Demokratien greift die Wiederwahlrestriktion daher nur bei Wahlen, d. h. in zeitlichen Abständen, denn nur dann greift der politische Wettbewerb voll-

---

19 Einen Überblick über die Folgen der Lockerung der Annahmen bieten BERNHOLZ/BREYER (1994).

20 Zur Prinzipal-Agent-Theorie vgl. z.B. Stiglitz (1987).

ständig. Der gewählte Politiker verfügt im Verlauf der Legislaturperiode über diskretionäre Spielräume, die er für die Verfolgung eigener Ziele nutzen kann, ohne die Wiederwahlrestriktion beachten zu müssen. Dies ist gleichbedeutend mit einer Abweichung von der Position des Medianwählers. Diese diskretionären Spielräume können von den Parteien genutzt werden, um Interessengruppen in die Ausgestaltung der Politik einzubeziehen, wie im nächsten Abschnitt analysiert wird.

3.3 Die Rolle der Interessengruppen

3.3.1 Motivation und Organisation von Interessengruppen

Neben den Wählern können auch Interessengruppen als Nachfrager nach wirtschaftspolitischen Entscheidungen auftreten. Interessengruppen[21] (auch Lobbies[22] genannt) sind Organisationen von Individuen, die gemeinsame Ziele haben und diese durch die Beeinflussung der Politik erreichen wollen.

Staatliche Regulierungsmaßnahmen wie z. B. Zölle, Subventionen oder Marktzugangsbeschränkungen schaffen ökonomische Renten. Renten sind zusätzliche Erträge, die solche aus alternativer Verwendung der Ressourcen übersteigen [BUCHANAN (1980)], wie z. B. die zusätzliche Produzentenrente bei Verhängung von Zöllen.[23] Für die Begünstigten entsteht aus potentiellen Renten ein Anreiz, Ressourcen einzusetzen, um Regierungsentscheidungen zu ihren Gunsten zu beeinflussen. Renten können exklusiven Charakter haben, wenn sie z. B. an Lizenzen gebunden sind und einem einzelnen Unternehmen zugute kommen. Meistens betreffen Regulierungsmaßnahmen ganze Wirtschaftszweige, ohne dass ein Ausschluss möglich ist. Die erzielbaren Renten weisen dann die Eigenschaften eines öffentlichen Gutes auf. In diesem Fall ist das Streben nach Renten mit der spezifischen Problematik der Organisation der Interessengruppen verbunden. Denn um in den Genuss dieser Renten zu kommen, müssen sich Unternehmen in den betroffenen Sektoren zunächst zu Interessengruppen organisieren und dabei das Trittbrettfahrerproblem lösen [OLSON (1992), S. 10]. Die Organisationsfähigkeit der Gruppen wird nach OLSON (1992) durch institutionelle Rahmenbedingungen und durch interne Charakteristika der Gruppe beeinflusst. Je kleiner die Gruppe ist, um so effizienter funktionieren interne Überwachungsmechanismen zur Verhinderung des Trittbrettfahrerverhaltens (z. B. durch sozialen Druck), da die Nichtteilnahme einzelner spürbar wird. Daher kommt es bei großen latenten Gruppen nur dann zu einer Organisation, wenn entweder zusätzliche Organisationsanreize in Form privater Güter vorliegen, wie etwa spezifische Versicherungs- oder Beratungs-

---

21 Die ökonomischen Modellen der Beeinflussung der Politik durch Interessengruppen werden in den Überblicksartikeln von Mitchell/MUNGER (1991) und VAN WINDEN (1999) gegenübergestellt.

22 Der Begriff „Lobby“ wird hier synonym zu „Interessengruppe“ verwendet, obwohl im allgemeinen unter Lobby eher die Industrievertretungen verstanden werden, während Interessengruppen darüber hinaus auch andere Gruppierungen, wie z. B. Gewerkschaften beinhalten können.

23 Zu den Wohlfahrtseffekten von Zöllen und Importquoten vgl. DIECKHEUER (1995) S. 450ff. und 471ff.

leistungen für Mitglieder, oder ein staatlich reglementierter Beitrittszwang gegeben ist. Insbesondere große Gruppen, wie Konsumenten oder Steuerzahler können sich in der Regel nicht effizient organisieren, da die Lieferung privater Güter nicht möglich ist, und die zu erzielenden Vorteile aus der Verhinderung der Regulierung für den einzelnen kaum spürbar sind. Im Gegensatz dazu sind die Anliegen der Produzenten im allgemeinen leichter zu organisieren. Produzentengruppen sind im allgemeinen überschaubar und jedes Mitglied kann durch die Verhängung von Regulierungsmaßnahmen spürbar gewinnen. Positiv auf eine effiziente Organisation der Industrieinteressen wirken sich ferner ein hoher regionaler oder struktureller Konzentrationsgrad sowie eine gewachsene Tradition der Bildung von Zusammenschlüssen aus.

Organisierten Interessengruppen stehen in einer repräsentativen Demokratie zahlreiche Möglichkeiten der Politikbeeinflussung zur Verfügung, von denen insbesondere vier Instrumente hervorzuheben sind:

1. *Parteispenden.* Interessengruppen können an der Finanzierung der Parteien beteiligt sein. Dieser Einflusskanal wird besonders bedeutend, wenn alle Parteien stark auf die Finanzierung aus privaten Quellen angewiesen sind. Da dann alle Parteien aus finanziellen Gründen gleiches Interesse an der Berücksichtigung der Partikularinteressen haben, verlieren die Positionen der Wähler an Einfluss. Die Finanzierung der Parteien aus Steuergeldern mildert die Abhängigkeit erheblich [BERNOLZ/BREYER (1994), S. 356]. Bei Parteispenden ist der Übergang zwischen legaler Praxis der Interessenvertretung und dem direkten Verkauf wirtschaftpolitischer Maßnahmen gegen Geld, also politischer Korruption, fließend. Je besser die Kontrolle der staatlichen Organe und Parteien, je transparenter deren Finanzierungswege, umso größer die Wahrscheinlichkeit, dass die Einflussnahme legal geschieht.

2. *Anzahl der Stimmen,* die hinter der Interessengruppe stehen. Diese kann mit der Anzahl der Mitglieder oder mit der Fähigkeit der Gruppe, die öffentliche Meinung zu mobilisieren, zusammenhängen. Eine große Gruppe muss hierfür das Problem des Trittbrettfahrerverhaltens lösen und in der Lage sein, die Wählerstimmen ihrer Mitglieder am Wahltag mit einer gewissen Sicherheit zu versprechen, was angesichts der geheimen Wahl und der vielfältigen Determinanten einer Wahlentscheidung in einer Demokratie ein Problem darstellt [Magee/Brock/Young (1989), S. 88]. Der Grad der Mobilisierung der öffentlichen Meinung hängt unter anderem mit dem gesellschaftlichen Prestige der Gruppe zusammen sowie mit ihrer Fähigkeit über die Reichweite des Problems zu informieren.

3. *Information.* In einem von unvollständiger Information geprägten Umfeld sind Interessengruppen in der Lage, Politikern wertvolle Informationen über die möglichen Reaktionen der Wähler auf bestimmte Maßnahmen zu übermitteln [Berholz/Breyer (1994), S. 169ff.]. Dies ist mit dem Problem behaftet, dass die Gruppe nur die ihrem Interesse dienlichen Informationen weitergeben wird, so dass der Politiker einseitig informiert wird. Bei wiederholter Falschinformation verlieren die Gruppen jedoch ihre Glaubwürdigkeit und damit ihren Einfluss.

4. *Störung der öffentlichen Ordnung.* Interessengruppen steht die in entwickelten Demokratien wenig genutzte Möglichkeit offen, durch sog. „wildes Lobbying“, d.h.

durch illegale oder an Illegalität grenzende Maßnahmen wie Unterbrechung von Verkehrsverbindungen oder Verhinderung von Lieferungen, Entscheidungen zu erzwingen.

Weitere – legale – Möglichkeiten der Einflussnahme stehen z.B. multinationalen oder größeren Unternehmen zur Verfügung, denn sie können bestimmte Entscheidungen mit einer Androhung der Verlagerung von Produktionsstätten ins Ausland oder in einen anderen Wahlbezirk herbeiführen. Des weiteren bieten Interessengruppen oft ein Betätigungsfeld für ausscheidende Politiker. Dies gilt insbesondere für Politiker, die selbst Mitglied von Interessengruppen sind. Damit sehen sich Politiker während ihrer aktiven Laufbahn dem Anreiz ausgesetzt, sich diese Möglichkeit offen zu halten [DAXHAMMER (1995), S. 109f.].

Das politische System kann die Wahl der Einflussmöglichkeiten für die Lobbies begrenzen. Interessengruppen können entweder im Mitbestimmungsprozess institutionell verankert sein oder frei von staatlicher Kontrolle agieren. Für die Gruppen hat dies Einfluss auf die Wahl der einzusetzenden Instrumente. Informationsübermittlung wird als Mittel der Einflussnahme eine größere Rolle spielen, wenn die Interessengruppen in die Entscheidungsfindung so integriert werden, dass sie über Einfluss verfügen.[24] Wahlkampfspenden und andere Einflusskanäle gewinnen zwangsläufig an Bedeutung, wenn Interessengruppen nicht einbezogen werden oder wenn sie dabei über unzureichende institutionalisierte Einflussmöglichkeiten verfügen. Die Relevanz der institutionellen Rahmenbedingungen für die Kanäle und die Effizienz der Politikbeeinflussung ermöglicht es den Vertretern der Regierung systematisch auf die Nachfrage und deren Übermittlungswege einzuwirken, indem sie etwa bestimmte Interessenorganisationen legitimieren oder staatlich fördern und andere verbieten. Damit ist anzunehmen, dass auch der institutionelle Rahmen Ergebnis eines endogenen Prozesses ist.

Bei der Entscheidung über die Beeinflussung der Politik werden die Interessengruppen die Kosten gegen den potentiellen Nutzen abwägen.[25] Die Kosten sind umso geringer, je besser die Interessen organisiert sind, je effektiver die Gruppe die Ressourcen einsetzen kann und je stärker die Regierung geneigt ist, die Wünsche der Gruppe zu berücksichtigen. Die Kosten-Nutzen-Entscheidung wird am Beispiel einer Parteispenden zahlenden Interessengruppe gezeigt. Zahlreiche Modelle der politischen Ökonomie des Protektionismus (s. Kap. 3) arbeiten unter der Annahme, dass Parteispenden der einzige Einflusskanal sind, da Parteispenden quantifizierbar und differenzierbar sind und daher den Einsatz mikroökonomischer Instrumente erleichtern.

Die optimale Parteispende einer Lobby an eine Partei lässt sich anhand von Abbildung 3-2 erläutern. Die Interessengruppe wählt die Höhe der Parteispende, die ihr die höchste Differenz zwischen Kosten und Nutzen verspricht. Die Kosten des Lobbying

---

24 Die häufigste Form der Beteiligung ist die Anhörung im Gesetzgebungsprozeß, wie dies in Gesetzgebungsverfahren der EU der Fall ist.

25 Eine ausführliche Analyse dieser Thematik ist bei MAGEE/BROCK/YOUNG (1989), S. 36ff. und bei Frey (1985), in Kap. 2 zu finden.

sind durch eine Gerade dargestellt. Sie bestehen aus der zu zahlenden Parteispende sowie aus Organisationskosten.[26] Die Nutzen sind durch eine Kurve mit positiver abnehmender Steigung abgebildet. Die Wahlkampfspenden haben also abnehmenden Grenznutzen. Dies liegt an dem (im nächsten Abschnitt ausführlich dargestellten) *trade-off*-Effekt: ein höheres Regulierungsniveau ist für die Regierung mit Stimmen

verlusten wegen der damit verbundenen negativen Wohlfahrtseffekte verbunden. Die Regierung lässt sich diese durch höhere Spenden „bezahlen". Da die Interessengruppe jedem Regulierungsniveau ein Nutzenniveau zuordnet, sinkt der Grenznutzen mit zunehmenden Spenden.

Die Interessengruppe wird also die Wahlkampfspende wählen, die mit dem höchsten Überschuss des Nutzens über die Kosten verbunden ist. Formal ist dies dort der Fall, wo der Grenznutzen gleich den Grenzkosten ist. Das ist hier bei einer Spende in Höhe von C_0 der Fall, welche die Interessengruppe einer Partei für eine bestimmte Gegenleistung in Form von Regulierungsmaßnahmen anbieten wird. Hier liegt das interne Gleichgewicht der Lobby.

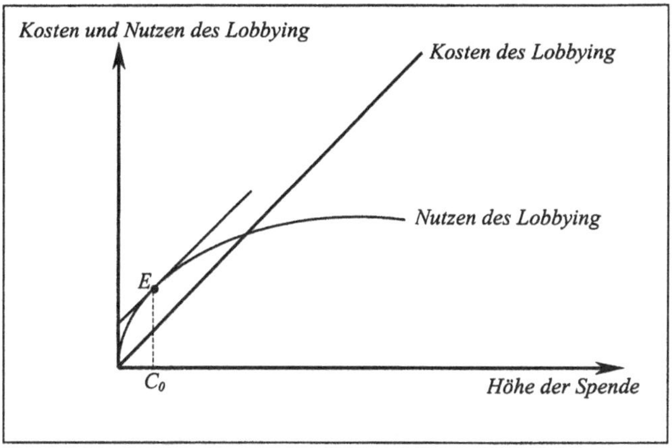

Abbildung 3-2: Die optimale Spendenhöhe einer Interessengruppe
Quelle: MAGEE/BROCK/YOUNG (1989), S. 38, modifiziert

Ungeklärt ist bislang die Frage geblieben, mit welchen gesamtwirtschaftlichen Kosten das Streben der Interessengruppen nach Erlangung und Sicherung der Renten behaftet

[26] Vernachlässigt man die Organisationskosten, hat die Gerade eine Steigung von 45°, da dann die auf der Abszisse abgetragene Wahlkampfspende die einzige Kostenkomponente des Lobbying wäre. Bei Erhöhung der Organisationskosten dreht sich die Gerade um den Ursprung nach links. Bei großen Gruppen, bei denen die Kosten der Organisation die Nutzen übersteigen, liegt die Kostengerade so weit links, dass keine zwei Schnittpunkte mit der Nutzenkurve existieren. Tangieren sich die beiden Linien, ist die Lobby indifferent.

ist. Dieser Frage widmete sich die Theorie des *rent-seeking*. TULLOCK (1967) machte deutlich, dass die Wohlfahrt im Falle von *rent-seeking* weit höher gemindert wird, als es durch die sog. Harberger-Dreiecke dargestellt werden kann. Zusätzlich zu diesen - bekannten - Wohlfahrtsverlusten müssen auch die Kosten des *rent-seeking* an sich betrachtet werden, da die eingesetzten Ressourcen einer produktiven Verwendung entzogen werden. Die Kosten sind stark von der Konkurrenzsituation, d. h. von der Anzahl der Gruppen, die sich um diese Rente bemühen, abhängig. Im theoretischen Extremfall des vollständigen Wettbewerbs der Gruppen untereinander werden die Kosten des *rent-seeking* der zu erwartenden Rente entsprechen [TOLLISON (1982)].

Weitere Einflussfaktoren auf die Höhe der Kosten sind die Art der angestrebten Regulierung und der institutionelle Rahmen, in dem die Verteilung stattfindet. Je exklusiver die Renten sind, umso höher werden die Ressourceneinsätze der potentiell Begünstigten sein. Je leichter der institutionelle Rahmen die Vergabe solcher Renten erlaubt, umso geringer wird der notwendige Ressourceneinsatz sein. Existiert in einem Land Beispielsweise ein schwaches Demokratieverständnis, ist der Anreiz für Bürokraten und Politiker groß, durch Annahme von Bestechungsgeldern Renten zu gewähren. Die Anreize zum *rent-seeking* werden in beiden Fällen verstärkt. Es kann daraus - unter anderem - eine positive Beziehung zwischen der Stärke des institutionellen Rahmens, der Höhe der Renten und der damit verbundenen Kosten gezogen werden [MURPHY/SHLEIFER/VISHNY (1993), S. 412].

Da jegliche Regulierung mit Renten verbunden ist, für deren Erlangung und Bestand Ressourcen aufgewendet worden sind, ist bei Veränderung der Grundlagen der Regulierung, somit insbesondere des institutionellen Rahmens, mit starkem Widerstand seitens der Rentenbezieher zu rechnen.

3.3.2 Der Wettbewerb der Interessengruppen untereinander

Die politische Macht einer Interessengruppe auf eine Regierung oder einen Politiker, d.h. ihre Fähigkeit zur Durchsetzung von Vorteilen für ihre Mitglieder, wird durch die Macht anderer Interessengruppen beschränkt, denn in der Regel versuchen mehrere Lobbies mit entgegengesetzten Interessen Einfluss auf die Politik zu nehmen.[27]

Nimmt man vereinfachend an, dass die Gruppen das Verhalten der Konkurrenten als gegeben annehmen, ist die Oligopoltheorie von Cournot geeignet, die Interaktion der Lobbies am Beispiel von zwei Gruppen darzustellen. Anhand von Abbildung 3-3 wird der Prozess deutlich.[28] Dargestellt sind hier die Reaktionsfunktionen der Lobbies. Entscheidet sich die Lobby A für politischen Einfluss in Höhe von E_A^1, dann wird die Gruppe B ihr Verhalten anpassen und den von ihr ausgeübten politischen Einfluss auf E_B^1 verstärken. Darauf reagiert die Gruppe A mit einer Erhöhung auf E_A^2 usw. In

---

27 Denkbar ist auch ein komplementäres Verhältnis der Gruppen, die dann ein gemeinsames Ziel verfolgen.

28 Der politische Einfluss wird hierbei als quantifizierbar angenommen und lässt sich daher in Reaktionsfunktionen abbilden.

Punkt E kommt es zum Gleichgewicht, da dann keine der beiden Gruppen ihren politischen Einfluss weiter verändern möchte. In diesem Punkt sind sowohl die Ausgaben der Gruppen für die Einflussnahme sowie das Niveau der Regulierung determiniert.

Maßgeblich für das sich einstellende Gleichgewichtsergebnis und damit die Regulierungshöhe sind die Annahmen, die in Bezug auf die Information und Reaktion der jeweiligen Konkurrenten (Lobbies und Parteien) auf eigene Maßnahmen getroffen werden. Jeder Informationsvorsprung eines der Beteiligten, der eine richtige Vorhersage der Reaktion des Konkurrenten erlaubt, führt zu einer Wohlfahrtverbesserung auf Kosten der anderen Akteure. Verfügt beispielsweise die Gruppe A über Informationen, die es ihr erlauben, die Reaktion der Gruppe B vorherzusagen, dann kann sie ihre op-

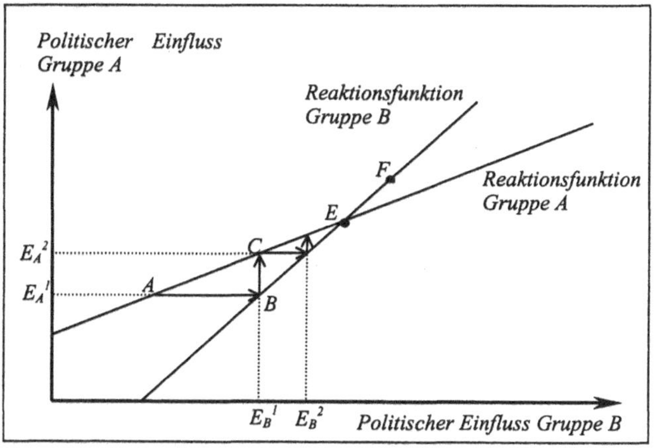

Abbildung 3-3: Interaktion der Interessengruppen untereinander

Quelle: Mitchell/MUNGER (1991), S. 533, modifiziert und ergänzt

timale Position auf der Reaktionsgeraden der Gruppe B realisieren, ohne dass die Gruppe B reagiert. Diese Position impliziert höheren politischen Einfluss. Die Situation der Gruppe A ist vergleichbar mit der Unabhängigkeitsposition im Stackelberg-Dyopol und ist in Punkt F in der Abbildung 3-3 dargestellt.

3.3.3 Die Interaktion zwischen Interessengruppen und Politikern

Interessengruppen und Parteien können kooperieren, um jeweils Ziele zu erreichen, die sie ohne die Mitarbeit der anderen Seite nicht realisieren könnten. Dies geschieht grundsätzlich indem die Regierung den Interessengruppen Regulierung gewährt, die den Nutzen der Interessengruppen steigert und im Gegenzug – allgemein gesagt – politische Unterstützung erhält. Doch wie läuft dieser Kooperationsprozess genau ab?

Die Interaktion geht grob schematisch aus Abbildung 3-4 hervor. Auf der Angebotsseite agieren die Regierung, bzw. die um das Regierungsamt konkurrierenden Parteien und die staatliche Verwaltung. Die Interessengruppen wirken indirekt über die an die

Regierung bzw. den Gegenkandidaten gezahlten Parteispenden auf die Wähler ein, indem sie den Politikern finanzielle Mittel für den Wahlkampf oder für andere Zwecke zur Verfügung stellen. Im Gegenzug verhängt die Regierung Regulierungsmaßnahmen. Es existieren zahlreiche theoretische Erläuterungen des Einflusses der Interessengruppen auf die Regierung bzw. den Wahlausgang,[29] die diesem Schema folgen,

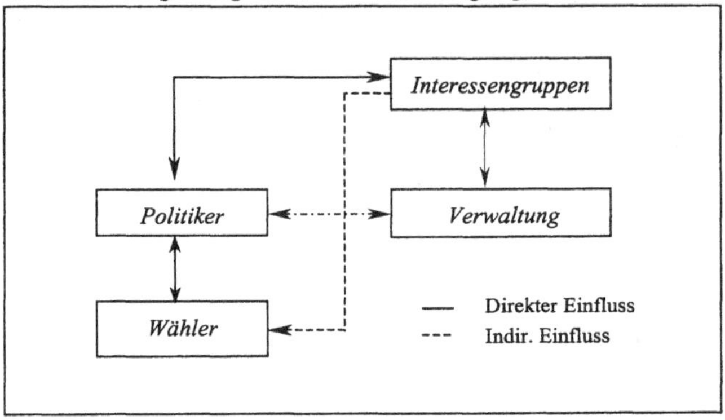

Abbildung 3-4: Schematische Darstellung der Interaktion von Interessengruppen und Politiker
Quelle: eigene Darstellung

von denen im Folgenden die für die Handelspolitik relevanten dargestellt werden. Zwei Umweltsituationen können unterschieden werden: der Politiker befindet sich im Wahlkampf oder er ist bereits an der Regierung beteiligt. Aus dieser Unterscheidung ergeben sich Einflüsse auf das Verhalten der Interessengruppen und auf das Programm der Politiker.

3.3.3.1 Politiker und Interessengruppen bei Wahlen

Geht man im Medianwählermodell von rational uninformierten Wählern aus, kann es um das Verhalten von Interessengruppen erweitert werden.[30] Wähler sind rational uniformiert, wenn Informationsbeschaffung mit Kosten verbunden ist. Dann informiert sich ein Wähler nur, wenn diese Kosten den erwarteten Nutzen nicht übersteigen, was bei einer Wahlentscheidung, die der einzelne kaum beeinflussen kann, in geringer Information resultiert. Der als Wahlkampfmodell bezeichnete Ansatz weicht vom vollkommenen politischen Wettbewerb bei Wahlen ab. Da die uninformierten Wähler für Wahlpropaganda anfällig sind, können Parteien durch gezielte Informationspolitik deren Wahlentscheidung beeinflussen. Daraus ergeben sich diskretionäre Spielräume für die Kandidaten. Zur Finanzierung der Informationsmaßnahmen benötigen die Parteien Ressourcen, daher wählen sie jeweils die politische Plattform, von der sie die

---

29 Einen Überblick über die Thematik bieten die Aufsätze von VAN WINDEN (1999) und Michell/MUNGER (1991).

30 Das dargestellte Modell basiert auf dem *probabilistic voting*-Modell, einer Weiterentwicklung des Medianwählermodells [COUGLIN/MUELLER/MURRELL (1990)].

höchsten Wahlkampfspenden erwarten. Interessengruppen spenden an die Partei, deren angekündigte Politik ihnen den höchsten Nutzen verspricht.

Die Parteien sind in der Wahl der politischen Plattform jedoch eingeschränkt, wie anhand der Abbildung 3-5 verdeutlicht werden kann.[31] Darin ist die Beziehung zwischen der Anzahl der Wählerstimmen, die eine Partei erhalten kann, und der Höhe der Regulierung dargestellt, die sog. Reaktionsfunktion der Wähler. Bis zum Punkt E kann demnach die Partei durch stärkere Regulierung mehr Wählerstimmen erhalten, da sie mit den eingenommenen Wahlkampfspenden mehr Wähler von ihrer Politik überzeugen kann als sie durch die Wohlfahrtsverluste infolge der Wahl der den Partikularinteressen entgegenkommenden Plattform verliert. Danach ist die Beziehung negativ. Die Ursache dafür ist, dass steigende Umverteilung zunehmenden Widerstand seitens der Wähler generiert, so dass die Grenzkosten[32] für die Partei steigen. Ab einer

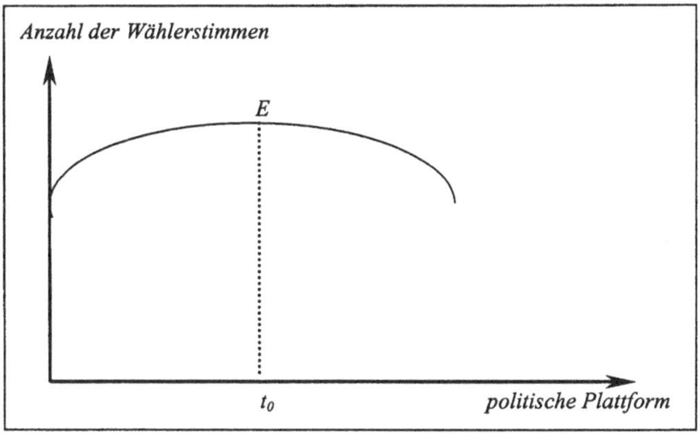

Abbildung 3-5: Grad der Regulierung und Anzahl der Wählerstimmen

Quelle: MAGEE/BROCK/YOUNG (1989), S. 36, modifiziert

bestimmten Umverteilung lassen sich die negativen Wohlfahrtswirkungen durch Wahlwerbung nicht mehr verbergen. Die Parteien sehen sich hier also einem *trade-off* gegenüber. Der Punkt E entspricht der aus Sicht der Partei optimalen Plattform, die den Überschuss des Nutzens über die Kosten maximiert und so die meisten Stimmen einbringt.

Eine Lobby wird stets nur an eine der zur Wahl antretenden Parteien spenden, und zwar an diejenige, von deren Politik sie den höchsten Nutzenzuwachs erwartet. Eine gleichzeitige Spende an andere Kandidaten würde zu einer Verringerung der Wahlgewinnchancen der favorisierten Partei führen und wäre daher nicht rational [MAGEE/BROCK/YOUNG (1989), S. 60f.]. Die Lobbies versuchen also, die Wahlchan-

---

31 In der Abbildung wird ein eindimensionales politisches Spektrum angenommen.

32 Grenzkosten und –nutzen werden hier in Wählerstimmen ausgedrückt.

cen der ihnen nahestehenden Partei zu erhöhen, ohne den politischen Standpunkt dieser Partei direkt zu beeinflussen. Dieser ist durch das von der Partei antizipierte Verhalten der Partikularinteressen und den beschriebenen Trade-off determiniert.

Das Wahlkampfmodell bildet direkt die Beziehung zwischen Wahlkampfspenden und der Anzahl der Wählerstimmen ab und erlaubt *ex-ante* Aussagen über den Wahlausgang. Mit der Wahl einer bestimmten Partei wird die grobe wirtschaftspolitische Orientierung eines Landes determiniert. Im Kontext der Handelspolitik bedeutet dies beispielsweise die Entscheidung zwischen freihandelsorientierter oder protektionistischer Politik.

Aufgrund des repetitiven Charakters der Wahlen ist die gewählte Partei gezwungen, die angekündigte Politik umzusetzen, wenn sie ihre Glaubwürdigkeit nicht verlieren will. Dennoch kann eine Regierung im Verlauf der Legislaturperiode bei der Ausgestaltung der Politik zusätzliche diskretionäre Spielräume nutzen, um auf die Interessen einzelner Gruppierungen einzugehen. Diese Mechanismen, die das Zustandekommen der Details der Wirtschaftspolitik erklären, werden von den sog. *Modellen der politischen Unterstützung* analysiert.

3.3.3.2 Die politische Unterstützung einer gewählten Regierung

Eine gewählte Regierung kann ihre politischen Gestaltungsmöglichkeiten einsetzen, um die Chancen auf eine Wiederwahl zu verbessern. Aufgrund des Kontrollproblems der Wähler besitzt sie diskretionären Spielraum, den sie zur Maximierung ihrer *politischen Unterstützung*[33] nutzen kann. Die politische Unterstützung ist eine Funktion, die positiv sowohl von der Wohlfahrt der Interessengruppen abhängt als auch von den durch eine Maßnahme hervorgerufenen Veränderungen der allgemeinen Wohlfahrt beeinflusst wird (z. B. *deadweight loss* infolge handelspolitischer Maßnahmen oder Steuererhöhungen nach Transfers). Die Funktion geht auf den Regulierungsansatz von STIGLER (1971) zurück. Die Einflussvariablen in der Zielfunktion und deren Gewichtung werden von der Regierung entsprechend ihrer Bedeutung für die Wiederwahl bestimmt.

Die Wohlfahrt einzelner Interessengruppen kann gewichtet sein in der Mehrzahl der Modelle wird sie jedoch als exogen angenommen. Die Unterstützung durch die Interessengruppen kann unterschiedliche Formen annehmen, wie Wählerstimmenblocks, Parteispenden oder Information der Politiker. Obwohl der Wahlkampf keine dominante Rolle spielt, wird das Verhalten und die Positionen der Konkurrenten von der Regierung im Hintergrund beachtet. Die Regierung entscheidet über Maßnahmen, indem sie den Grenznutzen der Regulierung gegen deren politische Grenzkosten abwägt. Die Grenzkosten äußern sich im Verlust politischer Unterstützung der von der Regulierung negativ betroffenen Wähler- oder Interessengruppen.

---

33 Die Modelle gehen auf den *Regulierungsansatz* [STIGLER (1971)] zurück.

GROSSMAN UND HELPMAN (1994a) entwickelten diesen Ansatz weiter, indem sie ein aus der Agency-Theorie stammendes, spieltheoretisches Modell auf die Interaktion zwischen den Lobbies und der Regierung angewandt haben. Damit erklären sie detailliert den Prozess der Einflussnahme auf die Regierung und leiten die Gewichtung der Partikularinteressen endogen ab.

Die Regierung maximiert darin ihre *politische Unterstützung* durch Einsatz wirtschaftspolitischer Maßnahmen. Annahmegemäß wirken sich zwei Komponenten positiv auf die Wiederwahlchancen aus: die Unterstützung durch die Wähler, ausgedrückt durch die allgemeine Wohlfahrt und die Summe der von den Interessengruppen erhaltenen Parteispenden. Damit besteht die zu maximierende Zielfunktion aus einer gewichteten Summe der beiden Komponenten:

$$V = aW(p) + (1-a)\Sigma_i C_i(p_i) \rightarrow max \qquad mit\ 0<a<1 \qquad (2.1)$$

Dabei bezeichnet V die politische Unterstützung, p den Preisvektor aller Güter, C_i ist die Parteispende der Interessengruppe, die Sektor i vertritt und a der Gewichtungsfaktor der allgemeinen Wohlfahrt W.

Der Nutzen, den die Regierung aus der Erhöhung der politischen Unterstützung zieht, kann neben der Wiederwahl auch andere Ursachen haben. Die allgemeine Wohlfahrt kann aus ideologischen Gründen von Bedeutung sein und die Parteispenden können für andere Zwecke als die Finanzierung der anstehenden Wahl verwendet werden; z. B. um die Schulden aus den vergangenen Wahlkämpfen zu tilgen oder um starke Konkurrenten vom Antreten zur Wahl abzuhalten [GROSSMAN/HELPMAN (1994a), S. 836].

Die Regierung wird sich zur Verhängung einer wirtschaftspolitischen Maßnahme nur dann entschließen, wenn die Summe aus entgangenen Parteispenden der anderen Lobbies und Wohlfahrtsverlust mindestens kompensiert wird. Mit steigender Summe der Parteispenden sinkt die Bereitschaft der Regierung, regulierungspolitische Maßnahmen einzusetzen, da die negativen Wohlfahrtswirkungen dieser Maßnahme zunehmen und dadurch zusätzlich der Spielraum für die Regulierung in anderen Branchen sinkt.

Die Interessengruppen und Wähler maximieren ihre Wohlfahrt über die Spenden- bzw. Wahlentscheidung. Während die Wahlkampfspenden der Lobbies explizit in die Zielfunktion eingehen, wird der Einfluss der Wähler nur implizit über die allgemeine Wohlfahrt berücksichtigt, d. h. es wird angenommen, dass Wähler eher geneigt sind, eine Regierung zu wählen, die ihnen eine höhere Wohlfahrt bietet.

Die Interessengruppen versuchen über Spenden die Regierung zu beeinflussen, um für sich eine günstige Regulierung zu erwirken, oder eine ungünstige zu verhindern. Mittels der Parteispenden maximieren sie die Wohlfahrt ihrer Mitglieder abzüglich der Mitgliedsbeiträge. Annahmegemäß können die Gruppen das Trittbrettfahrerproblem kostenlos lösen, so dass die Organisationskosten vernachlässigt werden können. Folglich stehen die Mitgliedsbeiträge voll als Parteispende zur Verfügung. Die

Lobbies kennen die Zielsetzung der Regierung und deren Reaktion auf ihr Angebot und treffen darauf aufbauend die Entscheidung über die Höhe der Wahlkampfspenden. Auch die Reaktion der anderen, teilweise konkurrierenden Gruppen ist ihnen bekannt und wird berücksichtigt.

Das Gleichgewicht entsteht in einem zweistufigen, nicht-kooperativen[34] Spiel, bei dem in der ersten Stufe die Lobbies simultan ihre Spenden wählen und in der zweiten Stufe die Regierung ihre Politik. In der ersten Stufe ordnen die Lobbies annahmegemäß jeder möglichen wirtschaftspolitischen Maßnahme eine Parteispende zu, die sie im Fall der Umsetzung an die Regierung zahlen werden. Diese "Spendenpläne" bestehen aus den für die Lobbies optimalen Spendenhöhen, d. h. sie maximieren das Netto-Wohlfahrtsniveau[35] der Mitglieder für jede denkbare wirtschaftspolitische Maßnahme.

In der zweiten Stufe maximiert dann die Regierung bei gegebenen Spenden die politische Unterstützung, gegeben durch Gleichung 2.1. Dazu wählt sie ausgehend von dem Angebot aller Lobbies ein Paket an Maßnahmen aus. Für jede Lobby wird also eine Maßnahme getroffen, für die sie dann die dazugehörige optimale Spende leistet. Dabei gewichtet die Regierung alle Lobbies gleich, es ist für sie also nicht von Bedeutung von welcher Gruppierung die Spende kommt.

Um zu verhindern, dass die Regierung nach Erhalt der Spende ihren Teil des Vertrages nicht oder nur unvollständig erfüllt, zahlen die Lobbies die versprochenen Spenden nach der Umsetzung des Programms. Vergleichbar ist der Prozess mit einem Arbeitsvertrag: die Lobbies beschäftigen die Regierung mit der Umsetzung der gewünschten Maßnahmen im Austausch gegen *erfolgsabhängiges* Honorar (die Wahlkampfspenden).

Die Beziehung zwischen den Akteuren hat hier die Struktur eines "*common agency problem*", bei dem mehrere Prinzipale (Interessengruppen) einen Agenten (die Regierung) zu einer Handlung bewegen wollen, die für ihn kostspielig ist. Für die Regierung ist diese Handlung in dem Sinne kostspielig, dass sie mit negativen Wohlfahrtseffekten und damit auch Einbußen an politischer Unterstützung verbunden ist.

Die spieltheoretische Lösung eines Gleichgewichtes bei diesen Verhaltensannahmen liefert das Modell von BERNHEIM/WHINSTON (1986a, 1986b). Obwohl Verträge mit ex-post Zahlungen zwischen Interessengruppen und der Regierung in der Realität nicht zu beobachten sind, ist es nach BALDWIN (1995) durchaus denkbar, dass ex-ante Zahlungen in einem anderen, der Realität angepassten, spieltheoretischen Rahmen, etwa bei wiederholten Spielen, zum gleichen Ergebnis führen. Dann hätten die Lobbies im

---

34 Ein nicht-kooperatives Spiel ist eines, bei dem die beteiligten Akteure keine Möglichkeit zur Kooperation sehen. Könnten sie kooperieren, dann würde das Gleichgewicht in dem Punkt liegen, in dem die Summe der Nutzen der Beteiligten das Maximum erreicht. Dies ist hier zwar nicht der Fall, da die Lobbies und Politiker nicht kooperieren, beide Vorgehensweisen führen aber zum gleichen Ergebnis.

35 Wohlfahrtsniveau abzüglich der Mitgliedsbeiträge.

Falle der Wiederholung des Spiels die Möglichkeit, die Regierung für das Abweichen von der Vereinbarung zu bestrafen.

Das Gleichgewicht besteht also aus zwei Teilen: den optimalen Spendenplänen aller beteiligten Lobbies und dem Maßnahmenpaket, das die Regierung daraus auswählt. Grossman und Helpman zeigen mit Hilfe des Ansatzes von BERNHEIM/WHINSTON (1986a, 1986b), dass in der beschriebenen Situation ein Nash-Gleichgewicht[36] existiert. Dieses sehr allgemeine Ergebnis besagt lediglich, dass es zu einem Gleichgewicht kommt, es lässt jedoch keine Aussage über dessen Charakteristika zu.

Die Autoren verfeinern dieses Ergebnis, indem sie zusätzlich annehmen, dass die Spendenpläne immer die tatsächlichen Präferenzen der Interessengruppen abbilden. Dies ist der Fall, wenn die marginale Veränderung der Beiträge aufgrund einer marginalen Veränderung der Wirtschaftspolitik (ausgedrückt durch Preise) gleich der dadurch induzierten Veränderung der Wohlfahrt der Lobby ist:[37]

$$\nabla C_i(p) = \nabla W_i(p) \tag{2.2}$$

Voraussetzung ist, dass die Spendenpläne überall differenzierbar sind.

BERNHEIM/WHINSTON (1986b) haben bewiesen, dass eine Lobby ihre tatsächlichen Präferenzen in den Spendenplänen abbilden kann, indem sie ihren Nettowohlfahrtsgewinn unabhängig von der potentiellen Maßnahme optimiert. Dieser Nettowohlfahrtszuwachs einer Lobby ist also für alle Maßnahmen gleich. Als Spende bieten die Lobbies den Überschuss an Wohlfahrt über diesen Betrag hinaus an. Die Höhe dieses Betrages ist in erster Linie von der Konkurrenzsituation der Lobbies untereinander abhängig. Je stärker die Konkurrenz der Lobbies untereinander, umso geringer sind die Gewinne für die Lobbies und umso höher fällt die zusätzliche politische Unterstützung in Form von Parteispenden für die Regierung aus [GROSSMAN/HELPMAN (1994a), 845f.]. Die Spende hat dann die folgende Form:

$$C_i(p, B_i) = \max[0, W_i(p) - B_i] \tag{2.3}$$

B_i ist dabei der über alle Maßnahmen gleiche Nettowohlfahrtszuwachs einer Lobby und ist daher ein Skalar, während die endgültigen Parteispenden C_i Vektoren sind.

Die so errechneten *tatsächlichen Nash-Gleichgewichte* (*truthful Nash-Equilibria*) sind innerhalb der Menge aller Nash-Gleichgewichte zu bevorzugen, da [GROSSMAN/HELPMAN (1994a), S. 840]:

---

36 In einem Nash-Gleichgewicht können alle beteiligten Akteure ihre optimalen Strategien realisieren.

37 Der Index i bezeichnet die Lobbies, während er bislang für die Sektoren stand. Es wird also angenommen, daß alle Sektoren durch Interessengruppen repräsentiert sind. Das Symbol ∇ bezeichnet den Gradienten, d. h. die erste Ableitung der Funktion nach allen Komponenten des Vektors *p*.

- die Spendenpläne die tatsächlichen Präferenzen abbilden, und nur diese gegen Koalitionen zwischen den Akteuren abgesichert sind.
- die Menge der besten Antworten auf jede Strategie des Gegners immer auch eine *tatsächliche Strategie*[38] enthält, so dass die *tatsächliche Strategie* stets eine beste Antwort[39] darstellt. Damit ist die *tatsächliche Strategie* immer für jede Lobby optimal und wird von der Gruppe verfolgt.

Der Gleichgewichtspreisvektor, den die Regierung im Gleichgewicht wählt, hat dann die Form:

$$p^0 = \max\left[(1-a)\sum_{i=1}^{n} W_i(p) + aW(p)\right] \tag{2.4}$$

Dies kann aus der Gleichgewichtsbedingung und der Gleichung (2.3) hergeleitet werden: Die Bedingung für ein Optimum lautet, dass für den aus Sicht der Regierung optimalen Preisvektor p^0 die Zielfunktion der Regierung größer ist als für jedes andere p:

$$(1-a)\sum_{i=1}^{n} C_i^0(p^0) + aW(p^0) \geq (1-a)\sum_{i=1}^{n} C_i(p) + aW(p) \tag{2.5}$$

setzt man hier die Gleichung (2.3) ein, dann erhält man als Gleichgewichtsbedingung unter Berücksichtigung der *tatsächlichen Nash-Gleichgewichte*:

$$(1-a)W_i(p^0) + aW(p^0) \geq (1-a)W_i(p) + aW(p) \tag{2.6}$$

Aus der Gleichung (2.6) kann der Gleichgewichtspreisvektor (2.4) hergeleitet werden. Dieser Ausdruck beinhaltet das wichtigste Ergebnis des Modells: die Regierung verhält sich im Gleichgewicht so, als würde sie die Wohlfahrt der Interessengruppen mit *1* und die der nichtorganisierten Wähler mit *a* gewichten [GROSSMAN/HELPMAN (1994a), S. 840]. In diesem Gleichgewicht verfolgen alle Interessengruppen ihre *tatsächlichen Strategien*. Je geringer die Bedeutung der allgemeinen Wohlfahrt für die Regierung ist, je kleiner sie also *a* wählt, umso stärker wird sie regulierend eingreifen. Die nicht organisierten Individuen werden mit Steuern und Abgaben belastet.

Empirische Schätzungen des Parameters *a* für die USA weisen auf eine relativ hohe Gewichtung der Wohlfahrt hin, kommen jedoch zu stark divergierenden Ergebnissen: GOLDBERG/MAGGI (1999) schätzen $a \cong 0{,}98$ und GAWANDE/BANDYOPADHYAY (2000) in einem um Importe von Zwischenprodukten erweiterten Modell der endogenen Protektion auf $a \cong 0{,}5$.

Die wesentlichste Unterscheidung zwischen dem Ansatz der politischen Unterstützung und dem Wahlkampfmodell aus Abschnitt 3.3.3.1 ist die Art des Einflusses der Spenden auf die Parteien. Während bei GROSSMAN/HELPMAN die Interessengruppen

---

38 Eine *tatsächliche Strategie*, ist diejenige die von den Interessengruppen im *tatsächlichen Gleichgewicht* gewählt wird.

39 Eine beste Antwort ist eine Strategie, die ausgehend vom gegebenem Verhalten des anderen Spielers optimal ist.

die politischen Entscheidungen der Parteien direkt beeinflussen, ist dieser Zusammenhang im Wahlkampfmodell indirekt. Mit den Parteispenden verbessern die Gruppen in erster Linie die Wahlchancen der Partei, die ihre bevorzugte Position einnimmt, haben also keinen unmittelbaren Einfluss auf die Politik. Der indirekte Einfluss besteht dennoch, da die Partei die Höhe der Parteispenden, die sie bei alternativen Positionen erhält, antizipiert und ihre Entscheidung danach ausrichtet.

Interessengruppenmodelle, die in erster Linie Parteispenden als Instrument der Einflussnahme untersuchen, werden häufig kritisiert, da nur ein geringer Anteil der beobachteten Lobbying-Aktivitäten diese Form annimmt. Die Übermittlung von Information hat in vielen Ländern einen deutlich höheren Stellenwert [AUSTEN-SMITH (1991), S. 84]. Dem steht entgegen, dass das Modell von GROSSMAN/HELPMAN (1994) im Kontext der Handelspolitik empirisch eindrucksvoll bestätigt worden ist [GAWANDE/BANDYOPADHYAY (2000), und GOLDBERG/MAGGI (1999)].

Weiterhin sind Parteispenden als Gegenleistung für politische Maßnahmen illegal. Damit befindet man sich in der Sphäre der politischen Korruption, die eigene Fragestellungen aufwirft, wie z. B. Kontrollprobleme (URSPRUNG (2000) bezeichnet diesen Modelltypus daher auch als Korruptionsansatz). Die Problematik der Illegalität stellt sich nicht, wenn die Gruppen, wie im Wahlkampfmodell von MAGEE/BROCK/YOUNG (1989), mittels der Parteispenden die Wahlchancen eines Kandidaten oder einer Partei verbessern [AUSTEN-SMITH (1991), s. 84]. [40]

3.4 Akteure, Determinanten und institutionelle Einflüsse bei handelspolitischen Entscheidungen

Modelle der endogenen Handelspolitik erklären unter Verwendung der Ansätze der NPÖ die Höhe, die Struktur und die Art der verhängten Handelsschranken, bzw. die Erklärung der Mechanismen, die bei deren Abschaffung gelten. Einige dieser Ergebnisse sind auf präferentielle Handelsliberalisierung übertragbar. Die im Rahmen der endogenen Handelspolitik angewendeten Ansätze der NPÖ sind zum einen das Medianwählermodell [MAYER (1984)] und zum anderen die Ansätze der Interaktion zwischen der Regierung und den Interessengruppen. Da beobachtet werden kann, dass Handelspolitik maßgeblich von Partikularinteressen beeinflusst wird, sind Interessengruppenmodelle in der Mehrzahl [s. z. B. FINDLAY/WELLISZ (1982), LONG/VOUSDEN (1991), HILLMAN (1989), GROSSMAN/HELPMAN (1994)].

---

40 Es ist auch denkbar, dass die Funktion der politischen Unterstützung anstatt der Parteispenden eine andere Größe enthält, die aus Sicht der Regierung die Wahlchancen verbessert. Folgende Komponenten: der Regierungspartei überlassene Sachleistungen(etwa in Form von Expertenstudien zu geplanten Gesetzesinitiativen), Wählerstimmen, die hinter einer Gruppe stehen, oder die Aussicht auf zukünftige Beschäftigung für die ausscheidenden Politiker. Diese sind jedoch nur schwer quantifizierbar und nicht differenzierbar, so dass sich Probleme bei der Berechnung des Gleichgewichtes ergeben.

Modelle der endogenen Handelspolitik[41] beschreiben die Verhängung protektionistischer Maßnahmen unter dem Einfluss der betroffenen Wirtschaftssubjekte. Jedes Modell besteht aus zwei Teilen:

1. Beurteilung der Verteilungswirkungen der Handelspolitik und darauf aufbauend.
2. Modellierung des politökonomischen Prozesses.

Die im ersten Teil untersuchten Verteilungswirkungen determinieren die Höhe der potentiellen Renten aus handelspolitischen Maßnahmen sowie die Identität der Rentenbezieher. Im zweiten Teil wird - gestützt auf Annahmen über das politische Verhalten der Akteure und deren Interaktion - die Struktur und Ausprägung der endogenen handelspolitischen Maßnahmen untersucht.

3.4.1 Die Verteilungswirkungen der Handelspolitik

Der erste Schritt in einem Modell des Marktes für Handelspolitik ist daher die Feststellung der potentiellen Gewinner und Verlierer aus der Verhängung handelspolitischer Schranken. Zur Bestimmung der Einkommensveränderung der Eigner der Produktionsfaktoren, die direkt von der handelspolitischen Maßnahme betroffen sind, werden meist alternativ zwei handelstheoretische Modelle herangezogen, die sich in den Annahmen in bezug auf die Mobilität der Produktionsfaktoren unterscheiden. Diese ist vom Zeithorizont abhängig: Je länger die unterstellte Frist umso intersektoral mobiler werden die Produktionsfaktoren.

Bei intersektoral vollkommen mobilen Produktionsfaktoren (*Heckscher-Ohlin-Modell*) gewinnt der relativ reichlich vorhandene Faktor durch Freihandel und wird daher eine liberale Position beziehen, während der relativ knappe Faktor durch die Außenhandelsliberalisierung verliert und nach Abschottung streben wird (*Stolper-Samuelson-Theorem*). [42] In der langen Sicht werden sich demnach handelspolitische Koalitionen der Produktionsfaktoren bilden.

Das *Ricardo-Viner-Modell* geht von Produktionsfaktoren aus, die nicht bzw. nur unter Hinnahme temporärer Einkommenseinbußen in einem anderen Sektor beschäftigt werden können (sektorspezifische Produktionsfaktoren). Deren Entlohnung bewegt sich im Gleichschritt mit Veränderungen der Güterpreise des in dem Sektor produzierten Gutes. Im Falle protektionistischer Maßnahmen werden diese Produktionsfaktoren gewinnen und daher in der kurzen Frist sektorale Koalitionen bilden. [43] Analog verhalten sich mobile aber unvollständig substituierbare Produktionsfaktoren [HILLMAN (1989), S. 14ff.]. Dieser Fall tritt bei sektorspezifischer Qualifikation auf, so dass die

---

41 Ein Überblick über diese Ansätze findet sich bei RODRIK (1995) und HELPMAN (1995).

42 Für eine ausführliche Darstellung s. Salvatore (2001), S. 134ff. oder ROSE/SAUERNHEIMER (1999), S. 615ff.

43 Auch Modell mit sektorspezifischen Produktionsfaktoren (*specific factors model*) genannt. Für eine ausführliche Darstellung s. GANDOLFO (1998), S. 101ff oder SALVATORE (2001), S. 138ff.

Arbeitnehmer bei Wechsel in einen anderen Sektor Ausbildungsinvestitionen vornehmen müssen.

Im Fall des intraindustriellen Handels mit differenzierten Gütern können die Verteilungseffekte bei einseitiger Handelsliberalisierung abgemildert werden. Geht man davon aus, dass Konsumenten Variantenvielfalt schätzen [nach DIXIT/STIGLITZ (1977)], dann steigt bei Handelsliberalisierung die Anzahl verfügbarer Varianten ohne gleichzeitige Einkommenssenkung für eine der beteiligten Gruppen [HELPMAN/KRUGMAN (1985), S. 190ff.]. Somit stellen sich alle Konsumenten unabhängig von ihrer Einkommensquelle besser. Unterscheidet sich jedoch die inländische relative Faktorausstattung von den Handelspartnerländern, dann spezialisiert sich das Inland entsprechend dem Heckscher-Ohlin-Modell. Dominiert der Handel auf Basis unterschiedlicher Faktorausstattungen den intraindustriellen Handel, wird Handelspolitik die oben beschriebenen, vom Zeithorizont abhängigen Verteilungswirkungen aufweisen.

Neben den Eignern der Produktionsfaktoren in den von der handelspolitischen Maßnahme direkt betroffenen Sektoren sind auch andere Gruppierungen betroffen:

- Konsumenten, die aufgrund der Gruppengröße das Trittbrettfahrerproblem nur in seltenen Fällen lösen und sich organisieren können, tragen den Großteil der Kosten der Handelspolitik in Form von Einbußen an Konsumentenrente.
- Importeure und Händler der Endprodukte, die z. B. bei Verhängung von Quoten in den Genuss von Renten kommen.
- Importeure von Vorprodukten, deren Inputs im Produktionsprozess sich verteuern.
- Steuerzahler, die durch Maßnahmen, die mit Einnahmen für das Staatsbudget verbunden sind (z. B. Zölle oder Quoten, die versteigert werden) entlastet werden.
- Die inländische Bürokratie, die an handelspolitischen Entscheidungen beteiligt ist und im Fall einer starken Reduzierung der Protektion an Einfluss und Macht verlieren wird. Als ausführendes Organ der Handelspolitik wird sie Möglichkeiten der Erzielung zusätzlichen Einkommens verlieren, da weniger *rent-seeking*-Aktivitäten auf dieser Ebene stattfinden werden.
- Auch Exporteure müssen bei stark protektionistisch geprägter Politik Einkommenseinbußen befürchten, weil die Verhängung von Importbarrieren (insbesondere bei großen Ländern) die Gefahr von Retorsionsmaßnahmen in sich birgt.

Empirische Untersuchungen haben gezeigt, dass von handelspolitischen Maßnahmen direkt betroffene Akteure sich in den meisten Fällen entsprechend ihrer sektoralen Zugehörigkeit organisieren [MAGEE/BROCK/YOUNG (1989), S. 102ff.]. Daraus kann geschlossen werden, dass die Eigner in den direkt betroffenen Sektoren sich leichter organisieren können, als die übrigen Beteiligten. Weiterhin deutet dies auf einen kurzen Zeithorizont der Akteure hin, der sektorspezifische Produktionsfaktoren impliziert. Dies wird auch durch die Überlegung untermauert, dass Politiker und politisch aktive Gruppierungen stets nur mit Blick auf die nächste Wahl agieren und damit ihr Verhalten nach einem verhältnismäßig kurzen Zeithorizont ausrichten.

Demzufolge dominieren in der theoretischen Modellierung des politökonomischen Prozesses Interessengruppenmodelle: Wahlkampfmodelle, [wie z. B. MAGEE/ BROCK/YOUNG (1989)] geeignet für die Bestimmung der allgemeinen Ausrichtung der Handelspolitik, und Modelle der politischen Unterstützung (vgl. Abschinitt 3.3.3.2), die zur Erklärung der sektoralen Struktur der Protektion herangezogen werden. Aus den theoretischen Modellen lassen sich Eigenschaften von Sektoren ableiten, die Einfluss auf die Höhe der von ihnen erzielten Protektion haben.

3.4.2 Endogene Determinanten handelspolitischer Entscheidungen

Nach den Ergebnissen von GROSSMAN/HELPMAN (1994) ist die Regierung umso eher geneigt, Importschutz zu verhängen, je höher sie die allgemeine Wohlfahrt relativ zu anderen Komponenten der politischen Unterstützung bewertet. Hohe Zölle werden danach in Sektoren verhängt, in denen die Einführung eines Wertzolls zu einer möglichst geringen prozentualen Verringerung der Menge der importierten Produkte und daher zu einem kleineren *deadweight loss* führt, d. h. dort, wo die Preiselastizität der Importe gering ist [GROSSMAN/HELPMAN (1994a)].

In Bezug auf den Einfluss der Importdurchdringungsrate existiert keine einhellige Meinung. Einerseits haben Handelsbarrieren in Sektoren mit geringer Importdurchdringungsrate aufgrund des geringen Anteils am Konsum einen geringen *deadweight loss* und geringe Organisationsanreize für die negativ betroffenen Gruppen zur Folge [GROSSMAN/HELPMAN (1994a)]. Andererseits werden importsubstituierende Anbieter in Sektoren mit hoher Importdurchdringungsrate von starker ausländischer Konkurrenz betroffen sein und daher große Lobbyinganstrengungen unternehmen. Je größer die eingesetzten Ressourcen in einem Sektor sind, umso stärker ist die erreichte Protektion [FINDLAY/WELLISZ (1982)]. Empirisch wird von ANDERSON (1980) ein positiver Zusammenhang bestätigt.

Auch die Forschungsergebnisse über den Einfluss der Industriekonzentration in einem Sektor auf die endogene Protektion kommen nicht zu eindeutigen Ergebnissen. Nach OLSON (1992) erhöht stärkere Konzentration innerhalb eines Sektors allgemein die Nachfrage nach Regulierung. Die Kosten des Lobbying sinken, während die Rente unverändert hoch bleibt. Große Unternehmen verfügen des weiteren aufgrund ihrer Präsenz und der ihnen zur Verfügung stehenden Einflussmittel (z. B. Androhung der Verlagerung von Produktionsstätten ins Ausland, bessere finanzielle Ausstattung) in der Regel über erleichterten Zugang zu den über die Handelspolitik entscheidenden politischen Gremien und zur Staatsbürokratie. Sie weisen dadurch eine höhere Effizienz im Lobbying auf. Dies schlägt sich ebenfalls in gesunkenen Kosten des Lobbying nieder. Eine entgegengesetzte Wirkung der Industriekonzentration ergibt sich aus der Überlegung, dass Regulierungsentscheidungen, die große Unternehmen oder konzentrierte Industrien betreffen, starke öffentliche Aufmerksamkeit auf sich ziehen [ESTY/CAVES (1983)], womit die Wähler über die erlittenen Wohlfahrtsverluste besser informiert sind. Für die Regierung kann es in einem solchen Fall vorteilhafter sein, gegen die Produzenteninteressen zu entscheiden. Empirische Untersuchungen bestätigen diesen Zusammenhang aber nicht. HILLMAN (1991) kommt in seiner detaillierten Analyse zu dem Ergebnis, dass sich theoretisch kein eindeutiger Zusammenhang zwischen der Unternehmenskonzentration in einem Sektor und seiner Protektion nachweisen lässt. Eine positive Wirkung findet er nur für den Fall, dass Markteintrittsschranken bestehen und die Unternehmen innerhalb des Sektors nicht kooperieren. Empirische Untersuchungen zu diesem Zusammenhang kommen zu keinem eindeutigen Ergebnis. Je nach gewählten Schätzgleichungen wird eine eindeutig positive oder negative Beziehung festgestellt.[44] Eine empirisch nachgewiesene eindeutig positive Wirkung hat die regionale Konzentration der Produktion [TREFLER (1993)].

Eine eindeutig positive Beziehung konnte zwischen der Konzentration der Nachfrager nach dem hergestellten Produkt und der Höhe der Handelsschranken empirisch nachgewiesen werden [TREFLER (1993)]. Sind die Nachfrager eine stark konzentrierte Gruppe, dann können sie sich effizient organisieren und den Einfluss protektionistischer Interessen beschränken [Vgl. Abschnitt 2.3.2]. Demzufolge weisen Sektoren die Konsumgüter herstellen höhere Protektion auf als solche, die Zwischenprodukte anbieten [RAY (1991)].

Aus empirischen Untersuchungen folgt weiterhin, dass arbeitsintensive Sektoren in Industrieländern im Durchschnitt höhere Protektion aufweisen. Dies folgt jedoch aus der Tatsache, dass die meisten importkonkurrierenden Sektoren in entwickelten Volkswirtschaften diese Charakteristika aufweisen. Theoretische Ergebnisse können keine Erklärung von höherer Protektion in Sektoren mit komparativen Nachteilen geben [RODRIK (1995), S. 1482]. Gezeigt werden kann allerdings, dass ein hohes Protektionsniveau in der Vergangenheit positiv mit einem höheren Niveau in der Gegenwart korreliert ist. Da geschützte Sektoren keinem Restrukturierungsdruck unterliegen, bleiben deren ökonomische Größe und politische Macht erheblich, wodurch sie das Protektionsniveau weiterhin erhalten können [BRAINARD/VERDIER (1994)].

Handelsschranken fungieren in den oben dargestellten Modellen als Instrument der Umverteilung zugunsten von Interessengruppen, die durch Einflussnahme auf die Regierung ökonomische Vorteile erwirken können. Es schließt sich hier die Frage an, warum andere, ökonomisch effizientere Instrumente zur Umverteilung (z. B. direkte Transfers an die Unternehmen oder Produktionssubventionen) nicht bevorzugt werden. Sowohl die Interessengruppen als auch die Regierung müssten ein Interesse an ökonomisch effizienten Instrumenten haben, da diese geringere Wohlfahrtseinbußen generieren [BECKER (1983,1985)]. In der Literatur ist diese Frage erstaunlich wenig diskutiert worden. In den existierenden Arbeiten werden zwei Begründungen für die starke Präferenz für handelspolitische Maßnahmen herausgearbeitet, die jedoch unter sehr

---

44 Eine positive Beziehung weisen nach: PINCUS (1975), SAUNDERS (1980), MARVEL/RAY (1983), Godek (1985), TREFLER (1993), während ein negativer Zusammenhang von ANDERSON/BALDWIN (1987) und FINGER/HALL/NELSON (1982) nachgewiesen wird.

restriktiven Bedingungen gelten [s. hierzu auch RODRIK (1995)]. Der erste Grund ist, dass relativ ineffiziente Umverteilungsinstrumente die Wohlfahrtskosten verringern können, da die hohe Ineffizienz zu einer eingeschränkten Verwendung der Maßnahmen insgesamt führt. Somit wählen die Beteiligten stets die ökonomisch effizienteren Methoden. Hierzu wird angenommen, dass vor der eigentlichen Entscheidung über die Höhe der Umverteilung über die Wahl der Instrumente entschieden wird. Lobbies werden sich dann für ineffiziente Instrumente aussprechen, da diese der Regierung aufgrund der hohen Wohlfahrtskosten weniger Spielraum zum „Ausspielen" der Gruppen gegeneinander lassen, was die Effizienz des Lobbying insgesamt steigert [WILSON (1990), GROSSMAN/HELPMAN (1994)]. Der zweite Grund ist das Vorliegen unvollständiger Information auf Seiten der Wähler, die dann die Konsequenzen potentieller Maßnahmen nicht richtig einschätzen können. Für die Regierung kann es dann Vorteilhaft sein, ineffiziente Maßnahmen zu verhängen, um die Wohlfahrtskosten nicht sichtbar werden zu lassen und ihre Reputation als Wohlfahrtsmaximierer nicht zu verlieren [MAGEE/BROCK/YOUNG (1989), COATE/MORRIS (1994)].

3.4.3 Institutionelle Einflüsse

Bestimmte institutionelle Divergenzen, wie sie in einzelnen Ländern in Bezug auf die politische und ökonomische Sphäre vorliegen, haben Einfluss auf die Ergebnisse der Theorie der Politischen Ökonomie der Handelspolitik. Von Bedeutung ist hier insbesondere, welche staatliche Institution über die handelspolitische Maßnahme entscheidet.

Werden die von der Legislative verhängten Regeln (Regulierungsmaßnahmen) allgemein formuliert, müssen sie durch die Administration spezifiziert und auf den Einzelfall angewendet werden. Dies ist der *technische* im Gegensatz zum bisher beschriebenen *politischen* Entscheidungsweg [FINGER/HALL/NELSON (1982)].

Der technische Entscheidungsweg eröffnet der Verwaltung die Möglichkeit, unter Verweis auf die geltende Gesetzeslage regulierungspolitische Entscheidungen zu begründen. Gleichzeitig besteht für die Legislative die Möglichkeit, das Regelwerk und den Entscheidungsweg so auszugestalten, dass gewisse Gruppen bevorzugt werden. Aufgrund der fehlenden Transparenz bürokratischer Entscheidungen und ihrer Konsequenzen ist eine Verschleierung handelspolitischer Maßnahmen möglich. FINGER/HALL/NELSON (1982) zeigen, dass dieser Entscheidungsweg oft ein protektionistisches Bias hat.

Auf die technische Ebene werden insgesamt eher Fälle delegiert, die politisch weniger öffentlich sind, weil es sich z. B. um kleine, unbedeutende Sektoren handelt. Größere Fälle, die öffentliche Aufmerksamkeit erregen wie z. B. die Automobilindustrie, werden dem politischen Entscheidungsweg überlassen und folgen daher den Regeln der Modelle des endogenen Protektionismus [FINGER/HALL/NELSON (1982), S. 457].

Daneben existieren zahlreiche weitere institutionelle Regelungen, die Einfluss auf die Höhe, Struktur und die Instrumente der Handelspolitik haben:

- *Internationale Verträge und Vereinbarungen zum internationalen Handel*: Derartige Verpflichtungen verringern den Handlungsspielraum der Anbieter handelspolitischer Maßnahmen. Dies führt zu einer Einschränkung der zur Verfügung stehenden Instrumente der Politiker und somit auch einer Veränderung der Einflussmöglichkeiten der Lobbies. So ist nach Abschluss von Präferenzabkommen zwischen der EU und Drittstaaten ein starker Anstieg der Antidumpingverfahren gegen diese Staaten zu beobachten. Die politischen Aktivitäten haben sich hier auf die Bürokratieebene verlagert, da die Möglichkeiten der direkten Beeinflussung der Legislative nicht mehr erfolgversprechend sind. Weiterhin stellten FREY/BUHOFER (1986) im Zusammenhang mit der Bildung von Integrationsräumen einen Anstieg des Protektionismus fest. Sie begründen dieses Ergebnis über eine Verstärkung des Einflusses der Wirtschaftsverbände auf der supranationalen Ebene bei gleichzeitigem Einflussverlust auf Seiten der Wähler.[45]
- *Politische Traditionen:* Sind die Parteien in Bezug auf Freihandel traditionell eher ablehnend oder unterstützend eingestellt,[46] hat dies Auswirkungen auf die Kosten der Einflussnahme durch die Interessengruppen [WECK-HANNEMANN (1992), S. 121ff.] Weiterhin können Lobbies aufgrund der herrschenden Traditionen alternativ über positive Anreize (Spenden, Information) oder über (negativen) Druck (Mobilisierung der Wählerschaft oder Streik) agieren. Dies hat Einfluss auf die Zielfunktionen der Politiker.
- *Handelsbarrieren in der Ausgangssituation:* Existieren in der Volkswirtschaft im Schnitt hohe Handelsbarrieren, lassen sich weitere protektionistische Maßnahmen schwer durchsetzen. Die Ursache dafür sind gestiegene Grenzkosten für die Anbieter der Politik, da bei bestehender hoher Protektion weitere Zollerhöhungen zu Lasten der Konsumenten schwerer durchsetzbar werden.[47]
- *Stellenwert der Zolleinnahmen im Budget.* Wird das Staatsbudget zu einem beträchtlichen Teil aus Zolleinnahmen finanziert, dann hat die Regierung ein eigenes Interesse an der Erhaltung der Maßnahmen. Dies ist in vielen Entwicklungsländern der Fall [RODRIK (1995), S. 1484].

3.4.4 Der Status-Quo-Bias in der Handelspolitik

Es kann beobachtet werden, dass Handelspolitik systematisch zur Umverteilung von Einkommen zugunsten der Importkonkurrierenden Sektoren genutzt wird. Die beobachtete geringere Häufigkeit der Gewährung von Exportsubventionen lässt den Schluss zu, dass die Interessen exportorientierter Sektoren weniger berücksichtigt

45 Die Wähler werden sich über die Tätigkeit der Institutionen auf supranationaler Ebene wenig informieren und können nur geringfügig Einflussüben, da sie die Vertreter nicht direkt abwählen können.

46 Laut MAGEE/BROCK/YOUNG sind beispielsweise die US-Amerikanischen Demokraten eher protektionistisch eingestellt, während die Republikaner als freihandelsorientiert gelten.

47 Für die Konsumenten stellen dann die hohen Organisationskosten bei hohen potentiellen Gewinnen aus der Abschaffung der Handelsbarrieren keine wesentliche Hürde mehr dar.

werden. Die Erklärung dieses Protektions-Bias ist in der Literatur weitgehend vernachlässigt worden.

In einen Erklärungsversuch stellt RODRIK (1995) dar, dass Handelsschranken in Industriestaaten ein historisches Erbe aus dem 19. und frühen 20. Jahrhundert sind. Damals waren sie - wie heute in ärmeren Ländern- aufgrund des unterentwickelten Steuersystems eine wesentliche Quelle für Staatseinnahmen. Die Persistenz dieses historisch bedingten protektionistischen Status-Quo kann dagegen auf Unsicherheiten in Bezug auf die Identität der Gewinner und Verlierer der Handelsliberalisierung zurückzuführen sein [FERNANDEZ/RODRIK (1991)].

Dieses Argument kann an einem Beispiel verdeutlicht werden. Ist ein Teil der ex-post Gewinner aus einer Reform ex-ante nicht sicher, ob er zu den Gewinnern gehören wird, wird er die Reform ablehnen. In einer Volkswirtschaft mit 100 Wählern wird eine Reform die Einkommen von 51 Wählern um jeweils 5 GE erhöhen und die Einkommen der übrigen 49 Wähler um 1 GE senken, dann ergibt sich insgesamt ein Gewinn von 5x51-1x49=206 GE. Sind alle Individuen über ihre Situation nach der Reform informiert, wird mehr als die Hälfte für die Reform stimmen. Nimmt man dagegen an, dass 49 Individuen zu den sicheren Reformgewinnern gehören, während die übrigen 51 nicht wissen, ob sie zu den Gewinnern oder den Verlierern gehören, von denen aber bekannt ist, dass zwei gewinnen werden, wird die Reform ex-ante blockiert, obwohl sie ex-post die Mehrheit begünstigt. Denn ex-ante sind die Pay-offs für alle Individuen in der zweiten Gruppe identisch und negativ. Sie betragen (5x2-1x49)/51=-0,76 GE. Damit werden alle Mitglieder der zweiten Gruppe (die die Mehrheit bilden) gegen die Reform stimmen. Die Existenz dieser Art der Unsicherheit kann also die Ablehnung von Reformen verursachen, die ex-post die Mehrheit begünstigen. Aus der Theorie folgt, dass der Status-Quo-Bias durch graduelle Reformen überwunden werden kann [vgl. Kapitel 3].

Eine andere Ursache für den Status-Quo-Bias kann in der durch Handelsschranken verhinderten Anpassung der Produktionsmenge durch die Unternehmen liegen. Sektoren, die in der Vergangenheit Protektion erreicht haben, werden nicht restrukturieren, so dass ihre Produktionsmenge relativ hoch bleibt. Nach den Aussagen von GROSSMAN/HELPMAN (1994) führt eine höhere Produktionsmenge *ceteris paribus* zu einem höheren Protektionsniveau [BRAINARD/VERDIER (1994)].

An diese Ausführungen schließt sich die Frage an, unter welchen Umständen es zur Einleitung der Handelsliberalisierung kommt. Zwei Situationen können hier hervorgehoben werden:

1. Länder, die sich in einer makroökonomischen Krise befinden und auf Hilfe durch internationale Organisationen angewiesen sind. Diese Organisationen gewähren Hilfe jedoch nur im Gegenzug für Liberalisierungsmaßnahmen.
2. Internationale Vereinbarungen, die für heimische Exporteure Zugang zu ausländischen Märkten sichern: regionale Handelsblöcke oder internationale Vereinbarungen, die multilaterale Handelsliberalisierung fördern wie z. B.

GATT. Exporteure befürworten diese Abkommen, da sie durch Zugang zu neuen Absatzmärkten zusätzliche Renten realisieren können. Exporteure realisieren bei einer präferentiellen Liberalisierung in der Regel höhere Renten als bei einer multilateralen Vereinbarung, da sie von den protektionistischen Maßnahmen im Zielland profitieren [s. Kapitel 3].

4 DIE POLITISCHE ÖKONOMIE DER INTEGRATION: DAS RASTER THEORETISCHER ERKLÄRUNGSANSÄTZE

Die seit den achtziger Jahren nachhaltigen Bemühungen zur Bildung von Integrationsräumen (wie EU, NAFTA, ASEAN, MERCOSUR) gaben Anlass zur verstärkten Untersuchung der Motivation, die Staaten zum Abschluss solcher Abkommen bewegt. Dies umso mehr, da Handelsintegration als wesentlicher Bestandteil der meisten Abkommen nicht zwangsläufig die allgemeine Wohlfahrt der beteiligten Staaten erhöht. In solchen Fällen liegt die Vermutung nahe, dass politökonomische Motive von Bedeutung sind. Bereits JOHNSON (1965) und COOPER/MASELL (1965) führten die Motivation auf teilweise politökonomische Überlegungen zurück. Sie sahen Zollunionen als Mittel, die inländische Industrie vor Importen aus Drittländern zu schützen. Nach JOHNSON (1965) ist dieses Ziel der Regierung auf eine kollektive Präferenz der Akteure für industrielle Produktion im Inland zurückzuführen. Nach COOPER/MASELL (1965) liegt der Beweggrund in der Vermeidung von Anpassungskosten infolge handelspolitischer Maßnahmen bei Vorliegen von Arbeitsmarktrigiditäten. Neuere Ansätze stellen den Einfluss von Interessengruppen auf eine ihre politische Unterstützung maximierende Regierung in den Vordergrund.

4.1 Grundlegende Wohlfahrts- und Verteilungswirkungen regionaler Handelsintegration als Basis für die politökonomische Analyse

Jede Analyse der politischen Ökonomie der Integration lässt sich, wie auch im Fall des Protektionismus, in zwei Teile gliedern: die Ermittlung der Verteilungswirkungen (und damit auch der betroffenen Akteure) und die Untersuchung des Einflusses dieser Wirkungen auf die Politik.

Die Analyse der Verteilungswirkungen greift auf grundlegende Konzepte der Wohlfahrtsanalyse von Integrationsräumen zurück. Charakteristisch für regionale Handelsintegration ist die bilaterale präferentielle Liberalisierung der Handelsschranken, begleitet von der Beibehaltung (Freihandelszone) oder der Harmonisierung der nationalen Außenzölle gegenüber Drittländern (Zollunion). Die grundlegende Analyse der Wohlfahrtswirkungen von Integrationsräumen geht auf VINER (1950) zurück, der deren Ambivalenz feststellte. Die Wohlfahrtsanalyse der präferentiellen Handelsliberalisierung lässt sich danach auf zwei Effekte reduzieren:

1. die Ausweitung des internationalen Handels innerhalb einer Region, die verbesserte Allokation und damit auch Wohlfahrtsgewinne mit sich bringt (*Handelsschaffung*) und
2. die wohlfahrtsmindernde Substitution von Importen aus Drittländern durch relativ teurere Güter aus den Partnerländern (*Handelsumlenkung*).

Innerhalb dieses Analyserahmens hängt der Nettowohlfahrtseffekt in den beteiligten Staaten sowohl in qualitativer als auch in quantitativer Hinsicht von den relativen Stärken der beiden Wirkungen ab und ist nur empirisch bestimmbar. Fast alle empirischen Studien, die seit den 60er Jahren über verschiedene Handelsräume durchgeführt worden sind, haben die Handelsschaffung als den dominierenden Effekt identifiziert.[48]

Unabhängig davon, ob das Abkommen handelsschaffend oder handelsumlenkend ist, kommt es bei Beitritt in eine bestehende Zollunion unter realistischen Annahmen auf einzelnen Märkten zu einer Preissenkung für importierte Güter aufgrund des entfallenden Zolls für Produkte aus dem Partnerland.[49] Für die Eigner der in diesem Sektor eingesetzten spezifischen Produktionsfaktoren ergeben sich Einkommenseinbußen und Anreize zum Rent-Seeking. Sinkt der Preis für importierte Güter nicht, da der zollfreie Preis im Partnerland höher ist als der zollbelastete Preis für Importe aus Drittländern, dann ergeben sich keine Änderungen.

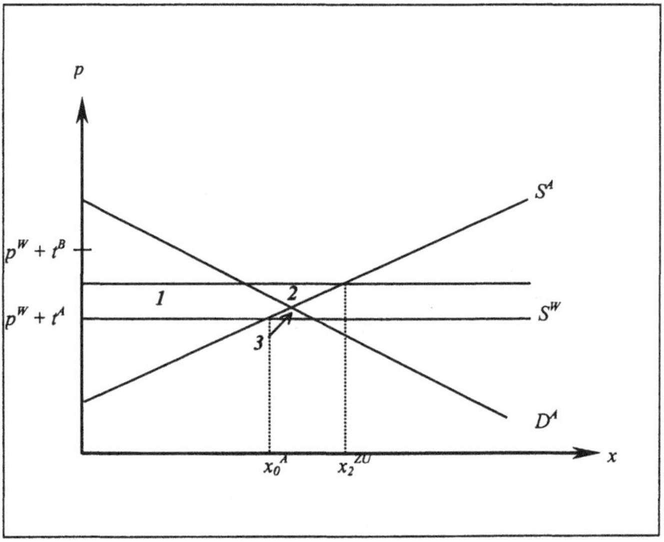

Abbildung 4-1: Wohlfahrtswirkungen für Exporteure in einer Zollunion

Quelle: eigene Darstellung

Gleichzeitig ist es möglich, dass die Zollsätze in der Zollunion höher als im beitretenden Land sind. Nach Bildung der Zollunion steigt dann der Preis für das betreffende Gut im Niedrigzollland, z. B. wenn die Nachfrage der Zollunion zum zollbehafteten Preis das Angebot übersteigt. Dies ist aus Abbildung 4-1 ersichtlich, in der ein inländischer Markt dargestellt ist. Das Partnerland (Land B) ist im Vergleich zum Inland (Land A) groß, weshalb sein Angebot vollkommen elastisch ist. Zum zollbehafteten

48 Für einen Überblick über die empirischen Untersuchungen vgl. z. B. BALDWIN/VENABLES (1995) und DEROSA (1998).

49 Es gilt hier die Annahme homogener Güter.

Preis p^w+t^B bietet Land B in Land A jede beliebige Menge an. Da die gesamte Zollunion relativ zum Weltmarkt klein ist, ist das Angebot des Restes der Welt (S^W) ebenfalls vollkommen elastisch. S^A und D^A bezeichnen Angebot und Nachfrage in Land A.

Im Ausgangszustand setzen die inländischen Hersteller die Menge x_0^A zum Preis p^W+t^A ab. Nach Bildung der Zollunion gilt der Preis p^W+t^{ZU} in beiden Ländern A und B und die Anbieter aus A sind die günstigsten in der Zollunion. Sie erhalten eine zusätzliche Produzentenrente, die in der Abbildung durch die Flächen *1+2* repräsentiert wird. Gleichzeitig sinkt die Konsumentenrente in Land A um die Flächen *1+3*. Es kann, je nach relativer Größe der Flächen 2 und *3* und der eventuell aus dem Partnerland zufließenden Zolleinnahmen, zu einem Wohlfahrtsgewinn für das Land A kommen.[50]

Die Gewinne an Produzentenrente steigen in diesem Fall mit dem Ausmaß der Protektion des Marktes im Partnerland, d. h. mit der Differenz zwischen dem nationalen Zoll und dem gemeinsamen Außenzoll. Exportierende Sektoren können hier also Vorteile durch den gestiegenen Preis erzielen, was für die Eigner der in den betreffenden Branchen eingesetzten spezifischen Produktionsfaktoren einen Einkommenszuwachs nach sich zieht.

In Freihandelszonen kann es bei wirksam durchgesetzten Ursprungsregeln und unterschiedlichen Zollhöhen zu einem ähnlichen Effekt durch Produzentenpreisarbitrage kommen. Da kein gemeinsamer Außenzoll gewählt wird, kommt es in Land A zu keinem Preisanstieg. Die Produzenten aus dem Niedrigzollland werden ihre Produkte im Hochzollland verkaufen und für den eigenen Bedarf importieren (auch bekannt unter dem Begriff *Handelsablenkung*). Sie können durch den höheren Preis zusätzliche Produzentenrente realisieren. Da die Details der Rentenveränderungen für diesen Fall in Abschnitt 4.2.1 diskutiert werden, wird an dieser Stelle darauf verzichtet.

Die Veränderungen der Exporte des Inlandes infolge des präferentiellen Zuganges zu den Märkten des Partnerlandes können auch weitere Wohlfahrtseffekte nach sich ziehen und Renten schaffen [WONNACOTT/WONNACOTT (1981)]. Die Öffnung der Märkte des Partnerlandes zieht Verbesserungen der Terms of Trade für das Inland nach sich, die Wohlfahrtsgewinne generieren.[51] Diese übersteigen die bei einseitiger Handelsliberalisierung entstehenden Wohlfahrtsgewinne nur, wenn der Rest der Welt von den potentiellen Zollunionsländern durch Zölle oder Transportkosten so abgeschottet ist, dass nur geringe Außenhandelsbeziehungen zustande kommen und im Partnerland in der Ausgangssituation Handelschranken existieren [WONNACOTT/WONACOTT (1981)].

Alle bislang diskutierten Ansätze gehen von homogenen Gütern, vollständiger Konkurrenz und konstanten Skalenerträgen aus. Nimmt man hingegen differenzierte Güter

---

[50] Zolleinnahmen werden in Zollunionen in der Regel nach einem festgelegten Schlüssel auf die Mitgliedsländer verteilt.

[51] An dieser Stelle wird von steigenden Skalenerträgen abgesehen.

an und verfügen Produzenten über Marktmacht infolge unternehmensinterner steigender Skalenerträge, können sie Preise erzielen, die ihre Grenzkosten übersteigen. Bei freiem Markteintritt entspricht der Preis den Durchschnittskosten. Werden im Zuge der Integration Märkte integriert, verlieren inländische Produzenten im Inland Marktanteile und gewinnen Marktanteile im Ausland. Überwiegt insgestamt der Verlust der Marktanteile, dann sinken die Markups und Unternehmen, die mit den höchsten Durchschnittskosten produzieren, sind gezwungen, aus dem Markt auszuscheiden. Die verbleibenden Unternehmen produzieren mit geringeren Durchschnittskosten, d. h. zu einem geringeren Preis. Dies ist der wettbewerbsfördernde Effekt (*pro-competitive effect*) des Außenhandels [MARKUSEN (1981)], der mit Wohlfahrtsgewinnen für die Konsumenten verbunden ist. Der Sektor wird dann Netto-Importeur. Gewinnen die Produzenten dagegen insgesamt Marktanteile, dann steigen die Markups und Unternehmen können kurzfristig zusätzliche Renten realisieren. Die Netto-Exporte des Sektors werden steigen. Mittelfristig steigen neue Hersteller in den Markt ein, die Produktionsmenge je Unternehmen sinkt und die Preise steigen. Haben Konsumenten eine Präferenz für Produktvielfalt, dann können sie aus dem höheren Angebot an Varianten in einem Integrationsraum zusätzlichen Nutzen ziehen [S. Z. B. DRUD HANSEN/ULF-MØLLER NIELSEN (1997), S. 37ff.].

Nach Bildung des Integrationsraumes werden einzelne Sektoren entweder mehr Netto-Exporte oder mehr Netto-Importe aufweisen. Die Eigner spezifischer Produktionsfaktoren in diesen beiden Arten von Sektoren werden dann die Bildung des Integrationsraumes unterstützen (Netto-Exporteure) oder ablehnen (Netto-Importeure). Die von den Unternehmen gewährte gesamte politische Unterstützung ist abhängig von der Anzahl und Größe der Exportsektoren im Vergleich zu den Importbranchen. Je wettbewerbsfähiger die Sektoren im beitretenden Land sind, umso eher sind sie in der Lage, zu einem niedrigen Preis anzubieten und nach dem Beitritt kurzfristig zusätzliche Renten zu erhalten. Anbieter in den importkonkurrierenden Sektoren sind relativ weniger wettbewerbsfähig und werden teilweise aus dem Markt ausscheiden. Für die weitere Analyse ist festzuhalten, dass drei Gruppen durch die Einkommensumverteilung nach der Integration betroffen sind: Eigentümer der spezifischen Produktionsfaktoren in Netto-Exportsektoren, Eigentümer der spezifischen Produktionsfaktoren in Netto-Importsektoren sowie die Konsumenten.

4.2 Politökonomische Mechanismen bei der Entstehung von Integrationsräumen

Bei weitem die meisten Arbeiten zur NPÖ der Handelsintegration befassen sich mit den Auswirkungen der Bildung eines Integrationsraumes auf die Beziehungen zu Drittstaaten.[52] Mechanismen, die zur Entstehung von Integrationsräumen führen, werden meistens nicht erklärt. Unter unterschiedlichen Prämissen kommt der überwiegende Teil dieser Untersuchungen zu dem Ergebnis, dass präferentielle Handelsabkommen die Anreize zur weiteren Handelsliberalisierung verringern und

52 Für einen Überblick über diesen Teil der Literatur s. Winters (1996), S. 27-37.

dass Außenzölle nach Abschluss des Abkommens steigen werden [z. B. PANANGARIYA/FINDLAY (1996) und CADOT/DE MELO OLARREAGA (1996)].

Die allgemeine Frage, warum und unter welchen Bedingungen eine Freihandelszone zwischen zwei Ländern zustande kommt, wenn die gegenseitige Beibehaltung der Meistbegünstigungszölle die Alternative darstellt, untersuchten als erste GROSSMAN und HELPMAN (1995). Dieser Ansatz bildete die Basis für zahlreiche nachfolgende Analysen.

4.2.1 Die politische Unterstützung für Freihandelszonen

Ein wesentlicher Unterschied zwischen der Untersuchung einseitiger handelspolitischer Maßnahmen und der Handelsintegration ist, dass die letztere Verhandlungen auf internationaler Ebene beinhaltet, welche Einfluss auf das Zustandekommen und die Ausgestaltung des Integrationsraumes haben. Geht man von einem Land aus, das einem bestehenden Integrationsraum beitreten möchte, kann von Nachfrage und Angebot an Mitgliedschaft gesprochen werden. Bei zwei gleichberechtigten Ländern ist diese Unterscheidung weniger deutlich, da beide jeweils gleichzeitig als Nachfrager und Anbieter agieren. Es sind jedoch auch Szenarien denkbar, in denen beitrittswillige Länder keinen Einfluss auf die Ausgestaltung des Abkommens haben, sondern die Bedingungen der Mitglieder weitestgehend akzeptieren müssen. In diesen Fällen verliert die Ebene der internationalen Verhandlungen an Bedeutung. Der Beitritt osteuropäischer Staaten zur Europäischen Union gehört in diese Kategorie, daher wird in der Regel von einem vollkommen elastischen Angebot an Integration ausgegangen.

Unter Verwendung des von ihnen entwickelten Interessengruppenmodells analysieren GROSSMAN und HELPMAN (1995) das Verhalten der betroffenen Interessengruppen bei der Bildung von Integrationsräumen. Die Analyse der Auswirkungen der FHZ auf die ökonomischen Akteure lehnen die Autoren an den partialökonomischen Ansatz von RICHARDSON (1992) an. Dieser wird in Abschintt 4.2.1.2 behandelt.

4.2.1.1 Das Verhalten von Interessengruppen bei der Bildung von Integrationsräumen

Für die politökonomische Analyse wird das Modell zur endogenen Erklärung der Zölle von GROSSMAN/HELPMAN (1994) herangezogen, wobei die Autoren zusätzliche vereinfachende Annahmen treffen.

Betrachtet werden zwei Länder, A und B, die einen Integrationsraum bilden wollen, und der Rest der Welt. Es gilt die Symmetrieannahme: jede Volkswirtschaft besteht aus $i=1,..,n$ Sektoren, die jeweils einen national mobilen und einen sektorspezifischen Produktionsfaktor verwenden. Zusätzlich zu den politökonomischen Prozessen im Inland werden internationale Verhandlungen berücksichtigt, die eine Wirkung auf das im Inland erzielte politische Gleichgewicht haben. Für jedes Land wird daher jeweils nur eine einseitige Verhandlungsposition (*unilateral stance*) ermittelt. Dieser liegt die Annahme zugrunde, dass das Inland die entscheidende Stimme bei der Bildung des Integrationsraumes haben wird. Diese Position fließt dann in die internationalen Verhandlungen über die endgültige Gestalt des Abkommens ein. Dabei agieren beide Länder gleichberechtigt: lehnt eines der beiden Länder das Abkommen ab, kommt es nicht zustande. Es wird also simultan die Nachfrage nach und das Angebot an Mitgliedschaft ermittelt. Zunächst steht nur eine Form des Abkommens zur Diskussion: die sofortige volle bilaterale Liberalisierung des Außenhandels bei gleichzeitiger Beibehaltung der Außenzölle als Alternative zum Status quo, in dem Meistbegünstigungszölle verhängt werden. Kompensationszahlungen, Ausnahmen und Übergangszeiten werden ausgeschlossen.

Die politischen Akteure verhalten sich in beiden Ländern gleich. Die allgemeine Wohlfahrtsfunktion besteht aus dem von den Wirtschaftssubjekten erwirtschafteten Arbeitseinkommen L, der Summe des Einkommens aus dem Eigentum an sektorspezifischen Produktionsfaktoren über die Sektoren ($\Sigma\pi_i$), der Summe der Zolleinnahmen[53] ΣT_i und der Summe der Konsumentenrenten aus dem Konsum des Gutes i, S_i:

$$W = L + \sum_{i=1}^{n} \pi_i(p_i) + \sum_{i=1}^{n} T_i(p_i) + \sum_{i=1}^{n} S_i(p_i), \quad \text{mit} \frac{\partial W}{\partial \pi_i} > 0, \frac{\partial W}{\partial T_i} > 0, \text{und} \frac{\partial W}{\partial s_i} > 0 \qquad (4.1)$$

Dabei bezeichnet W die allgemeine Wohlfahrt p_i ist der inländische Preis des vom Sektor i hergestellten Gutes, L ist das aggregierte Arbeitseinkommen, π_i ist Faktoreinkommen aus dem Eigentum am spezifischen Faktor, T_i sind die Zolleinnahmen je Gut i und S_i die Konsumentenrente aus dem Konsum des Gutes i.

Die Eigner der sektorspezifischen Produktionsfaktoren schließen sich zu sektoralen Interessengruppen zusammen. Vereinfachend wird angenommen, dass alle Sektoren durch Lobbies vertreten sind. Eine weitere zusätzlich eingeführte Annahme besagt, dass die Mitglieder jeder Lobby nur einen verschwindend geringen Anteil an der Gesamtbevölkerung ausmachen. Damit sind die Mengen an Konsumentenrente und Transfers aus Zolleinnahmen sowie der Anteil am Arbeitseinkommen, die auf die Lobbymitglieder entfallen, so gering, dass sie in der Wohlfahrtsfunktion der Lobby vernachlässigt werden können. Für die Lobby ist damit nur das Einkommen aus dem Eigentum an dem spezifischen Produktionsfaktor, den sie vertritt, von Bedeutung. Dieses hängt von dem für das hergestellte Gut erzielten Preis ab. Die Interessengruppen maximieren dieses Einkommen abzüglich der Kosten des Lobbying. Diese entsprechen den gezahlten Wahlkampfspenden, da die Lobbies annahmegemäß keine Organisationskosten haben. Die Gruppen werden sich naturgemäß nur dann engagieren, wenn der Gewinn abzüglich der zu leistenden Spenden positiv ist und sie davon ausgehen, dass das erwünschte Ergebnis ohne Spenden nicht zustande kommt.

Die Regierung ist analog zum Ansatz von GROSSMAN/HELPMAN (1994) sowohl an der sozialen Wohlfahrt als auch an Wahlkampfspenden interessiert. Die Zielfunktion der Regierung wird maximiert, wenn der folgende Ausdruck maximal ist:

---

53 Die Zolleinnahmen wirken sich hier positiv auf die allgemeine Wohlfahrt aus, die negativen Wirkungen der Zölle werden über die Konsumentenrente erfasst.

$$V = \sum_i W_i(p) + aW(p) \tag{4.2}$$

Da die Konsumentenrente und das Einkommen aus den Zolleinnahmen bei der Wohlfahrt der Lobbies vernachlässigt werden, gilt:

$$W_i(p) = \pi_i(p) \tag{4.3}$$

In der vorliegenden Situation sind die möglichen Spenden auf zwei alternative Positionen begrenzt: für die Bildung des Integrationsraumes und dagegen. Die Spenden werden die Differenz der Rentengewinne aus den alternativen Zuständen nicht überschreiten. Da jede Lobby nur in einer der beiden Alternativen gewinnen wird, wird sie nur für eine Situation eine Spende anbieten.

Die Regierung wählt diejenige der beiden zur Verfügung stehenden Maßnahmen, die im Vergleich zur anderen eine höhere Summe aus Wahlkampfspenden und gewichteter allgemeiner Wohlfahrt erzielt. Ein Integrationsraum kommt demnach nur zustande, wenn gilt:

$$\sum_i \pi_i^{pro}(p_i) + aW^{pro} \geq \sum_i \pi_i^{contra}(p_i) + aW^{contra} \tag{4.4}$$

Mit W^{pro} wird dabei die allgemeine Wohlfahrt im Fall der Durchsetzung der FHZ, und mit W^{contr} im Fall der Nicht-Durchsetzung bezeichnet. Analog ist die Produzentenrente π_i indiziert. P_i ist der Preis des vom Sektor i hergestellten Gutes.

π_i kann hier als der maximal mögliche Spendenbetrag einer Lobby verstanden werden. Geht man hypothetisch davon aus, dass die Regierung ohne Parteispenden indifferent zwischen den beiden Positionen ist ($W^{pro}=W^{contra}$), dann müssen die Gewinne der Befürworter höher als die der Gegner sein, damit der Integrationsraum zustande kommt. Beide Gruppen werden sich überbieten. Die Gegner werden den maximal möglichen Betrag, d.h. die volle Gewinndifferenz, spenden, um das Zustandekommen der Vereinbarung zu verhindern. Die Befürworter verfügen aufgrund ihrer höheren Gewinne dann noch über finanziellen Spielraum und werden eine Spende in einer Höhe tätigen, die es ihnen gerade eben erlaubt, die gewünschte Politik durchzusetzen. Dies ist aber nur möglich, wenn ihre Gewinne insgesamt höher als die der Gegner sind, da der von der Gruppe erzielte Nettowohlfahrtseffekt nicht negativ werden darf. Daraus ergibt sich die obige Bedingung. [GROSSMAN/HELPMAN (1995), S. 674]

Aus diesem Gleichgewicht resultiert die einseitige Verhandlungsposition dieses Landes. Damit der Integrationsraum vereinbart wird, muss sie von den einseitigen Positionen in beiden Ländern unterstützt werden. Die Veränderung des Einkommens der Eigner der sektorspezifischen Produktionsfaktoren wird in einem Modell der Wirkungen einer Freihandelszone, das Handelsablenkung betont, bestimmt.

4.2.1.2 Die Verteilungswirkungen der Freihandelszone im Modell von Grossman und Helpman

Zur Untersuchung der Verteilungswirkungen wird angenommen, dass jeder Sektor sich einer von zwei alternativen Marktkonstellationen zuordnen lässt. Es handelt sich dabei um Grenzsituationen, die sich in der Höhe der Protektion, welche sich nach der Bildung der Freihandelszone im Vergleich zur Ausgangssituation ergibt, unterscheiden. Die beiden Konstellationen sind:

1. Märkte, die nach Bildung der Freihandelszone **zunehmende Protektion** aufweisen, und
2. solche, die durch **abnehmende Protektion** nach Bildung der Freihandelszone (FHZ) gekennzeichnet sind.

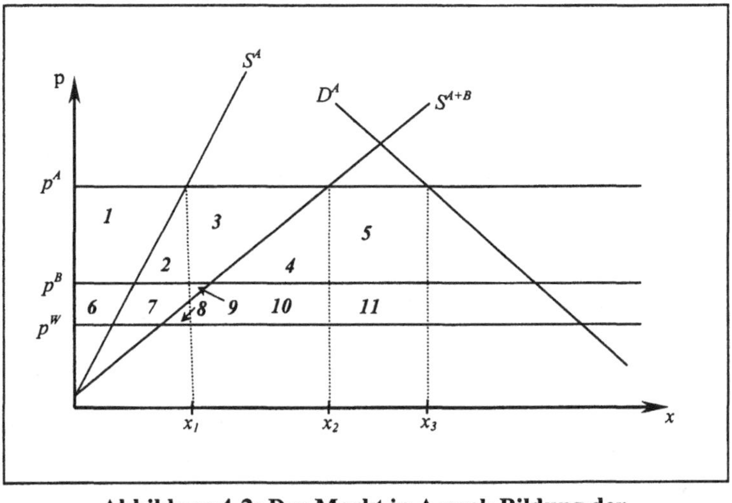

Abbildung 4-2: Der Markt in A nach Bildung der Freihandelszone im Fall der zunehmenden Protektion
Quelle: Blank/Clausen/Wacker (1998), S. 64, modifiziert und verändert

Die beiden Länder ähneln einander in ihrer ökonomischen Struktur: beide bestehen aus einer gewissen Anzahl von Sektoren, von denen ein Teil dem ersten Fall und der Rest dem zweiten Fall entspricht.

Die beiden Konstellationen unterscheiden sich bei einer gleichbleibenden Importgüternachfrage in Land A in den Verläufen des Gesamtangebotes dieses Gutes in Land B. Für die weitere Analyse ist die Abschätzung der Wohlfahrtseffekte, von denen die politisch aktiven Akteure betroffen sind, in den beiden Fällen erforderlich. Dies geschieht mit Hilfe der Abbildungen 4-2 und 4-3.

In Abbildung 4-2 ist der Fall der **zunehmenden Protektion** nach Bildung der Freihandelszone für das Land A dargestellt. S^A bezeichnet dabei das Angebot im Land A, S^{A+B} das Gesamtangebot in der Freihandelszone. Der Zoll in Land A ist höher als in B. Für beide Länder gilt: $p^A=p^W + t^A$ sowie $p^B=p^W + t^B$, wobei t^A und t^B die nationalen Zölle bezeichnen. Im Inland setzt sich jeweils der zollbelastete Preis durch. Die Nachfrager in A konsumieren die Menge x_3, die im Umfang von x_1 in Land A hergestellt wird, während die Menge x_3-x_1 aus dem Rest der Welt eingeführt wird. Aus dem Land B werden vor der Integration keine Güter eingeführt.

Nach Bildung der Freihandelszone ist es für die Produzenten des Landes B vorteilhaft, die Menge x_2-x_1 in Land A zu dem dort geltenden höheren Preis p^A abzusetzen. Die zur Befriedigung der Nachfrage in Land B benötigten Güter werden dann aus dem Rest der Welt importiert. Da der Preis in Land A sich nicht ändert, ändern sich dort weder die Konsumenten- noch die Produzentenrente. Da jedoch die Importe aus Drittstaaten durch Güter aus dem Partnerland verdrängt werden, fallen die Zolleinnahmen weg. Diese entsprechen in der Abbildung der Fläche der Felder *3+4+9+10*. Es ergibt sich eine Handelsumlenkung der Menge x_2-x_1. Insgesamt ergibt sich in Land A in diesem Sektor eine Wohlfahrtssenkung in Höhe der entgangenen Zolleinnahmen.

In Land B verändert sich der Konsumentenpreis p^B nicht. Daher ergibt sich keine Änderung der Konsumentenrente in B. Die Produzenten dagegen können ihre Produkte zu einem höheren Preis in Land A absetzen. Dies führt zu einem Zuwachs an Produzentenrente in Höhe der Felder *2+3*. Gleichzeitig steigen die Zolleinnahmen, da der Teil der Produktion, der nach Bildung der FHZ in das Land A exportiert wird, dem heimischen Markt entzogen wird und nun aus dem Rest der Welt importiert werden muß (in der Abbildung nicht eingezeichnet). Die Auswirkungen auf die Wohlfahrt in Land B in diesem Sektor sind in diesem Fall eindeutig positiv und entsprechen der Summe aus den zusätzlichen Zolleinnahmen und dem Gewinn an Produzentenrente. In Land B nimmt die Protektion zu, da die Anbieter aus Land B nun indirekt in den Genuss eines höheren Zolls kommen. Im Durchschnitt der beiden Länder nimmt die Protektion zu. Tabelle 4-1 auf S.69 fasst die Ergebnisse in beiden Ländern zusammen.

In der Abbildung 4-3 ist die Situation der **abnehmenden Protektion** dargestellt. Das Angebot des Landes B ist nun größer als im ersten Fall, so dass nach Bildung der Freihandelszone die Summe der angebotenen Güter in beiden Ländern die gesamte Nachfrage in Land A zum Preis p^B übersteigt. Das Angebot reicht aber nicht aus, um die Gesamtnachfrage der Freihandelszone (nicht abgebildet) zu befriedigen. Das Land B wird weiterhin aus dem Rest der Welt importieren, so dass dort der Preis p^B bestehen bleibt. Der Preis in Land A wird auf das Niveau in B fallen. Die Hersteller in Land A müssen eine Preissenkung in Kauf nehmen und verlieren Produzentenrente in Höhe der Fläche *1*. Die Konsumenten in Land A können einen Zuwachs an Konsumentenrente in Höhe der Flächen *1+2+3+4* verzeichnen. Da Land A nicht mehr aus Drittstaaten importiert, entgehen dem Staat Zolleinnahmen in Höhe der Flächen *3+5*. Die Handelsumlenkung beträgt hier x_2-x_1 und die Handelsschaffung x_3-x_2. Wie bereits aus dem Vergleich der Größe der Flächen entnommen werden kann, ist der Nettowohlfahrtseffekt in Land A unbestimmt und hängt von der relativen Stärke der beiden Effekte der Handelsumlenkung und Handelsschaffung ab. Die Protektion nimmt in Land A ab, da die Anbieter nun einen deutlich geringeren Preis hinnehmen müssen.

In Land B verändert sich der Preis nicht, da auch nach Bildung der Freihandelszone weiter aus Drittländern importiert wird, um die inländische Nachfrage zu befriedigen.

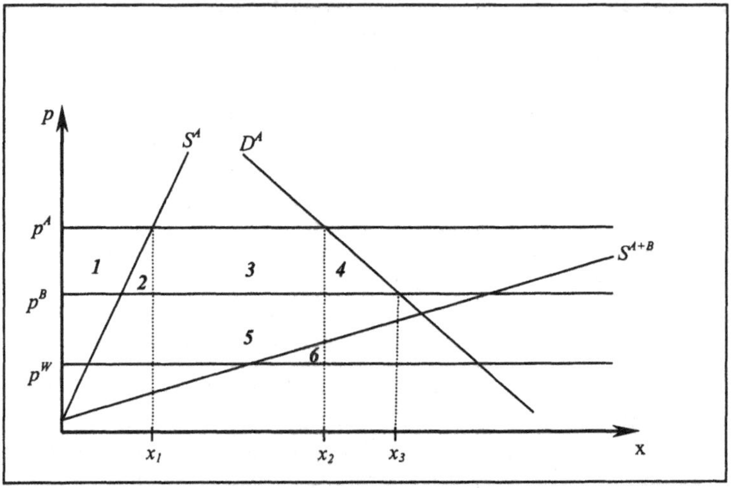

Abbildung 4-3: Der Markt in A nach Bildung der FHZ im Fall der abnehmenden Protektion

Quelle: Blank/Clausen/Wacker (1998), S. 64, modifiziert und verändert

Es verändern sich also weder die Konsumenten- noch die Produzentenrente, allein die Zolleinnahmen nehmen zu, da ein Teil der Güter nun importiert wird. In der Summe ergibt sich in Land B ein positiver Effekt. In beiden Ländern zusammengenommen nimmt die Protektion in Durchschnitt ab. Tabelle 4-1 fasst die Ergebnisse zusammen.

Aus dieser Darstellung können die ersten Schlussfolgerungen für die politökonomische Analyse gezogen werden. In jeder der beiden Volkswirtschaften gewinnen die Produzenten in einigen Sektoren im Zuge der Bildung der Freihandelszone (Land B, Fall 1), in einigen verlieren sie (Land A, Fall 2) und in einigen sind sie nicht betroffen (Land A in Fall 1 und Land B im Fall 2). Von der jeweiligen Anzahl der Sektoren mit steigender und sinkender Produzentenrente und der Höhe der in jedem dieser Sektoren erzielten bzw. verlorenen Rente wird es folglich abhängen, ob die Produzenten insgesamt den Abschluss des Abkommens befürworten oder ablehnen werden. Zusätzliche Produzentenrente ist nur in Sektoren realisierbar, die nach Bildung der FHZ mehr exportieren können.

Neben Veränderungen der Produzentenrente generieren, wie gezeigt worden ist, die neuen Marktverhältnisse auch andere Wohlfahrtswirkungen (Zolleinnahmen und Konsumentenrente). Auch die Auswirkungen des Abkommens auf die allgemeine Wohlfahrt sind hier von der Verteilung der Sektoren mit zunehmender oder abnehmender Protektion abhängig. Da in Sektoren mit zunehmender Protektion die Handelsumlenkung der dominante Effekt ist und in Sektoren mit abnehmender Protektion auch Handelsschaffung auftritt, die die negativen Effekte der Handelsumlenkung kompensiert, lassen sich die Wohlfahrtswirkungen auch auf die relative Stärke der beiden Effekte zurückführen.

Fall 1 (zunehmende Protektion)		
Veränderung:	*Land A* (Hochzolland)	*Land B* (Niedrigzolland)
1. Produzentenrente	0	2+3
2. Konsumentenrente	0	0
3. Zolleinnahmen	-(3+4+9+10)	> 0 *
4. Gesamteffekt aus 2. und 3.	-3-4-9-10 < 0	> 0
Fall 2 (abnehmende Protektion)		
Veränderung:	*Land A* (Hochzolland)	*Land B* (Niedrigzolland)
1. Produzentenrente	-1	0
2. Konsumentenrente	1+2+3+4	0
3. Zolleinnahmen	-(3+5)	> 0*
4. Gesamteffekt aus 2. und 3.	2-3-5 $\lessgtr$ 0	> 0

Tabelle 4-1: Wohlfahrtswirkungen der Handelsintegration
*- nicht in der Abbildung eingezeichnet.

4.2.1.3 Ökonomische Bedingungen für die politische Durchsetzbarkeit der Freihandelszone

Die Untersuchung der Verhandlungspositionen bei unterschiedlichen Marktkonstellationen ermöglicht die Formulierung der Bedingungen an die Struktur der Sektoren, unter denen die Freihandelszone durchsetzbar wird. Diese Struktur orientiert sich an den dargestellten zwei Fällen und hat bestimmte Handelsströme zur Folge. Im Ergebnis erhält man also eine Anzahl potentieller Import- und Exportsektoren, die gegeben sein muß, damit die FHZ zustande kommt.

An einem sehr stark vereinfachten Beispiel wird der Zusammenhang deutlich. Ist der Zoll in Land A höher als in B und existieren in Land A nur Sektoren, in denen die Protektion verstärkt wird (entspricht Fall 1 in Tabelle 4-1), dann wird in A kein Industriesektor nach Bildung der FHZ zusätzlich exportieren können. Damit wird die Regierung in Land A keine Wahlkampfspenden erhalten, die das Abkommen befürworten. Somit wird sich in A keine die FHZ unterstützende Verhandlungsposition ergeben, da die allgemeine Wohlfahrt sich ebenfalls nicht ändert. Obwohl in Land B das Abkommen von der Industrie befürwortet wird, kommt es nicht zustande.

Die folgenden zwei Fälle unterteilen die Parameter in Grenzsituationen, anhand derer die Wirkung der einzelnen Variablen aufgezeigt werden kann. Sie liefern ein erstes Bild von den Einflussfaktoren. Ergänzend werden für beide Länder gleiche Nutzen- und Nachfragefunktionen angenommen. Das Weltmarktangebot ist bei allen Gütern unverändert gleich. Die inländischen Angebotsfunktionen sind in beiden Ländern unelastisch.

Die Sektoren in beiden Ländern werden nun in zwei Gruppen unterteilt: in jedem Land existieren die Anteile an den Sektoren s und $1-s$, mit $0 \leq s \leq 1$. Beiden Sektoranteilen werden in den kommenden Beispielen Konstellationen an Nachfrage und Angebot zugeschrieben, die sich an den eingangs dargestellten Fällen orientieren.

Fall 1:
In allen Sektoren liegt in beiden Ländern zunehmende Protektion vor. In Land A sind in dem Anteil[54] s (mit $s \geq 1/2$) aller Sektoren die Preise der hergestellten Güter höher als in Land B. Das Angebot in Land B reicht nicht aus, um die Nachfrage in Land A zum Preis p^A zu befriedigen. Analog gilt, dass in Land B die Preise in den restlichen $1-s$ Sektoren höher als in Land A sind und das Angebot in A relativ gering ist.

In Land A werden Unternehmen, die zum Anteil s gehören, aus dem Partnerland importieren, während der Anteil $1-s$ in das Partnerland zum höheren Preis exportieren und den eignen Bedarf durch Importe aus dem Rest der Welt decken wird (s. Tabelle 4-2, S.71).

Ein Zustandekommen der Freihandelszone erfordert nach Gleichung (4.5), dass die Summe aus der aggregierten Produzentenrente und der gewichteten allgemeinen Wohlfahrt im Falle der Errichtung der FHZ diejenige aus der Beibehaltung des Status Quo übersteigt. Für die beiden Länder kann vor diesem Hintergrund wie folgt zusammengefasst werden:

- Für Unternehmen in den Hochzollsektoren (Anteil s in Land A, Anteil $1-s$ in Land B*)* ändert sich nichts.
- Unternehmen in den Niedrigzollsektoren (Land A: $1-s$, Land B: s) können nun von dem zusätzlichen Zollschutz im Partnerland profitieren und ihre Güter zum höheren Preis absetzen.
- Die in den Hochzollsektoren generierte Wohlfahrt sinkt aufgrund der entfallenden Zolleinnahmen, da nun zollfrei aus dem Partnerland eingeführt wird. In den

54 Der Definition des Anteiles s liegt die Symmetrieannahme zugrunde, d. h. alle Unternehmen sind gleich. Der Anteil s ist dann der Anteil an der Anzahl der Unternehmen und damit auch der im Sektor hergestellten Menge. Diese Vereinfachung im Vergleich zum Originalmodell tangiert die wichtigsten Aussagen nicht. Die Variante des Originalmodells wird im Anhang berücksichtigt.

Niedrigzollsektoren steigt sie zusätzlich aufgrund der zunehmenden Zolleinnahmen, die aus Drittlandsimporten erzielt werden.

Bei s= ½ wäre denkbar, dass beide Regierungen die FHZ ohne Aktivität seitens der Lobbies unterstützen, denn sie sind indifferent. Bei $s>1/2$ überwiegen in Land A die Wohlfahrtsverluste aus dem Anteil s den Wohlfahrtszuwachs aus dem Anteil 1-s. Die FHZ kommt nur zustande, wenn in Land A entsprechende Zuwächse an Produzentenrente entstehen. Nur dann wären die Lobbies bereit, entsprechende Spenden zu tätigen, um den Abschluss des Abkommens herbeizuführen.

In diesem Fall ist die FHZ nur möglich, wenn *s knapp* über *1/2* liegt (s. *Anhang I* zur Berechnung). Nur dann sind die Renten der Unternehmer in Land A in den *1-s* Sektoren groß genug, um die Wohlfahrtskosten über zu kompensieren. Wird *s* deutlich größer, dann werden die Wohlfahrtsverluste ebenfalls größer (s. Tabelle 4-2). Die Wahlkampfspenden der Unternehmen werden dann nicht mehr in der Lage sein, die Verluste an politischer Unterstützung, die mit den Wohlfahrtsverlusten für die Regierung einher gehen, zu übretreffen. Die politische Unterstützung wird im Vergleich zum S*tatus quo* sinken und die Regierung in Land A wird sich gegen die Bildung der FHZ aussprechen. In Land B dagegen wird die Regierung die FHZ befürworten, wenn $s \geq ½$ ist. Dann sind die gewinnenden Exporteure im Stande, der Regierung entsprechend hohe Parteispenden anzubieten, um Einbußen an politischer Unterstützung aus der sinkenden Wohlfahrt (durch die Wohlfahrtsverluste aus den *1-s* Importsektoren) überkompensieren zu können.

	Land A		*Land B*	
Anteil	*s*	*1-s*	*s*	*1-s*
Preisunterschiede[55]	$p_i^A > p_i^B$	$p_i^A < p_i^B$	$p_i^A > p_i^B$	$p_i^A < p_i^B$
	Hochzoll-sektor	Niedrigzoll-sektor	Niedrigzoll-sektor	Hochzoll-sektor
Potentielle Handelsströme nach FHZ-Bildung	Importeure	Exporteure	Exporteure	Importeure
Veränderung der Produzentenrente nach Bildung der FHZ	0	>0	>0	0
Veränderung der in einem Sektor generierten Wohlfahrt durch Bildung der FHZ	<0	>0	>0	<0

Tabelle 4-2: Aufteilung der Sektoren in *Fall 1*.
Eigene Darstellung

Dieser schmale Grat, der die Zustimmung beider Staaten ermöglicht, kann anhand von Tabelle 4-2 verdeutlicht werden. Vergleicht man die Gewinne und Verluste an Wohl-

55 Die Preisunterschiede sind hier auf Zölle zurückzuführen. Vgl. Abschnitt 4.2.1.2.

fahrt und die Veränderungen der Faktoreinkommen in den beiden Ländern, so ist zu erkennen, dass Land B grundsätzlich zustimmt, wenn $s \geq ½$. Land A stimmt zu, wenn $s \leq ½$. Da aber die Annahme getroffen wurde, dass $s \geq ½$ ist, kann es für das Land A nur wenig Spielraum geben. Dies ist auch das Ergebnis der Berechnung (s. *Anhang*).

Eine Durchsetzung der Freihandelszone in diesem Fall erfordert also eine gleichmäßige Aufteilung der potentiellen Import- und Exportsektoren auf die beiden Länder. Der Anteil *s* muss *nahe* bei 1/2 liegen, um die aus der Handelsumlenkung entstandenen Wohlfahrtskosten aufzuwiegen [s. GROSSMAN/HELPMAN (1995), S. 678].

Einfluss auf das Ergebnis hat (bei konstantem *s*) auch die Höhe des Koeffizienten *a*: eine Vereinbarung kommt umso eher zustande, je kleiner die Präferenz der Regierung für die soziale Wohlfahrt ist. Entscheidend kann auch die Outputmenge der jeweiligen Sektoren sein: ist der Output in dem Teil *1-s* in Land A sehr groß, dann fallen die Gewinne an Produzentenrente für die Exporteure höher aus. Sie sind somit eher bereit, politisch aktiv zu werden.

Fall 2:
Betrachtet wird jetzt der andere Extremfall, in dem in allen Sektoren abnehmende Protektion vorliegt. Die genaue Berechnung erfolgt ebenfalls im *Anhang I*. Die Preisunterschiede werden wie in *Fall 1* beibehalten. Dann werden die Vertreter derjenigen Sektoren, in denen ein relativ höherer Zoll vorliegt (Anteil *s* in Land A, und *1-s* in Land B, bei $s \geq 1/2$), Wahlkampfspenden gegen die Durchsetzung der FHZ leisten, da der Preis, zu dem sie ihre Produkte absetzen können, sinkt, womit auch deren Produzentenrente sinkt (s. Tabelle 4-1, Fall 2, 1. Zeile). Der Beitrag dieser Sektoren zu den übrigen Wohlfahrtswirkungen aus der FHZ ist nicht eindeutig und hängt von der relativen Stärke der Handelsschaffung und Handelsumlenkung ab (s. Tabelle 4-1, Land A, Fall 2, 4. Zeile). Der Wohlfahrtsbeitrag der Sektoren mit einem geringen Zoll (der Anteil *1-s* in Land A und *s* in Land B) ist dagegen aufgrund der Handelsschaffung eindeutig positiv (s. Tabelle 4-1, Land B, 2. Fall).

Es ist insgesamt davon auszugehen, dass die negativ betroffenen Produzenten in Land A in diesem Fall eine sehr starke politische Position aufweisen können, da es ihnen bereits in der Ausgangssituation gelungen ist, hohe Zölle durchzusetzen. Aufgrund des Widerstandes der Mehrheit der Produzenten in Land A wird es zur Ablehnung der Freihandelszone kommen.

4.2.1.4 Ergebnisse, kritische Anmerkungen und alternative Ansätze

Als wichtigste Ergebnisse des GROSSMAN/HELPMAN Modells können abgeleitet werden:

- Die politische Durchsetzbarkeit einer Freihandelszone erfordert eine gleichmäßige Verteilung potentieller Export- und Importindustrien auf beide Länder. Dies ist nicht möglich, wenn die Faktorausstattungen der beiden Länder sich zu sehr ähneln. Die Handelsströme müssen ausgeglichen sein, keines der beiden Länder darf gegenüber dem anderen ein großes Handelsdefizit vorweisen, da sonst die Unterstützung für die Bildung der Freihandelszone aufgrund der geringeren Wahrscheinlichkeit, dass der Anteil der profitierenden Exporteure groß genug ist, fraglich ist.

- Da die FHZ bei Dominanz der zunehmenden Protektion (Fall 1) durchgesetzt werden kann, während sie bei Vorliegen der abnehmenden Protektion (Fall 2) abgelehnt wird, kann daraus geschlossen werden, dass für einen gewissen Teil der Sektoren in beiden Ländern zunehmende Protektion nach Bildung der FHZ gelten muß. Liegt verstärkt abnehmende Protektion vor, wird die Vereinbarung abgelehnt. Da zunehmende Protektion stets mit Handelsumlenkung verbunden ist, ist die politische Unterstützung für eine Freihandelszone dann vorhanden, wenn die soziale Wohlfahrt negativ betroffen ist.
- Existiert eine gewisse Anzahl von Sektoren, in denen die Protektion zunimmt, bzw. sind diese groß genug, dann verbessert sich die Möglichkeit der Durchsetzung, wenn die Regierung Wahlkampfspenden im Vergleich zur allgemeinen Wohlfahrt deutlich höher schätzt.

Diese Ergebnisse basieren auf restriktiven Annahmen bei der Untersuchung der Verteilungswirkungen. Der Ansatz ist nur auf eine Form regionaler Handelsintegration anwendbar, nämlich die FHZ, da in einer Zollunion die Produzentenpreise durch den gemeinsamen Zolltarif angeglichen werden. Des weiteren zeigt RICHARDSON (1995), dass Produzentenpreise sich auch in einer FHZ angleichen, so dass die Möglichkeit der Produzentenpreisarbitrage nur kurzfristig besteht. Wenn dies der Fall ist, ist mit Hilfe dieses Modells nicht erklärbar, warum die Produzenten sich für eine FHZ einsetzen sollten.

Das wichtigste Ergebnis des Modells leitet KRISHNA (1998) auch ohne Rückgriff auf das Konzept der Produzentenpreisarbitrage her. Er nimmt vereinfachend an, dass Handelspolitik allein durch die Gewinne bzw. Verluste der Unternehmen determiniert wird und bestätigt in diesem sehr einfachen politökonomischen Rahmen, dass Integrationsräume umso eher politisch durchgesetzt werden können, je stärker die handelsumlenkenden Effekte sind. Der Grund hierfür ist, dass Unternehmen bei Bildung eines Handelsintegrationsraumes Zugang zu Partnermärkten erhalten und gleichzeitig mit einem Anstieg der Konkurrenz auf den heimischen Märkten rechnen müssen. Während die Nachteile durch die zusätzliche Konkurrenz nur von Unternehmen aus dem Partnerland verursacht werden, sind die Vorteile aus dem Marktzugang stärker, denn die Unternehmen gewinnen gegenüber der Konkurrenz aus dem Partnerland und - durch den *präferenziellen* Zugang - auch gegenüber den Produzenten aus dem Rest der Welt. Je stärker die Handelsumlenkung umso größer also der Wert des Marktzuganges für die Unternehmen, die dann umso eher das Abkommen unterstützen werden.

4.2.2 Die regionale Dynamik der Integration

BALDWIN (1995) konzentriert sich in seiner Untersuchung auf die Nachfrage eines einzelnen Landes nach Mitgliedschaft in einem bereits bestehenden Integrationsraum. Im Mittelpunkt steht dabei die Frage, warum ein Land Mitglied in einem Integrationsraum werden möchte und wie sich diese Anreize mit wachsender Größe und Vertiefung dieser Integrationszone verändern. Das Angebot an Mitgliedschaft in einem Integrationsraum wird als vollkommen elastisch angenommen.

Wird ein Integrationsraum, wie z. B. eine Freihandelszone, gegründet, dann werden Unternehmen aus Drittländern, die in eines der Mitgliedsländer der Freihandelszone exportieren, relativ zu den Unternehmen aus den Mitgliedsländern einen Wettbewerbsnachteil erfahren. Ihre Güter werden vom Markt des Integrationsraumes durch Produkte aus dem Integrationsraum verdrängt (durch Handelsumlenkung). Je mehr sich der Integrationsraum nun vergrößert, umso mehr Absatzmärkte sind für Unternehmen aus Drittstaaten von den Wettbewerbsnachteilen betroffen. Dies setzt voraus, dass die Unternehmen in die Länder, die nun den Integrationsraum bilden, exportiert haben. Um dem Verlust an Wettbewerbsfähigkeit vorzubeugen, werden sich die Firmen in Drittländern für einen Beitritt einsetzen.

Unternehmen weisen als politische Akteure die Tendenz auf, eher bei politischen Entscheidungen aktiv zu werden, die für sie mit Verlusten verbunden sind, als bei solchen, die neue Gewinnmöglichkeiten eröffnen, da Individuen Einkommenseinbußen generell höher gewichten als Einkommensgewinne [KAHNEMANN/TVERSKY (1979, 1984)]. Die Exporteure werden sich also nur für die Erschließung neuer Märkte engagieren, wenn ihnen Verluste infolge des Wegbrechens bestehender Märkte drohen. In diese Märkte haben sie bereits in der Hoffnung auf Renten investiert. Sie werden bereit sein, Mittel in Höhe der durch die Integration gefährdeten Renten für die Beeinflussung der Politik einzusetzen, um einen Beitritt zu erwirken. BALDWIN errechnet die Höhe dieser Wahlkampfspenden in einem an KRUGMAN (1991a, 1991b) angelehnten allgemeinen Gleichgewichtsmodell, das von differenzierten Gütern und intraindustriellem Handel ausgeht.

Die Prozesse, die in BALDWINS Modell zu einem politischen Gleichgewicht führen, sind an GROSSMAN/HELPMAN (1994, 1995) angelehnt. Baldwin berücksichtigt eine zusätzliche Komponente in der Zielfunktion der Regierung: nicht ökonomisch motivierten Widerstand gegen einen Beitritt zu einem Integrationsraum. Dieser wird - positiv formuliert und mit dem Symbol R bezeichnet - in die Funktion der politischen Unterstützung eingefügt. Die Regierung bezieht also die Ablehnung des Abkommens durch nicht von ökonomischen Überlegungen geleitete Wählergruppen in ihr Kalkül ein. Die Haltung dieser Gruppen kann z. B. aus nationalistischen Überlegungen heraus resultieren, wie etwa Angst vor Überfremdung, Verlust der eigenen kulturellen Identität oder auch Verlust der nationalstaatlichen Souveränität. Die Regierung maximiert dann den folgenden Ausdruck:

$$V = u\left[(1-a)\sum_i \pi_i^{pro} + aW^{pro}\right] + (1-u)\left[(1-a)\sum_i \pi_i^{contra} + aW^{contra}\right] + R \qquad (4.5)$$

Dabei ist $u=1$ im Falle des Beitritts und $u=0$ im Falle des Nicht-Beitritts und R bezeichnet den nicht-ökonomisch bedingten Widerstand gegen den Beitritt, der exogen gegeben ist. Der Integrationsraum wird somit politisch durchgesetzt, wenn die

Ablehnung überkompensiert wird durch Parteispenden und Wohlfahrtsgewinne. Dies ist der Fall, wenn gilt:

$$R \leq (1-a)\sum_i \left(\pi_i^{pro} - \pi_i^{contra}\right) + a\left(W^{pro} - W^{contra}\right) \tag{4.6}$$

Die Gleichgewichtssituation lässt sich graphisch veranschaulichen (s. Abbildung 4-4). Die Gerade R ist eine Anordnung der Länder nach der Stärke des Widerstandes. Die Gerade hat einen negativen Bereich, der zeigt, dass es in einigen Ländern auch nicht ökonomisch bedingte Unterstützung für die Integration gibt. Die Länder sind in ihrer ökonomischen Struktur symmetrisch, d. h. sie unterscheiden sich bis auf die Höhe des Parameters R nicht. In Bezug auf Gleichung (4.6) würde dies bedeuten, dass die rechte Seite gleich bleibt, während R je nach Land schwankt. Die Gerade E bildet die rechte Seite der Gleichung (4.6) ab, d. h. die *ökonomisch* begründete Unterstützung oder Ablehnung der Integration. Diese steigt mit zunehmender Anzahl der Mitgliedsländer. In Punkt E^0 liegt ein Gleichgewicht vor, die Anzahl der Mitglieder beträgt dann h^0. In allen übrigen Ländern ist der Widerstand höher als die ökonomisch begründete Unterstützung und der Beitritt wird dort abgelehnt.

Wird die Integration nun vertieft, z. B. indem eine höhere Integrationsstufe durchgesetzt wird, dann erhöhen sich für die Unternehmen in Drittländern die potentiellen Verluste. Somit würden diese Unternehmen in diesem Fall ihre Wahlkampfspenden für den Beitritt erhöhen. Die Gerade E würde sich auf E^* nach oben verschieben. Die Vertiefung der Integration (oder die Vergrößerung des Integrationsraumes) wirkt durch zwei Effekte auf die Anzahl der Mitglieder: die Vertiefung verstärkt den Wettbewerbsnachteil und führt zu einer Erhöhung der politischen Unterstützung in allen Ländern. Dadurch wird in einigen Ländern die politische Unterstützung größer sein als der Widerstand, was den Beitritt ermöglicht. Die steigende Anzahl der Mitglieder selbst hat wiederum auch einen positiven Effekt auf den Beitrittswillen, so

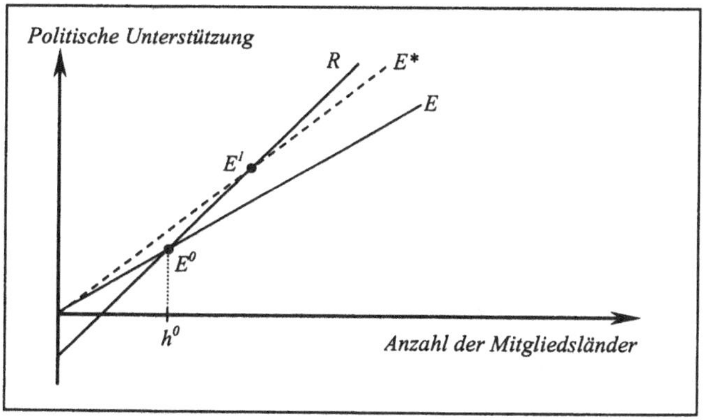

Abbildung 4-4: Gleichgewicht im Domino-Modell von BALDWIN

Quelle: Baldwin (1995), S. 44.

dass sich der Integrationsraum noch weiter vergrößert. Das neue Gleichgewicht ist in E^1.

Im Zusammenhang mit der Osterweiterung weist die in dieser Analyse enthaltene Dynamik keinen Erklärungswert auf. Im Zeitraum vor Abschluss der Europa-Abkommen war der Anteil der polnischen Exporte in die Europäische Union mit 32,7% zu gering, um entgangene Renten infolge der Vertiefung der Integration der EU als Ursache des Beitrittswillens zu identifizieren.

4.3 Implementierungsstrategien und die politische Unterstützung eines Integrationsraumes

Die Bildung eines Integrationsraumes oder der Beitritt zu einem existierenden Abkommen besteht in der Regel aus einem Paket wirtschaftspolitischer Maßnahmen. Eine Regierung, die solche Vereinbarungen implementiert verfügt über eine Reihe von Gestaltungsvariablen, die Einfluss auf die politische und die ökonomische Effizienz des Abkommens haben. Die politische Durchsetzbarkeit eines Abkommens kann somit durch die Implementierungsstrategie entscheidend beeinflusst werden. In diesem Zusammenhang lassen sich zahlreiche Faktoren identifizieren, die Einfluss auf die politische Durchsetzbarkeit des Abkommens haben: die Geschwindigkeit der Umsetzung, d. h. die Entscheidung zwischen einer radikalen[56] und einer graduellen Strategie, die Ausgestaltung der Sequenz, die Reichweite des Abkommens und Kompensationszahlungen.

In den folgenden Ausführungen wird, wenn nicht anders vermerkt, unterstellt, dass eine wirtschaftspolitische Entscheidung politisch effizient ist, wenn sie die politische Unterstützung der Regierung nach Gleichung (2.1) maximiert. Will eine Regierung wirtschaftspolitische Maßnahmen aufgrund exogener Faktoren durchsetzen, dann äußert sich politische Effizienz in der positiven politischen Unterstützung der Maßnahmen. Die zu den Fragestellungen politischer Durchsetzbarkeit gradueller Reformen existierenden Theorien sind im Kontext makroökonomischer und handelspolitischer Reformen in Transformations- und Entwicklungsländern entstanden.

4.3.1 Zerlegung des Maßnahmenpaketes in Teilschritte

Eine graduelle Strategie ist eine Sequenz von Teilreformen, die entweder selbständig bestehen können oder komplementär sind. Reformen sind nicht komplementär, wenn die ökonomische Situation nach Durchführung von Teilreformen stabil ist. Gradualistische Strategien bei handelspolitischen Maßnahmen beruhen auf dem stufenweisen Abbau von Handelsbeschränkungen in allen oder in ausgewählten Sektoren. Da handelspolitische Reformen in der Regel nach jedem Schritt unterbrochen werden können,

---

[56] Da größere Reformpakete in der Regel allein aus administrativen Gründen nicht zu einem einzigen Zeitpunkt eingeführt werden können, ist in der Realität bei einer radikalen Reform von einem kurzen Zeitraum auszugehen, jedoch nicht, wie in der theoretischen Literatur oft dargestellt, von einem einzigen Zeitpunkt.

ohne dass es zu einer ökonomisch instabilen Situation kommt, sind sie grundsätzlich nicht komplementär.

Bei bilateralen Handelsvereinbarungen kann eine schwache Komplementarität der Reformschritte in dem Sinne bestehen, dass der Abbruch der Reformsequenz eines Landes die vollständige oder teilweise Umkehr bereits implementierter Maßnahmen des Partnerlandes nach sich zieht. Dies ist abhängig von der Ausgestaltung der Vereinbarung und gilt unter der Voraussetzung, dass die Maßnahmen mit geringen Umkehrkosten verbunden sind. Im Fall der Integration in die Europäische Union belegen Beispiele aus der Vergangenheit (z. B. Türkei oder Norwegen), dass der Beitritt mit der bilateralen Liberalisierung nicht schwach komplementär ist. Die erreichte bilaterale Handelsliberalisierung wurde in diesen Fällen auch ohne Beitritt - bzw. unter Verweis auf einen späteren Beitritt – beibehalten.

Unter dem Gesichtspunkt ökonomischer Effizienz ist für pareto-verbessernde wirtschaftspolitische Maßnahmen die radikale Reform (*big bang*) grundsätzlich die optimale Strategie [MUSSA (1982)]. Gradualistische Implementierung verzögert die Realisierung der Effizienzgewinne und ist ökonomisch nur bei Verzerrungen, die Anpassungskosten nach sich ziehen, effizient, z. B. im Fall von Arbeitsmarktrigiditäten, Kapitalmarktrestriktionen oder Restriktionen bei der Auslandsverschuldung.[57] Derartige Anpassungskosten – etwa in Form von entgangenem Einkommen der vorübergehend nicht beschäftigten Produktionsfaktoren oder der für die Anpassung aufgewendeten Ressourcen, z. B. für Umschulung der Arbeitnehmer - treten in nahezu allen Fällen handelspolitischer Reformen auf. Durch Aufteilung des Reformprozesses in Teilschritte können Anpassungskosten verringert werden, da die langsame Freisetzung der Produktionsfaktoren eine schnellere Absorption in anderen Sektoren erlaubt. [MUSSA (1982), FALVEY/KIM (1992)]

FRATZSCHER (1996) zeigt, dass graduelles Vorgehen bei der Implementierung von Handelsintegrationsabkommen die ökonomische Effizienz erhöhen kann. Er erweitert den Domino-Ansatz von BALDWIN (1995) um die Annahme von Skalenerträgen, die so anfallen, dass sie zu komparativen Kostenvorteilen führen. Er stellt fest, dass die Durchsetzbarkeit einer Freihandelszone durch graduelles Vorgehen verbessert werden kann. Durch Bildung von kleineren Handelsräumen, die sich dann weiter zu größeren zusammenschließen, können Unternehmen Skalenvorteile schneller realisieren und damit zusätzliche Renten erzielen.

Für die Osterweiterung zieht FRATZSCHER (1996) daraus die Schlussfolgerung, dass die Bildung eines osteuropäischen Integrationsraumes wie der Central European Free Trade Association (CEFTA) die politische Unterstützung für die Integration in die EU erhöht, da ein Teil der Skalenvorteile durch die CEFTA-Mitgliedschaft realisiert werden kann. Dem theoretischen Ergebnis muss jedoch entgegengehalten werden, dass

---

57 Die Existenz von Anpassungskosten ist jedoch lediglich eine notwendige, aber keine hinreichende Bedingung. Reflektieren die privaten Kosten die sozialen, dann werden die Akteure nach einem anfänglichen Schock sich optimal verhalten. Eine radikale Reform ist vorzuziehen [MUSSA (1982)].

die Bildung einer Freihandelszone im Rahmen der CEFTA selbst an politökonomischen Aktivitäten scheiterte. In Polen wurden beispielsweise die einzelnen Liberalisierungsschritte von einflussreichen Interessengruppen immer wieder hinausgezögert oder verhindert, während zur gleichen Zeit die Zustimmung für die Integration mit der EU sehr hoch war.

Neben der ökonomischen ist auch politische Effizienz für den Erfolg der Integration entscheidend. Aus politökonomischer Sicht ist individuelle Unsicherheit, die im Ausgangszustand ein Status-quo-Bias verursacht und die Reform ex-ante blockiert, ein Argument für die Zerlegung der Reform. Durch graduelles Vorgehen kann die Anzahl der Individuen, die über die Veränderung ihrer individuellen Wohlfahrt im Zuge der Reform unsicher sind, reduziert werden, da nach der ersten Teilreform die Identität einiger Gewinner und Verlierer bekannt wird. Deren Stimmen können für die ex-ante Unterstützung oder Ablehnung der folgenden Teilreformen entscheidend sein, so dass durch eine entsprechende Aufteilung der Reformen politische Unterstützung für jeden Teilschritt generiert wird (s. Abschnitt 3.4.4). Dies sei an einem Beispiel erläutert. Obwohl das Beispiel von einer ungewichteten Mehrheit ausgeht, lassen sich die Ergebnisse auch auf gewichtete Zielfunktionen der Regierung wie im Ansatz von GROSSMAN/HELPMAN (1994) verwendet übertragen. Von 100 Wirtschaftssubjekten in einer Volkswirtschaft sind 40 im Exportsektor beschäftigt und jeweils 30 in zwei importkonkurrierenden Sektoren. Durch Handelsliberalisierung gewinnen die 40 aus dem Exportsektor aufgrund der sinkenden Preise für importierte Güter, während von den 60 aus den importkonkurrierenden Sektoren bekannt ist, dass 20 durch einem Wechsel in den Exportsektor gewinnen können, und 40 verlieren werden. Die Identität der Wechsler ist jedoch nicht bekannt. Die Reform ist *ex-post* für die Mehrheit vorteilhaft, aufgrund der Unsicherheit über die Identität der Gewinner wird sie jedoch *ex-ante* abgelehnt. Bei einer gleichzeitigen Liberalisierung in allen Sektoren würde die Mehrheit aus Gründen individueller Unsicherheit das Programm ablehnen.

Bei einem gradualistischen Vorgehen, bei dem die Liberalisierung der importkonkurrierenden Sektoren auf zwei Schritte aufgeteilt wird, ist die Reform durchsetzbar. Die Handelsliberalisierung in einem der importkonkurrierenden Sektoren senkt die Preise für die Beschäftigten im Exportsektor und im nicht liberalisierten Importsektor, wodurch nach dem ersten Schritt die Mehrheit gewinnt. Da durch die Liberalisierung des zweiten importkonkurrierenden Sektors ebenfalls die übrigen zwei gewinnen, ist die politische Unterstützung zu jedem Zeitpunkt und damit die Fortsetzung gewährleistet. Damit wird eine Reformsequenz entworfen, die ununterbrochene Zustimmung der Mehrheit garantiert und keine Zeitinkonsistenz aufweist [WEI (1997)].

Eine weitere Ursache für die Überlegenheit gradueller Strategien ist das Vorliegen aggregierter Unsicherheit und hoher Umkehrkosten bei Annahme komplementärer Reformen [DEWATRIPONT/ROLAND (1995)]. Aggregierte Unsicherheit betrifft den Ausgang der Reform für die gesamte Volkswirtschaft. Komplementarität von Reformen äußert sich darin, dass eine Teilreform rückgängig gemacht werden muss, wenn der zweite Teil nicht durchgesetzt wird. In dieser Situation erlaubt graduelles Vorgehen erstens den Aufbau politischer Unterstützung zu Beginn des Reformprozesses und zweitens den frühzeitigen Abbruch des Programms aufgrund der geringeren Umkehrkosten von Teilreformen im Vergleich zur Gesamtreform. Durch die letztere Möglichkeit sinken die „Experimentierkosten" bei ungewissem Ausgang der Reformen. Wird die erste Teilreform *ex post* von der Mehrheit unterstützt, dann werden sich die Gewinner bei stark komplementären[58] Reformen für eine Fortsetzung aussprechen, da sie bei einer Rücknahme verlieren. Durch die Komplementarität der Reform wird in der ersten Periode Unterstützung für die zweite Periode generiert. Die Gestaltung der Sequenz beeinflusst den Reformerfolg: populäre Reformen zu Beginn schaffen ein Momentum für die Fortsetzung des Prozesses.

In Transformationsländern existieren oft politisch mächtige Gruppen, die bei wirtschaftspolitischen Entscheidungen de facto ein Veto-Recht haben. Verliert eine dieser Gruppen durch den zweiten Reformschritt, ist sie am Abbruch der Reformen interessiert und wird diesen aufgrund ihres Veto-rechtes herbeiführen. Voraussetzung hier ist, dass die Reformen nicht komplementär sind. In einem solchen Fall ist die radikale Strategie überlegen. Dies gilt auch, wenn Umkehrkosten vorliegen und die gradualistische Strategie ökonomisch optimal ist [MARTINELLI/TOMMASI (1997)]. Die Regierung muss dann zusätzlich die Möglichkeit der Blockade von Teilreformen durch Interessengruppen in ihr Kalkül einbeziehen.

Bei nicht komplementären Reformen kann demnach eine vorausgehende Teilreform keine politische Unterstützung für die Zukunft generieren, da ein Abbruch ohne Umkehrung der bereits implementierten Maßnahmen möglich ist. Wegen der latenten Abbruchgefahr muss in einer Sequenz nicht komplementärer Reformen die Summe der Erwartungswerte der Pay-offs der verbleibenden Reformschritte politische Unterstützung und positive Pay-offs für Veto-Gruppen aufweisen. Ist eine dieser Bedingungen nicht erfüllt, ist die Sequenz nicht zeitkonsistent und ein Abbruch des Programms kann antizipiert werden. Ebenso muss jeder Schritt *ex post* von einer Mehrheit unterstützt werden oder hohe Umkehrkosten aufweisen, um nicht rückgängig gemacht zu werden.

Das Problem der Zeitinkonsistenz sei an einem Beispiel erläutert. Eine Regierung, die ein Paket wirtschaftspolitischer Maßnahmen aufgrund exogen vorgegebener Faktoren durchsetzen möchte, berücksichtigt die politische Unterstützung sowie die Positionen von zwei Interessengruppen, Gruppe *a* und *b*, die jeweils über ein Vetorecht verfügen. Im Ausgangszustand hat die Regierung nun die Wahl zwischen der Beibehaltung des Status Quo, gradueller Durchführung und einer radikalen Strategie. Tabelle 4-3 gibt die Pay-offs für jede der möglichen Situationen wider.

Alle Akteure ziehen die Reform der Beibehaltung des Status Quo vor. In Bezug auf die politische Unterstützung ist die radikale Strategie der Graduellen grundsätzlich unterlegen. Die Gruppe *b* ist jedoch nach Durchführung der Reform 1 nicht an einer Fortführung der Strategie interessiert, da sie dadurch verliert, und wird diese daher

---

[58] Komplementarität der Reformen impliziert, dass die Situation nach Durchführung einer Teilreform ökonomisch instabil ist, so dass die Entscheidungsträger die Wahl haben, entweder die Reform fortzusetzen oder rückgängig zu machen.

blockieren. Da Gruppe *a* dieses Verhalten von *b* antizipiert, wird die graduelle Strategie von Beginn an blockiert. Die radikale Strategie ist danach die einzig durchführbare Strategie.

	Politische Unterstützung	*Gruppe a*	*Gruppe b*
Status Quo	0	0	0
Graduelle Strategie nach Reform 1	1	-1	3
Graduelle Strategie insgesamt	2	2	2
Radikale Strategie	1	1	1

Tabelle 4-3: Pay-off-Matrix bei einer zeitinkonsistenten Strategie
Quelle: eigene Darstellung in Anlehnung an Martinelli/Tommasi (1997)

Eine Sequenz, die ökonomische und politische Kriterien missachtet, kann sowohl die allgemeine Wohlfahrt als auch die politische Unterstützung für eine Maßnahme senken und damit zu einer Ablehnung oder einem Abbruch führen. Im Extremfall kann es bei starker Komplementarität der Reformen auch zu einem ökonomischen Zusammenbruch nach der teilweisen Implementierung kommen, wenn der alte institutionelle Rahmen nicht schnell genug durch einen neuen ersetzt wird [MURPHY/SHLEIFER/VISHNY (1992)].

4.3.2 Weitere Möglichkeiten der Beeinflussung der politischen Durchsetzbarkeit des Abkommens

Eine Regierung, die aus exogen gegebenen Gründen einem regionalen Integrationsraum beitreten will, was Umverteilungswirkungen im Inland impliziert, hat neben der sequenziellen Aufteilung weitere Möglichkeiten der Beeinflussung der politischen Durchsetzbarkeit des Abkommens. Grundsätzlich besteht bei jeder pareto-verbessernden Reform die Möglichkeit zur direkten Kompensation der Verlierer, denn die realisierten Effizienzgewinne können in Form von Transferzahlungen an die Verlierer umverteilt werden. Kann der entscheidende politische Widerstand so eliminiert werden, reduziert sich die Frage des Designs effizienzsteigernder Reformen auf die Gestaltung eines optimalen Kompensationsmechanismus. Die ökonomisch effiziente Lösung wird mit Hilfe der Transferzahlungen auch politisch effizient.

Im Falle des Beitritts zu einem Integrationsraum ist jedoch die Pareto-Verbesserung als Voraussetzung für eine Kompensation nicht gewährleistet, da bei Dominanz der Handelsumlenkung Effizienzverluste entstehen. In diesem Fall übersteigen die Verluste die Summe der Gewinne, so dass keine Kompensation möglich ist. Doch auch bei effizienzsteigernden Reformen ist eine direkte Kompensation unwahrscheinlich, da die Implementierung eines Kompensationsmechanismus problembehaftet ist.

Zunächst kann die Abschöpfung der Renten von Gewinnern - etwa aufgrund des administrativen Aufwandes - Effizienzverluste verursachen, die im Extremfall die Effizienzgewinne aus der Integration übertreffen können. Des weiteren ist im Fall asymmetrischer Information über die Verteilung der Wohlfahrtsverluste die eigene Einkommensposition nach der Reform den Betroffenen präziser bekannt als den übrigen Akteuren. Dadurch entsteht ein Anreiz, höhere Verluste vorzutäuschen und Gewinne zu verschweigen, um in den Genuss höherer Renten zu kommen.[59] Zusätzlich ergeben sich damit Anreize zum unproduktiven, wohlfahrtsmindernden *rent-seeking* nach Kompensationszahlungen.

Schließlich ergibt sich das Problem der Zeitinkonsistenz. Nach Durchführung von Reformen, die mit Umkehrkosten verbunden sind, besteht für die Gewinner kein Anreiz die *ex ante* zugesagten Kompensationszahlungen zu leisten. Da die Verlierer dies antizipieren, werden sie *ex-ante* den Gegenwartswert des erwarteten Wohlfahrtsverlustes verlangen, der in der Summe die Effizienzgewinne zu Beginn der Integration übersteigen kann. Kann die Regierung die Finanzierung der Zahlungen nicht sicherstellen, ist das Programm nicht durchsetzbar. [60]

Aufgrund der genannten Schwierigkeiten ist Kompensation als Strategie zur Überwindung politischer Restriktionen bei komplexen wirtschaftspolitischen Reformen nicht wahrscheinlich, kann jedoch die politische Durchsetzbarkeit von Teilreformen mit einer übersichtlichen Anzahl betroffener Akteure ermöglichen. Beim EU-Integrationsprozess Mittel- und Osteuropäischer Staaten spielt Kompensation als Instrument der Gemeinsamen Agrarpolitik bei der Restrukturierung des Agrarsektors osteuropäischer Staaten eine zentrale Rolle.

In der Regel verfügen Staaten beim Abschluss von Integrationsabkommen über Möglichkeiten, die Integrationstiefe, d. h. den Umfang der vergemeinschafteten Politikbereiche, zu verhandeln, sowie die Reichweite des Abkommens zu beeinflussen, d.h. sektorale Ausnahmen oder Übergangsfristen zu vereinbaren. Im Fall der Osterweiterung wird die dauerhafte Ausnahme einzelner Sektoren oder Politikbereiche ausgeschlossen, lediglich Übergangszeiten werden zugelassen.

Es stellt sich also die Frage, ob unter den genannten Prämissen der Ausschluss bestimmter Sektoren oder Politikbereiche die Durchsetzbarkeit des Integrationsraumes verbessert, und wenn ja, welche Charakteristika diese Sektoren/Politikbereiche aufweisen müssen. Eine lange Übergangszeit wird dem Ausschluss gleichgesetzt.

Ein Sektor, der infolge der Bildung des Integrationsraumes eine Ausweitung der Exporte erwartet, wird sich für das Abkommen aussprechen, während ein Sektor, der stärkere Importkonkurrenz aus dem Partnerland befürchtet, für einen Ausschluss und damit die Beibehaltung der Protektion plädieren wird. Jede Lobby wird also zwei alternative Situationen berücksichtigen: der Integrationsraum ohne Ausnahmen und die

---

59 Ähnlich ROLAND (1994).

60 Ähnlich ROLAND (1994).

gleiche Vereinbarung mit Ausnahme von Sektor *i,* was aus Sicht der Lobby im partialökonomischen Modell von GROSSMAN/HELPMAN (1995) dem Fall des nicht Zustandekommens des Integrationsraumes entspricht.[61]

Die Anzahl der Sektoren, für die Übergangsregelungen gelten, soll im Fall des EU-Beitritts osteuropäischer Staaten auf ein Minimum reduziert werden. Die ausgeschlossenen Sektoren werden demnach diejenigen sein, die die größten politischen Kosten für die Eigentümer der spezifischen Produktionsfaktoren und die Regierung *zusammengenommen* darstellen. Greift die durch die Verhandlungsposition auferlegte Restriktion, dann können nicht alle Sektoren, die höhere politische Kosten als Nutzen verursachen ausgenommen werden. Die Spende eines ausgeschlossenen Sektors muss höher sein, als die der ersten nicht mehr ausgeschlossenen Branche. Der Ausschluss von Sektoren kann eine Freihandelszone politisch durchsetzbar machen, obwohl die Ungleichung 4.4 nicht erfüllt ist.

Weist ein Integrationsraum positive Wohlfahrtswirkungen auf, so dass er auch ohne Spenden zustande kommt, dann muss eine Lobby, um ausgeschlossen zu werden, die Regierung für die durch den Ausschluss erlittenen Wohlfahrtsverluste kompensieren.

4.4 Das Problem der Zeitinkonsistenz bei der graduellen Implementierung regionaler Handelsabkommen

Die Regierungen der osteuropäischen Staaten initiierten den Beitritt (und damit auch die Europa-Abkommen) aus exogen gegebenen Gründen. Dabei spielten sicherheitspolitische Überlegungen und der Wunsch nach Verankerung der Transformationsreformen die entscheidende Rolle. Die bestehende Sequenz ist aus ökonomischen Effizienzüberlegungen gebildet worden. Sie kann grob in zwei zeitlich aufeinanderfolgende Schritte unterteilt werden: die Bildung der Freihandelszone im Rahmen der Europa-Abkommen und die Teilnahme am Binnenmarkt im Rahmen des eigentlichen Beitrittes. Die beiden Schritte sind nicht komplementär, da die Europa-Abkommen den Beitritt nicht als zwingenden Bestandteil beinhalten. Die in den Europa-Abkommen enthaltenen Vereinbarungen können nochmals in zwei Schritte unterteilt werden: die einseitige Liberalisierung durch die EU und die einseitige Liberalisierung durch die Beitrittskandidaten.

Die gesamte Schrittfolge kann Abbildung 4-5 entnommen werden. Diese beiden Maßnahmenpakete sind aufgrund der Gefahr der Retorsionsmaßnahmen seitens der EU *schwach komplementär*. Der Begriff der schwachen Komplemetarität wird hier eingeführt, um eine Situation zu bezeichnen, in der der Abbruch des Reformprozesses eine *teilweise* Rücknahme bereits erfolgter Reformen nach sich zieht. Die vollständige Implementierung der Europa-Abkommen ist eine Voraussetzung für den endgültigen Beitritt. Die Implementierung kann zu jedem Zeitpunkt abgebrochen werden, nach der ersten Periode entstehen jedoch Umkehrkosten in Höhe der Hälfte der Pay-offs. Dahinter steht die Annahme, dass die EU nur den Teil der Handelsschranken wieder

---

61 Hierzu wird angenommen, dass die Spenden die tatsächlichen Präferenzen abbilden.

einführt, für den sich in der EU Interessengruppen einsetzen. Sind die betroffenen Sektoren in der EU nicht organisiert, oder sind die von den Importkonkurrenten verursachten Gewinneinbußen gering, wird es nicht zu einer Intervention der Interessengruppen kommen, so dass die Handelsschranken insgesamt nicht wieder im ursprünglichen Umfang eingeführt werden.

1. Schritt	*2. Schritt*	*3. Schritt*
Europa-Abkommen		**Beitritt zum Binnemarkt und Liberalisierung des Agrarsektors**
Liberalisierung EU	Liberalisierung Beitrittskandidaten	

Abbildung 4-5: Schritte bei der graduellen Integration der Osteuropäische Ländern in die EU

Eigene Dartstellung

Als aktive Gruppen konnten bereits Exporteure und Importeure identifiziert werden. Diese nehmen über den GROSSMAN/HELPMAN-Mechanismus laufend Einfluss auf die Position der Regierung. Zusätzlich existieren Gruppen, die über Vetomacht verfügen. Dies ist beispielsweise aufgrund der Wählerstimmen, die Interessengruppen hinter sich bringen können, denkbar. Diese Gruppen unterscheiden sich in Abhängigkeit vom betrachteten Land. Für den konkreten Fall Polens wird das Verhalten dieser Gruppen später diskutiert.

Auf Grundlage der Theorie der politischen Ökonomie der Integration kann ein realistisches Beispiel einer Pay-off-Struktur der beteiligten Akteure abgeleitet werden, die in Tabelle 4-4 dargestellt ist. Dabei wird vereinfachend unterstellt, dass die Wirtschaftsubjekte keine Zeitpräferenz haben. In der ersten Periode (Liberalisierung seitens der EU) gewinnen die Exporteure und die Wohlfahrt steigt leicht an. In der zweiten Periode verlieren die importkonkurrierenden Sektoren und die Wohlfahrt steigt ebenfalls an. Durch den Zugang zum Binnenmarkt in der dritten Periode steigt der Wettbewerbsdruck im Inland, wodurch die importkonkurrierenden Sektoren verlieren und der Zugang zu den EU-Märkten verbessert wird. Dies bringt den Exporteuren zusätzliche Gewinne ein. Bei der Berechnung der politischen Durchsetzbarkeit wird von einer Gleichgewichtung der Gruppeninteressen und der allgemeinen Wohlfahrt ausgegangen. Insgesamt ist die Reform politisch durchsetzbar und wohlfahrtssteigernd.[62]

In der zweiten Periode ist die politische Unterstützung aufgrund der Ablehnung der importkonkurrierenden Sektoren negativ, während sie in der dritten Periode wieder ansteigt. Die schwache Komplementarität impliziert, dass Retorstionsmaßnahmen, die nach Abbruch des Integrationsprozesses von dem Partnerland vorgenommen werden zu einer Halbierung der Pay-offs aller Akteure in Periode 1 führt. In der zweiten Peri-

[62] Obwohl das Ergebnis hier unter Annahme einer Gleichgewichtung der Komponenten der politischen Zielfunktion der Regierung hergeleitet worden ist, es sind jedoch bei allen Gewichtungen Pay-off-Strukturen denkbar, bei denen dieses Ergebnis zustande kommt.

ode würden die importkonkurrierenden Sektoren einen Abbruch des Integrationsprozesses durchsetzen können, da sie durch die nachfolgenden Schritte verlieren. Diese Sektoren werden maximal die 16 GE, die sie bei Fortsetzung verlieren würden, für den Abbruch einsetzen. Die Exportsektoren, die das Abkommen befürworten, gewinnen durch die Fortsetzung der Reformen 4 GE und werden zusätzlich den Verlust aus den drohenden Retorsionsmaßnahmen einsetzen, so dass insgesamt ein Betrag von 6,5 GE zustande kommt. Die Regierung wird insgesamt 9 GE an Wohlfahrtsverlust berücksichtigen. In der Summe wird die politische Unterstützung für die Fortsetzung negativ. Setzt die Regierung das Programm fort, muss sie befürchten, abgewählt zu werden. Sie wird sich daher für einen Abbruch entscheiden. Trotz Komplementarität der Reformen konnte in der ersten Periode keine politische Unterstützung für die nachfolgenden Schritte generiert werden. Interessanterweise ist der Beitritt insgesamt dagegen wohlfahrtssteigernd und politisch durchsetzbar.

Dieses Ergebnis kommt nur bei Vorliegen der schwachen Komplementarität zustande, d.h. wenn die erfolgten Reformen nur teilweise Rückgängig gemacht werden. Im Endeffekt ist die graduelle Strategie in diesem Fall nicht zeitkonsistent und die radikale Strategie die allein erfolgversprechende Lösung.

Als Fazit für die weitere Analyse bleibt festzuhalten, dass aus graduellen Strategien möglicherweise Zeitinkonsistenzprobleme resultieren, die zum Abbruch des Prozesses führen können. Die Frage, ob der Integrationsprozess Polens in die Europäische Union aufgrund derartiger Probleme gefährdet ist, kann nur von einer genaueren der Pay-offs beantwortet werden. Im weiteren Verlauf der Arbeit wird diese Analyse am Beispiel des Beitrittes Polens zur EU unter Verwendung eines angewandten allgemeinen Gleichgewichtsmodells vorgenommen.

	1. Teilreform	*2. Teilreform*	*3. Teilreform*	*Insgesamt (radikale Strategie)*
Exporteure	5	1	3	9
Importeure	0	-13	-3	-16
Wohlfahrt (ohne Interessengruppen)	2	5	3	10 (8)
Summe (bei gleicher Gewichtung)	7	-7	3	3 (1)

Tabelle 4-4: Beispiel einer Pay-off-Struktur bei der graduellen Implementierung des Beitrittes zum Integrationsraum.

Quelle: eigene Darstellung.

5 DAS ANGEWANDTE ALLGEMEINE GLEICHGEWICHTSMODELL

5.1 Grundlagen angewandter allgemeiner Gleichgewichtsanalyse

Ein angewandtes allgemeines Gleichgewichtsmodell ist eine unter Verwendung statistischer Daten erfolgende numerische Umsetzung des theoretischen Konzeptes des allgemeinen Gleichgewichts. Als Bezeichnung für ein solches Modell wird im Folgenden vereinfachend der Begriff CGE-Modell[63] verwendet.

Ziel dieses Abschnittes ist die Darstellung des grundlegenden Aufbaus und der Funktionsweise eines CGE-Modells. Zunächst erfolgt eine knappe Einführung in das theoretische Konzept des allgemeinen Gleichgewichts, gefolgt von einer allgemeinen Beschreibung der Gleichgewichtsbedingungen und der zentralen Aspekte der numerischen Umsetzung dieser theoretischen Konzepte. Dies ist die Basis für die detaillierte Erläuterung des verwendeten Modells in Abschnitt 5.2.

Eine ausführliche Darstellung des theoretischen Hintergrundes und der numerischen Umsetzung der CGE-Modelle findet sich bei GINSBURG/KEYSER (1997), DERVIS/DEMELO/ROBINSON (1982) und SHOVEN/WHALLEY (1992) sowie bei FRANCOIS/REINERT (1997).

5.1.1 Konzept eines allgemeinen Gleichgewichts

Die angewandte allgemeine Gleichgewichtsanalyse ist eine numerische Umsetzung des auf WALRAS (1884) zurückgehenden theoretischen Konzeptes des allgemeinen Gleichgewichts[64]. Sie wird zur quantitativen Modellierung der Auswirkungen exogener wirtschaftspolitischer Maßnahmen auf zentrale ökonomische Größen in einer Volkswirtschaft unter Einbeziehung der Interdependenzen zwischen Märkten verwendet. Hierzu wird ausgehend von einer vereinfachten algebraischen Abbildung der Beziehungen zwischen den Akteuren mit Hilfe entsprechender Daten ein numerisches Gleichgewicht als Ausgangssituation errechnet. Davon ausgehend können die quantitativen Auswirkungen exogener Veränderungen auf die Gleichgewichtspreise und –mengen simuliert werden.

Die Basis für die Abbildung der Interaktion zwischen den Akteuren ist die walrasianische allgemeine Gleichgewichtstheorie. Danach führen die Interaktionen zwischen den sich individuell optimal verhaltenden Wirtschaftssubjekten zu einem simultanen Gleichgewicht auf Güter- und Faktormärkten. Den Rahmen hierfür bildet ein makroökonomisches Gleichgewicht. Die dezentralen Entscheidungen der Akteure führen zu Pareto-optimaler Allokation. Aus Sicht der in Produzenten und Konsumenten unterteilten Akteure können Güter und Faktoren in komplementärer oder substitutiver Beziehung zueinander stehen. Die Akteure agieren bei vollständiger Preisinformation als

---

63 Das Kürzel CGE steht für Computable General Equilibrium und ist die im englischen übliche Abkürzung für Angewandte Allgemeine Gleichgewichtsmodelle.

64 Zur Einführung in die Theorie des Allgemeinen Gleichgewichtes vgl. ARROW/HAHN (1971), GINSBURG/KEYSER (1997) oder VARIAN (1994).

Mengenanpasser. Güter[65]- und Faktorpreise werden endogen bestimmt und passen sich an das Gleichgewicht an.

Das Güter- und Faktorkreislaufschema für diese Volkswirtschaft ist vereinfacht (ohne Staat) in Abbildung 5-1 dargestellt. Die Produzenten maximieren die Gewinne unter der Nebenbedingung der Produktionsfunktion. Die Konsumenten maximieren den Nutzen bei Einhaltung der Budgetgleichung. Zur Güterproduktion fragen die Produzenten Produktionsfaktoren und Vorleistungen nach, die nur begrenzt zur Verfügung

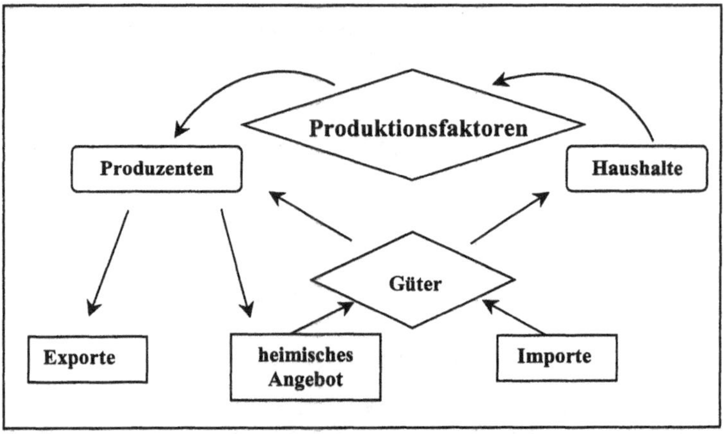

Abbildung 5-1: Kreislaufschema eines allgemeinen Gleichgewichtsmodells

Eigene Darstellung

Anm.: Pfeile stellen Güter bzw. Faktorströme dar, Rauten symbolisieren Märkte.

stehen. Die Faktoren fließen dann jeweils in Sektoren mit dem höchsten Wertgrenzprodukt, bis diese für alle Produktionsfaktoren über alle Sektoren ausgeglichen sind und den Faktorpreisen entsprechen. Das Einkommen aus dem Eigentum an Produktionsfaktoren fließt den Haushalten zu, die damit ihren Nutzen maximieren, indem sie Güter konsumieren. Die Haushaltsnachfrage fließt neben der Vorleistungsnachfrage der Produzenten in die Gesamtgüternachfrage ein. Im Zusammenspiel mit dem Güterangebot an heimischen und importierten Gütern werden die Güterpreise ermittelt. Ein Teil der gesamten heimischen Produktion wird exportiert. Die Aufteilung der produzierten und nachgefragten Mengen auf heimische Güter und Ex- bzw. Importe hängt von der Preisrelation zwischen In- und Ausland ab. Der Beweis der Existenz eines Gleichgewichtspreisvektors und damit des Gleichgewichts wurde von DEBREU (1952, 1959) und ARROW/DEBREU (1954) erbracht.

Kommt es zu einem exogenen Schock, optimieren die Wirtschaftssubjekte ihr Verhalten in Abhängigkeit von den veränderten Preisen, bis ein neues Gleichgewicht entsteht. Gleichgewichte entstehen infolge von Tâtonnement-Prozessen, wie z. B. durch

---

65 Der Begriff Güter umfasst hier zur Vereinfachung auch Dienstleistungen.

die Koordination durch den sog. Walrasianischen Auktionator [s. z.B. LEININGER (1996) oder FELDERER/HOMBURG (1999)].

Aus der Theorie des allgemeinen Gleichgewichts folgen zwei für CGE-Modelle zentrale Eigenschaften. Die erste ist, dass alle Angebots- und Nachfragegleichungen im Modell in der Regel homogen vom Grade Null in den Preisen sind. Diese Eigenschaft folgt unmittelbar aus der Tatsache, das diese Funktionen aus einem Maximierungs- bzw. Minimierungsproblem der Wirtschaftssubjekte abgeleitet werden [VARIAN (1994), S. 30f.]. Absolute Preise spielen demzufolge im Gleichgewicht keine Rolle. Die Akteure unterliegen damit nicht der Geldillusion, denn eine gleichzeitige Erhöhung aller Preise hat keine realen Auswirkungen. Im Gleichgewicht können deswegen nur relative Preise errechnet werden. Diese werden durch Umrechnung in Einheiten eines beliebig gewählten, konstant gesetzten *Numéraire* vergleichbar. In einem Modell mit n Märkten werden damit $n-1$ Preise bestimmt und in Einheiten des letzten Gutes oder Faktors ausgedrückt. Ein Numéraire kann sowohl ein Güter- oder Faktorpreis als auch ein Preisindex, wie z. B. der Konsumentenpreisindex sein.

Weiterhin gilt im allgemeinen Gleichgewicht das Walras-Gesetz, wonach die Summe aller Überschussnachfragen auf den einzelnen Märkten Null ergibt [s. z. B. HENDERSON/QUANDT (1983), S. 244]. Sind dann alle Märkte bis auf einen im Gleichgewicht und ist bei allen Wirtschaftssubjekten die Budgetgleichung erfüllt, dann ist auch der letzte Markt im Gleichgewicht.[66] Das Gleichungssystem, das die Gleichgewichtsbedingungen beschreibt, ist damit überdeterminiert: die Anzahl der Gleichungen übersteigt die Anzahl der zu bestimmenden Variablen um Eins. Demzufolge kann eine der Gleichungen vernachlässigt werden.

In einem angewandten Modell kommt neben den Aktivitäten des Staates auch die Modellierung der Ersparnis und der Investitionen hinzu. Die Ausgestaltung dieser Bereiche ist von der Art und der Zielsetzung des Modells abhängig, daher wird auf deren Berücksichtigung im vorliegenden Zusammenhang bei der Modellbeschreibung in Abschnitt 5.2 eingegangen.

5.1.2 Definition und Bedingungen des Gleichgewichts

Es ist für das Verständnis der Modellbeziehungen sinnvoll, vor Vorstellung des eigentlichen Modells die Arten der Gleichungen, die ein Gleichgewicht determinieren, zu benennen und zu beschreiben.[67] Ein angewandtes allgemeines Gleichgewichtsmodell besteht in der Regel aus einem System nichtlinearer Gleichungen, denen Optimierungsentscheidungen der Akteure zugrunde liegen. Im Laufe der Zeit wurden mehrere alternative mathematische Ansätze zur Abbildung der Gleichgewichtsbedingungen sowie zur Berechnung des Gleichgewichtes entwickelt.

---

[66] Umgekehrt kann gefolgert werden, dass - bei Vorliegen eines Gleichgewichtes auf allen Märkten und der Gleichheit des Einkommens und der Ausgaben bei allen Wirtschaftssubjekten bis auf Eins - das Einkommen gleich den Ausgaben bei dem letzten Wirtschaftssubjekt ist.

[67] Da nur wenige einführende Literaturquellen zu dem hier dargestellten Thema existieren, orientiert sich dieser Abschnitt zwangsläufig an RUTHERFORD (1998) S. 49ff. und PALTSEV (2000), S. 2ff.

Das oben dargestellte Kreislaufschema kann als einfachstes Modell zur Erläuterung des Konzeptes dienen, wenn man Ex- und Importe vernachlässigt und die Betrachtung auf zwei Güter (*X* und *Y*) und zwei Produktionsfaktoren (*K* und *L*) reduziert. Der traditionelle Ansatz zur Berechnung des Gleichgewichtes geht auf ARROW/DEBREU (1954) zurück. Danach werden die Preise und Mengen, die das allgemeine Gleichgewicht determinieren, durch Lösung des Optimierungsproblems eines repräsentativen Konsumenten ermittelt. Als Nebenbedingungen müssen die Budgetrestriktion des Konsumenten und die Produktionsfunktionen der Güter erfüllt sowie die Märkte für Produktionsfaktoren im Gleichgewicht sein. Mathematisch formuliert lautet dieser Ansatz wie folgt:

max U(X,Y) unter den Nebenbedingungen

$$\begin{aligned} Inc &= p_x X + p_y Y \\ X &= F(K_x, L_x) \\ Y &= F(K_y, L_y) \\ L &= L_x + L_y \\ K &= K_x + K_y \end{aligned}$$

Dabei bezeichnet *U* die Nutzenfunktion, *Inc* das Einkommen, p_x und p_y sind die Güterpreise, *X* und *Y* sind die Gütermengen und *L* und *K* die Mengen der beiden Produktionsfaktoren. Das Angebot an Produktionsfaktoren ist hier fix. Dieses Optimierungsproblem kann unter Verwendung des Lagrange-Ansatzes gelöst werden. Unter Verwendung eines Computer-Programms (z. B. GAMS) kann auf diese Art auch ein komplexeres allgemeines Gleichgewicht berechnet werden.

Dieser Ansatz ist in der Anwendung jedoch eingeschränkt, da er die Berücksichtigung mehrerer unterschiedlicher Konsumenten, einiger Steuerarten oder einiger anderer Verzerrungen nicht erlaubt. Unter Verwendung des Konzeptes der Dualität[68] kann dieses Optimierungsproblem in ein System nichtlinearer Gleichungen umgewandelt werden. Dieser Ansatz geht auf MATHIESEN (1985a,b) zurück und ist in der englischsprachigen Literatur unter dem Namen *Mixed Complementary Problem (MCP)* bekannt.[69] Mathematisch formuliert lautet dieser Ansatz wie folgt:

finde einen Vektor $z \in \Re^n$, der das folgende Gleichungssystem löst:[70]

$$F(z) \geq 0, \quad z \geq 0 \quad \text{wenn gilt} \quad z^T F(z) = 0 \tag{5.7}$$

Dabei ist *z* ein *n*-dimensionaler Vektor, so dass dieser Ausdruck ein Ungleichungssystem bezeichnet. Der letzte Term: $z^T F(z)=0$ bedeutet, dass im Gleichgewicht entweder *z* Null ist und *F(z)* positiv oder umkehrt. Dies wird als Komplementparitätsbeziehung[71]

---

68 Für eine ausführliche Behandlung der Dualität s. CHIANG (1984), Kap. 20 oder INTRILLIGATOR (1971), Kap. 5.

69 Zum Mixed Complementary Ansatz s. RUTHERFORD (1998), S. 49ff. Das Wort "mixed" bedeutet gemischt und Bezieht sich auf die Tatsache, dass die Lösung aus Gleichungen und Ungleichungen bestehen kann.

70 Dabei gilt auch: F: $\Re^n \rightarrow \Re^n$, d. h. es muss gelten: $z \in \Re^n$ und $F(z) \in \Re^n$.

71 Zur Komplementaritätsbeziehung (complementary slackness) s. CHIANG (1984), S. 690ff.

zwischen der Ungleichung $F(x) \geq 0$ und der dazugehörigen dualen (Schlupf-) Variable z bezeichnet. Mit Hilfe dieses Ansatzes kann das ARROW/DEBREU-Gleichgewicht ausgedrückt werden. MATHIESEN (1985) zeigte, dass ein allgemeines Gleichgewicht, formuliert als MCP, existiert, wenn drei Gleichgewichtsbedingungen erfüllt sind:

1. Die Nullgewinnbedingung (*zero profit*).
2. Markträumungsbedingung (*market clearance*)
3. Budgetrestriktion (*budget constraint*)

Die beiden ersten Bedingungen müssen für jeden betrachteten Markt gelten, es handelt sich also um Gleichungssysteme. Bei der Lösung dieses Gleichungssystems werden drei nichtnegative Variablenvektoren berechnet. Diese sind:

- p der Vektor der Güter- und Faktorpreise;
- y der Vektor der Mengen, hier bezeichnet als Aktivitätsniveaus, wobei mit Aktivität die Bereiche Produktion, Konsum, Investitionen und staatliche Aktivitäten bezeichnet werden;
- *Inc* das Einkommensniveau des repräsentativen Konsumenten, bzw. die Summe der Staatsausgaben[72]

Hinter diesen komplex aussehenden Beziehungen stehen bekannte ökonomische Zusammenhänge, die nun nacheinander besprochen werden. Als erste Bedingung erfordert die *Nullgewinnbedingung*, dass jede ausgeübte Aktivität weder einen Gewinn noch einen Verlust erwirtschaftet. Der Wert der Inputs muss dann dem Wert des Outputs entsprechen. Denn positive Gewinne würden eine Ausweitung der Aktivität implizieren bis der Gewinn auf Null sinkt, so dass keine Gleichgewichtssituation bestehen könnte. Verluste hätten somit eine Einstellung der Aktivität zur Folge. Der Gewinn wird mit π bezeichnet. Die Aktivitätsniveaus y werden also aus dieser Bedingung errechnet, denn entweder muss $y>0$ und $-\pi=0$ gelten, oder die Aktivität wird eingestellt ($y=0$) da die Gewinne negativ sind: $-\pi>0$. Ausgedrückt in der mathematischen Schreibweise des MCP muss in jedem Sektor gelten:

$$-\pi \geq 0, \quad y \geq 0, \quad y^T(-\pi) = 0 \qquad (5.8)$$

Am Beispiel des Zwei-Sektoren Modells lässt sich dieser Zusammenhang verdeutlichen. Da die Nutzenmaximierung des Konsumenten analoge Strukturen zur Optimierungsentscheidung des Produzenten aufweist,[73] kann sie analog zur Produktion modelliert werden. P_u bezeichnet den Preis des Outputs dieser Aktivität, der der Konsumentenpreisindex für das nutzenmaximierende Güterbündel ist. Der Vektor der Aktivitätsniveaus lautet hier $y=(X,Y,U)$. Dabei repräsentiert U den aus dem Konsum der Güter X und Y abgeleiteten Nutzen. Gewinne werden in jedem Sektor als die Differenz aus Erlösen und Kosten definiert. Wenn die Aktivität stattfindet, also $y>0$ ist, lauten die

---

72 Sind mehrere Akteure aktiv, muss für jeden das Einkommensniveau definiert werden.

73 Diese Analogie wird beispielsweise in VARIAN (1994) erläutert.

Nullgewinnbedingungen für die Produktion der Güter X und Y sowie des „Gutes" U wie folgt:

$$-[P_x - c_x(w,r)] = 0 \quad (5.9)$$

$$-[P_y - c_y(w,r)] = 0 \quad (5.10)$$

$$-[P_u - e(P_x, P_y)] = 0 \quad (5.11)$$

Dabei sind *c* die Stückkostenfunktionen für die beiden Güter, *e* ist die Ausgabenfunktion je Einheit des nutzenmaximierenden Güterbündels[74] (die Entsprechung der Stückkostenfunktion) *w* und *r* die Preise der Produktionsfaktoren.

Die *Marktgleichgewichtsbedingung* sagt aus, dass für jedes Gut und für jeden Produktionsfaktor, für die sich positive Preise einstellen, die Nachfrage dem Angebot entsprechen muss. Andernfalls besteht ein Überangebot und der Preis des Gutes beträgt Null. Für jedes Gut und jeden Produktionsfaktor muss im Gleichgewicht also die folgende Bedingung gelten:

$$Angebot - Nachfrage \geq 0, \quad p \geq 0, \quad p^T(Angebot - Nachfrage) = 0 \quad (5.12)$$

Im Beispiel lauten die Marktgleichgewichtsbedingungen für die Märkte, wenn die Preise positiv sind, wie folgt:

$$X = \frac{\partial e}{\partial P_x} U \quad (5.13)$$

$$Y = \frac{\partial e}{\partial P_y} U \quad (5.14)$$

$$U = \frac{Inc}{P_u} \quad (5.15)$$

$$L = \frac{\partial C_x}{\partial w} X + \frac{\partial C_y}{\partial w} Y \quad (5.16)$$

$$K = \frac{\partial C_x}{\partial r} X + \frac{\partial C_y}{\partial r} Y \quad (5.17)$$

Dabei repräsentiert die linke Seite das Angebot und die rechte Seite die Nachfrage. Die Nachfragefunktionen nach Gütern und Produktionsfaktoren wurden dabei unter Verwendung von Shephards Lemma[75] aus den Optimierungsentscheidungen des Konsumenten und der Produzenten hergeleitet.

---

74 Diese Ausgabenfunktion erhält man durch Division der Gesamtausgaben des Konsumenten (bezeichnet mit E) durch den Nutzen: $E(P_x, P_y)/U(X,Y)$.

75 Shephards Lemma besagt, dass sich die Hickssche kompensierte Nachfragefunktion durch partielle Ableitung der Ausgabenfunktion nach dem Preis gewinnen lässt, siehe SCHUMANN

Die *Budgetbedingung* sagt aus, dass für jedes Wirtschaftssubjekt (also z. B. auch die Regierung) der Wert des Einkommens dem Wert der Anfangsausstattung an Produktionsfaktoren entsprechen muss:

$$\begin{aligned} &Anfangsausstattung - Einkommen \geq 0, \quad Inc \geq 0, \\ &Inc^{T}\left(Anfangsausstattung - Einkommen\right) = 0 \end{aligned} \tag{5.18}$$

Das Einkommen ist in der Regel positiv, so dass die Bedingung als Gleichung erfüllt ist. Im Beispiel lautet die Budgetgleichung des repräsentativen Konsumenten:

$$wL + rK = Inc \tag{5.19}$$

Das Gleichungssystem im Beispiel besteht aus neun Gleichungen und neun Unbekannten: den Aktivitätsniveaus X, Y, U, den Preisen P_u, P_x, P_y, w und r sowie dem Einkommen *Inc*.

Dieses Gleichungssystem erlaubt die Einbeziehung von Marktrestriktionen, wie Steuern oder Zölle oder die Abbildung institutioneller Details wie eines lohnabhängigen Arbeitsangebotes. Die endgültige Wahl der Modellbeziehungen orientiert sich an den Fragestellungen der Analyse und den institutionellen Gegebenheiten in den betrachteten Regionen. Die in Abschnitt 5.2 dargestellten Modellgleichungen lassen sich den drei anhand des Beispiels erläuterten Gleichgewichtsbedingungen zuordnen. Vor Darstellung des verwendeten Modells wird aber zunächst kurz auf zentrale Aspekte der numerischen Implementierung eingegangen.

5.1.3 Der Arbeitsablauf bei der numerischen Implementierung eines Modells

Neben der Aufstellung der Gleichgewichtsbedingungen auf Grundlage der gewählten Verhaltensgleichungen und der Erstellung des Datensatzes besteht der Arbeitsablauf einer allgemeinen Gleichgewichtsanalyse aus der Berechnung der Simulationsszenarien und der ökonomischen Interpretation der Ergebnisse. Der vollständige Ablauf der angewandten allgemeinen Gleichgewichtsanalyse ist in Abbildung 5-2 als Flussdiagramm dargestellt, im folgenden wird auf die Schritte dieses Flussdiagramms bezug genommen.

Als Erstes werden die grundlegenden Dimensionen des Modells festgelegt: wird ein Land oder mehrere betrachtet, die Anzahl der Sektoren und deren Disaggregation sowie die berücksichtigenden Produktionsfaktoren werden gewählt, etc (Schritt 1). Daraufhin können die Modellgleichungen formuliert werden. Vor der Umsetzung in das Computerprogramm (Schritt 3) muss ein Lösungsverfahren gewählt werden, das dem Sachverhalt gerecht wird (Schritt 2). Die Berechnung der Gleichgewichtslösungen erfolgt bei CGE-Modellen in der Regel durch Software zur

---

(1992), S. 74ff oder HENDERSON/QUANDT (1983), S. 44f. Gleichermaßen lässt sich die bedingte Faktornachfrage eines Produzenten durch partielle Differenzierung der Kostenfunktion nach dem Faktorpreis ableiten.

Lösung nichtlinearer Gleichungssysteme. Die hier verwendete Software ist GAMS [vgl. BROOKE ET AL. (1998)]. Das Modell wurde mit dem GAMS-Subsystem MPSGE erstellt, das eine vereinfachte, von der algebraischen Form losgelöste Programmierung eines CGE-Modells erlaubt [vgl. RUTHERFORD (1998)]. MPSGE baut auf dem MCP-Ansatz auf und wird von dem Computerprogramm als MCP-Ansatz gelöst.

In der darauffolgenden Arbeitsphase wird ein konsistenter Datensatz erstellt, der als Ausgangsgleichgewicht bezeichnet wird. Dabei wird angenommen, dass sich alle betrachteten Volkswirtschaften in einem Gleichgewichtszustand befinden. Die Erstellung eines solchen Datensatzes ist für komplexe Modelle sehr arbeitsaufwändig. Im hier konstruierten Modell wird auf einen bestehenden Datensatz zurückgegriffen, der sich für die Analyse handelspolitischer Fragestellungen sehr gut eignet.

Die nächste Arbeitsphase, die numerische Bestimmung der Modellparameter, ist für die Modellergebnisse von zentraler Bedeutung. Die zu ermittelnden Modellparameter umfassen Elastizitäten sowie Anteils- und Skalenparameter auf Nachfrage- und Angebotsseite. Diese Phase besteht aus den Schritten 5 bis 7. Da diese Werte wesentlichen Einfluss auf die Modellergebnisse haben, ist es wichtig, auf möglichst exakte Zahlen zurückgreifen zu können. Hier stehen alternativ zwei Verfahren zur Verfügung: die ökonometrische Schätzung aller Parameter oder die teilweise Kalibrierung. Diese beschreibt den Prozess der Berechnung der Anteils- und Skalenparameter als Residualgrößen aus dem Basisdatensatz. Dazu werden die Werte des Basisdatensatzes in die Gleichgewichtsbedingungen des Modells eingesetzt. Ausgehend von der Annahme, dass der Basisdatensatz eine Gleichgewichtssituation repräsentiert, werden die unbekannten Parameter errechnet (Schritt 6). Je Gleichung kann nur ein Wert kalibriert werden, so dass in einigen Fällen (z. B. bei Verwendung von CES-Funktionen, vgl. Abschnitt 5.2.3) die Einbeziehung ökonometrisch geschätzter Parameter notwendig ist (Schritt 5). Dies trifft insbesondere auf die Elastizitätsparameter zu. Grundsätzlich ist die Einbeziehung möglichst vieler geschätzter Parameter wünschenswert, da die betrachtete Volkswirtschaft dann zutreffender abgebildet werden kann.

In einem multiregionalen Modell kommt bei Unterstellung symmetrischer Strukturen erschwerend hinzu, dass Elastizitäten ermittelt werden müssen, die für alle Länder gleichzeitig gelten. Da die geschätzten Werte wesentlichen Einfluss auf die Modellergebnisse haben und die ökonometrischen Schätzungen häufig Inkonsistenzen aufweisen [SHOVEN/WHALLEY (1992), S. 105], werden die zentralen Größen in der Regel zur Verdeutlichung des Einflusses einer Sensitivitätsanalyse unterzogen (Schritt 8). Trotz evidenter Nachteile [SHOVEN/WHALLEY (1992), S. 103ff.] werden – abgesehen von wenigen Ausnahmen - in allen angewandten Gleichgewichtsmodellen Anteils- und Skalenparameter kalibriert, wobei größtenteils von ökonometrisch geschätzten Elastizitäten ausgegangen wird. Das Verfahren bietet in erster Linie den Vorteil der Vereinfachung der Prozedur. Eine ökonometrische Schätzung aller Modellparameter (manchmal einige hundert), erfordert eine immense Menge Zeitreihendaten, so dass die Möglichkeiten der Modellierung deutlich einschränkt würden. Welche Werte im vorliegenden Zusammenhang kalibriert werden und bei welchen auf ökonometrische Schätzungen zurückgegriffen wird, wird in Abschnitt 5.2 ausführlich besprochen. Die

Richtigkeit der kalibrierten Werte wird anschließend überprüft, indem ein Gleichgewicht errechnet wird, das mit dem Basisdatensatz verglichen wird (Schritt 7). Dieses Gleichgewicht wird als Basisszenario oder Ausgangsgleichgewicht bezeichnet und dient bei Simulationen als Vergleichssituation. Die Werte sind korrekt, wenn das dann errechnete Gleichgewicht den Basisdatensatz wiedergibt.

Die nächste Phase umfasst die Berechnung der Simulationen (Schritt 9). Dabei werden exogene Politikparameter verändert. Da das Modell eine stilisierte Abbildung der Wirklichkeit darstellt, werden die Politikänderungen meist stilisiert implementiert. Das danach errechnete Gleichgewicht enthält die Reaktion der Wirtschaftssubjekte auf den untersuchten ökonomischen Schock unter Einbeziehung aller modellinternen Interdependenzen.

Abschließend werden die Modellergebnisse bewertet und ökonomisch interpretiert. Hierfür werden die Resultate des Simulationen mit dem Ausgangsgleichgewicht verglichen. Diese komparativ-statische Betrachtung ermöglicht die Analyse der Wirkungen exogener Schocks auf die Volkswirtschaft. Dabei ist eine detailliere Erläuterung der im Modell ablaufenden ökonomischen Wirkungen von großer Bedeutung, um möglichst hohe Transparenz der Modellzusammenhänge zu erreichen. Die Herkunft der Wirkungen sollte daher in Anlehnung an theoretische Ergebnisse, die dem Modell zugrunde liegen, detailliert analysiert werden. Die Interpretation kann dabei auch zusätzlich den Zweck des Konsistenzchecks für das Modell erfüllen.

5.2 Modellstruktur des verwendeten Modells

Zur Untersuchung der Umverteilungswirkungen wird ein multiregionales Modell der Handelsintegration Polens in die Europäische Union konstruiert.[76] Die Struktur des Modells ist angelehnt an das GTAPinGAMS-Modell von RUTHERFORD (1998), die ergänzt und - wo möglich – vereinfacht worden ist.

Im GTAPinGAMS-Modell werden die Gütermärkte nach Verwendungszweck des Gutes (Konsum, Vorleistungen und Staatsnachfrage) getrennt modelliert. Diese Trennung wird hier aufgehoben, und je gut existiert daher nur ein Markt. Dieses Modell wird dann um steigende Skalenerträge in Anlehnung an das Multi-Regional General Equilibrium Trade Model (MRT-Modell) von HARRISON/RUTHERFORD/TARR (1997) ergänzt. Zusätzlich wird der sektorspezifische Produktionsfaktor Kapital eingefügt. Das MRT-Modell ist für die Untersuchung der Auswirkungen der Uruguay-Runde entwickelt worden und wurde ebenfalls für die Analyse der Europäischen Integration verwendet [HARRISSON/RUTHERFORD/TARR (1994, 1996)].

Vor Beschreibung der Modellgleichungen wird zunächst ein knapper Überblick über die grobe Struktur des Modells gegeben. Ab Abschnitt 5.2.2 werden die Modelldetails beschrieben.

---

[76] Ein ähnliches Modell wird in BÖHRINGER/DRZENIEK/LÖSCHEL (2003) zur Modellierung der Auswirkungen der EU-Osterweierung auf die Beitrittskandidaten verwendet.

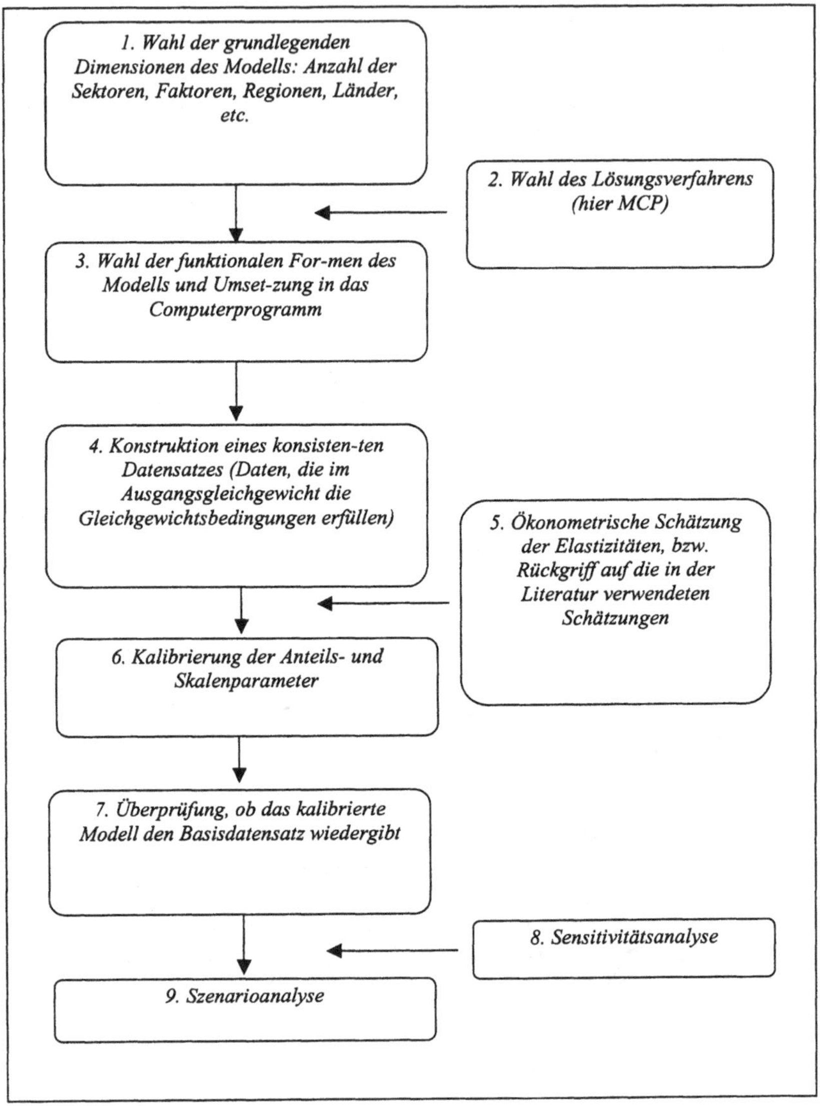

Abbildung 5-2: Ablaufschema der angewandten allgemeinen Gleichgewichtsanalyse

Quelle: eigene Darstellung

5.2.1 Überblick über die Modellstruktur

Das verwendete neoklassische, komparativ-statische Modell bildet die Handelsbeziehungen zwischen vier Regionen bzw. Ländern ab. Die vier Regionen sind in Tabelle 5-1 wiedergegeben. Die Notwendigkeit der Verwendung eines multiregionalen Modells folgt unmittelbar aus der Fragestellung, da die zentralen Folgen der Handelsintegration, die Handelsschaffung und -umlenkung nur in einem solchen erfasst werden können. Bei Fokussierung auf ein Land wäre eine Abbildung sich ändernder Preisrelationen zwischen dem betrachteten Land, dem Integrationsraum und dem Rest der Welt nicht möglich. Die gewählte regionale Aggregation spiegelt diese Überlegungen wider. Die Mittel- und Osteuropäischen Länder werden dabei vereinfachend mit den Beitrittskandidaten zur Europäischen Union ohne Polen gleichgesetzt. Aus Gründen der Datenverfügbarkeit werden dabei die Baltischen Staaten Estland, Lettland und Litauen vernachlässigt. Da diese Staaten sehr klein und für Polen als Handelspartner von geringer Bedeutung sind, ist davon auszugehen, dass deren Vernachlässigung die Modellergebnisse nicht wesentlich verzerrt.

Abkürzung	*Region*
EUR	Europäische Union
POL	Polen
MOEL	Mittel- und Osteuropäische Länder:
	Ungarn, Tschechien, Slowakei, Slowenien, Rumänien, Bulgarien
ROW	Rest der Welt

Tabelle 5-1: Regionale Aggregation des Modells

Sektoren
Landwirtschaftliche Produkte
Kohle, Gas und Erze
*verarbeitete Lebensmittel
*Textilien
Bekleidung
*Papier, Druck und Verlagswesen
*Mineralprodukte und chemische Produkte
*Metalle und Metallprodukte
*Motorfahrzeuge und Teile
*andere Transportgeräte
*Elektronische und andere Geräte
sonstige Industriegüter
Transport und Handel

Tabelle 5-2: Sektorale Aggregation des Modells

* - Sektoren mit steigenden Skalenerträgen

Die sektorale Disaggregation berücksichtigt 13 Sektoren, die aus Tabelle 5-2 entnommen werden können. Die Wahl dieser sektoralen Disaggregation spiegelt drei zentrale Überlegungen wider:

1. Vermeidung zu starker Differenzen in den Zollsätzen, da bei der Aggregation von Hochzoll- mit Niedrigzollsektoren die Position der Gewinner und Ver-

lierer abgeschwächt wird. So kann die Aggregation wesentlichen Einfluss auf die Ergebnisse der politökonomischen Analyse haben.

2. Die Möglichkeit einer adäquaten Implementierung empirischer Ergebnisse bei der Modellierung steigender Skalenerträge in den betroffenen Sektoren. Ähnlich wie bei den Zollsätzen, führt die Aggregation von Sektoren ohne steigende Skalenerträge mit solchen, in denen sie auftreten, zu einer Verzerrung.

3. Detaillierte Berücksichtigung des Industriesektors, im Vergleich zum Agrar- und Dienstleistungssektor, da dieser im Mittelpunkt der Analyse steht.

Alle Regionen und Sektoren werden symmetrisch modelliert. Alle Güter sind handelbar und sämtliche Akteure fragen sowohl heimische als auch importierte Güter nach. Güter aus verschiedenen Herkunftsländern werden von den Nachfragern als unvollständige Substitute betrachtet (dies ist die sog. Armington-Annahme, vgl. Abschnitt 5.2.6).

Produktionsfaktoren sind vollbeschäftigt und international immobil. Der Produktionsfaktor Kapital ist sektorspezifisch, d.h. intersektoral immobil, während der Produktionsfaktor Arbeit intersektoral mobil ist. Diese Annahme erlaubt die Abbildung der kurzfristigen Anpassungskosten für die Kapitaleigner, die politökonomisch tätig werden. Die Anpassungskosten entsprechen den Erwartungen der Kapitaleigner über Einkommensverluste oder -gewinne, die sie nach der Integration erfahren werden. Daraus folgt, dass sektorale Unterschiede im Preis des Faktors Kapital in den Szenarioanalysen bestehen, während keine sektoralen Lohndifferenzen existieren. Internati onal divergieren alle Faktorpreise.

Alle In Sektoren, in denen empirische Untersuchungen dies nahe legen, werden steigende Skalenerträge modelliert. In diesen Sektoren werden zusätzlich die Produkte der einzelnen Unternehmen als unvollständig substituierbare Varianten abgebildet (s. Abschnitt 5.2.6). Diese Sektoren sind in Tabelle 5-2 mit einem * gekennzeichnet. In allen übrigen Sektoren wird mit konstanten Skalenerträgen produziert. In allen Sektoren herrscht unvollkommener Wettbewerb.

Eine Übersicht über die folgende algebraische Darstellung der in den Modellgleichungen verwendeten Symbole und Indizes wird am Ende der Darstellung, nach Abschnitt 5.2.8 in Tabelle 5-3 und Tabelle 5-4, auf Seite 111f. gegeben.

5.2.2 Die Rolle der Armington-Annahme bei der Einbindung der Außenhandelsbeziehungen

Die wichtigste Verbindung zwischen den Volkswirtschaften der einzelnen Modellregionen ist der internationale Handel. In der Realität besteht ein wesentlicher Teil des weltweiten Handelsvolumens aus intraindustriellem Handel. Zahlreiche Studien bestätigen ab Mitte der neunziger Jahre dessen hohen Anteil am Handelsvolumen zwischen der EU und den osteuropäischen Staaten [z. B. FIDRMUC et al. (1999) und

EBRD (1999)]. Daher kann davon ausgegangen werden, dass diese Entwicklung bereits in den zu diesen Regionen vorliegenden Daten enthalten ist.

Die traditionelle Theorie des internationalen Handels, die von homogenen Gütern ausgeht, erfasst dieses Problem nicht. Weiterhin kommt es in traditionellen Modellen, in denen die Anzahl der Güter die Anzahl der Produktionsfaktoren übersteigt, zu einer Spezialisierung jedes Landes auf einige Produkte. Derartige Spezialisierungsmuster sind aus den Daten auch bei sehr hoher Disaggregation nicht erkennbar. [KEHOE/KEHOE (1994)] Bei Vernachlässigung des intraindustriellen Handels im Modellaufbau wären die simulierten Handelsströme deutlich verzerrt.

In neueren theoretischen Ansätzen wird intraindustrieller Handel durch Modellierung unvollständig substituierbarer Varianten eines Produktes berücksichtigt [DIXIT/STIGLITZ (1977), KRUGMAN (1979)]. In der allgemeinen Gleichgewichtsanalyse findet ein alternativer Ansatz Anwendung: die Differenzierung der Güter nach Herkunftsländern, in der Literatur bezeichnet als Armington-Annahme [ARMINGTON (1969)]. Danach betrachten Nachfrager Importe aus verschiedenen Herkunftsländern als unvollständige Substitute, so dass Güter unterschiedlicher Herkunft heterogen sind. Bei jedem Gut können die Nachfrager zwischen einem importierten und einem heimischen Produkt wählen. Dabei gehören zu den Nachfragern sowohl Konsumenten als auch Unternehmer, die Vorleistungen nachfragen.

Als Teil ihrer Optimierungsentscheidung wählen die Nachfrager das optimale Verhältnis der Menge der importierten zu der Menge der heimischen Güter. Diese beiden Gütergruppen betrachten sie als unvollständige Substitute, wobei der Grad der Substituierbarkeit der heimischen und der importieren Güter unabhängig von der nachgefragten Menge ist und über eine konstante Substitutionselastizität erfasst wird. Eine Funktion mit einer konstanten Substitutionselastizität ist die CES-Funktion[77]. Dieser Funktionstyp definiert das sog. Armington-Aggregat aus heimischen und importierten Gütern:

$$S_{ir} = \left[\alpha_{ir}^{S} D_{ir}^{\sigma_{DM}} + (1-\alpha_{ir}^{S}) A_{ir}^{\sigma_{DM}}\right]^{1/\sigma_{DM}} \tag{5.20}$$

D und *A* bezeichnen jeweils die Einsatzmengen inländischer und importierter Güter, σ_{DM} ist die konstante Substitutionselastizität zwischen inländischen und importierten Produkten, die exogen gegeben ist, und α^S ist der kalibrierte Verteilungsparameter. Der Index *i* steht für das betrachtete Gut, der Index *r* für die betrachtete Region. Diese Funktion lässt sich als eine Art Produktionsfunktion interpretieren, die einen Prozess abbildet, bei dem mit Hilfe der Inputs *D* und *A* das Produkt *S* hergestellt wird. Genauer wird dieser Prozess als Aggregation bezeichnet. Welche Menge letztendlich nachgefragt wird, ist von der Preisrelation der importierten und der heimischen Güter abhängig. Dabei kommt dem Wert der Substitutionselastizität eine zentrale Bedeutung zu: bei einem großen Wert von σ_{DM} sind die Produkte enge Substitute und eine Preis-

---

77 CES steht für *constant elasticity of substitution*.

änderung bei einem Gut hat starke Verschiebungen in der Nachfrage zur Folge, da ein großer Teil des relativ teureren Gutes substituiert wird.

Nachdem die Nachfrager entschieden haben, welche Menge des importierten Gutes sie nachfragen wollen, bestimmen sie die optimale Zusammensetzung der Importe aus verschiedenen Herkunftsländern. Diese Güter betrachten sie ebenfalls als unvollständige Substitute. Daher fließen die Importe aus verschiedenen Ländern ebenfalls unter der Annahme konstanter Substitutionselastizitäten in das Import-Aggregat A ein:

$$A_{ir} = \left(\sum_s \alpha_{isr}^M M_{isr}^{(\sigma_{MM}-1)/\sigma_{MM}} \right)^{\sigma_{MM}/(\sigma_{MM}-1)} \quad für\ s \neq r \qquad (5.21)$$

M_{isr} ist die Menge der Importe der Region r aus Region s, α^M ist der kalibrierte Anteilsparameter und σ_{MM} ist die exogen gegebene Substitutionselastizität zwischen Importen verschiedenen Ursprungs.

Dieser Ansatz ermöglicht die Berücksichtigung des intraindustriellen Handels und verhindert Spezialisierung. Daher erscheint die Armington-Annahme als eine plausible Abbildung der Realität. Aus dieser Annahme folgen jedoch weitgehende handelspolitische Implikationen. Ein im Verständnis der traditionellen Theorie kleines Land erhält durch die Einbeziehung der Armington-Annahme Marktmacht auf dem Weltmarkt, da es einzigartige Produkte herstellt. Diese Marktmacht wird durch den Grad dieser Einzigartigkeit, d. h. die Substitutionselastizität bestimmt. Das inländische Preissystem erhält dadurch eine gewisse Autonomie von Weltmarktpreisänderungen. Dies ist darauf zurückzuführen, dass z. B. bei einer Preissenkung auf dem Weltmarkt, das relativ teurer gewordene inländische Gut nur teilweise durch das relativ billigere Importgut ersetzt wird. Handelspolitische Eingriffe des Staates, wie etwa Zollsenkungen, haben dann eine im Vergleich zu homogenen Gütern abgeschwächte Preisänderung auf inländischen Märkten zur Folge.

5.2.3 Produktion und Faktormärkte

In jeder Region wird je Sektor eine repräsentative Unternehmung betrachtet, deren Produktionsfunktion die zugrundeliegende Produktionstechnologie widerspiegelt. Die Unternehmen produzieren alle mit der gleichen Produktionstechnologie, sie sind also symmetrisch modelliert. Da die Anteilsparameter ausgehend vom Basisdatensatz kalibriert werden, divergieren die Produktionsfunktionen dennoch je Sektor und Region.

Angenommen wird eine hierarchische Produktionsstruktur (nested production structure), die aus schwach separierbaren Produktions- bzw. Aggregationsfunktionen besteht. Die Struktur ist in Abbildung 5-3 auf S. 98 dargestellt. Auf jeder Ebene wird ein Aggregat gebildet, das in die jeweils höhere Ebene einfließt. Auf jeder Hierarchiestufe weisen die Produktions- bzw. Aggregationsfunktionen konstante Substitutionselastizitäten auf (CES-Funktionen). Produzenten maximieren ihre Gewinne, indem sie auf jeder Hierarchieebene die kostengünstigste Kombination bei gegebenen Preisen und Steuern sowie gegebener Produktionstechnologie wählen. Es wird angenommen, dass das Endprodukt, das Gut i, unter Verwendung von zwei Arten von Inputs hergestellt wird: der Wertschöpfung und einem Aggregat von

Vorleistungen. Die Einsatzkoeffizienten dieser beiden Komponenten sind fix, so dass Vorleistungen und Produktionsfaktoren nicht gegeneinander substituierbar sind. Dies wird durch die folgende Leontief-Produktionsfunktion ausgedrückt:

$$Y_{ir} = \min\{V_{ir}, AD_{ir}\} \tag{5.22}$$

Dabei bezeichnet Y die gewinnmaximale Gütermenge, V die Wertschöpfung und AD das Aggregat der Vorleistungen. Die Wertschöpfung wird über eine Cobb-Douglas-Technologie aus den nachgefragten Produktionsfaktoren, bezeichnet mit F, erstellt:

$$V_{ir} = \prod_f \left(F_{ir}^{\theta_{ir}^F}\right) \tag{5.23}$$

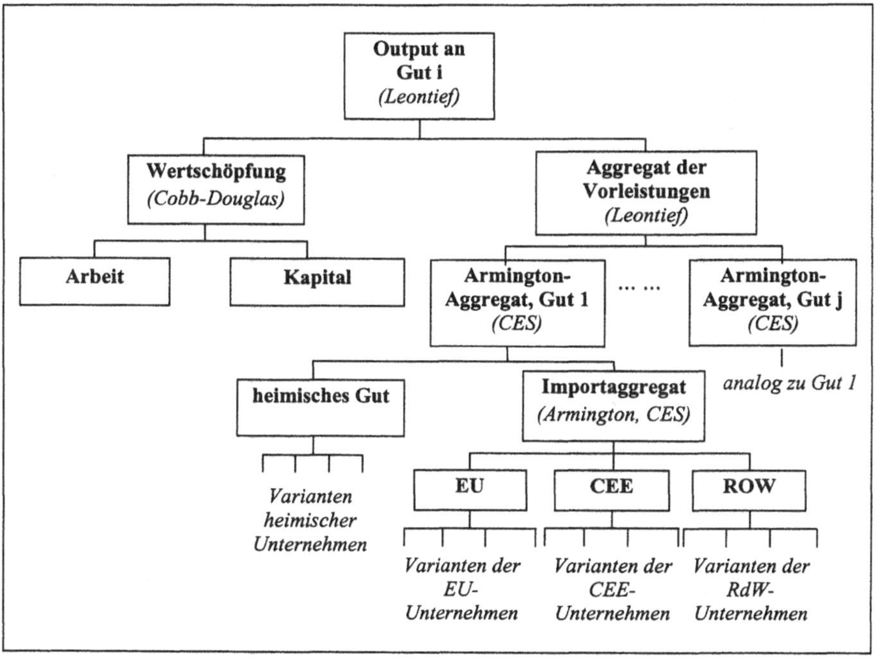

Abbildung 5-3: Produktionsstruktur im verwendeten Modell
Quelle: eigene Darstellung

V bezeichnet dabei die Wertschöpfung und θ^F sind die kalibrierten Anteilsparameter. Der Index f bezeichnet Produktionsfaktoren. Dieser Parameter entspricht dem Anteil der Kosten des Produktionsfaktors f an den Gesamtausgaben für alle Produktionsfaktoren, woraus folgt, dass sich die Werte für θ^F über alle Produktionsfaktoren zu Eins addieren. Die Cobb-Douglas-Funktion impliziert, dass dieser Anteil bei allen Simulationen konstant bleibt. Vorleistungsgüter können annahmegemäß nicht substituiert werden und fließen im festen Einsatzverhältnis in das Aggregat der Vorleistungen ein (Leontief-Produktiosnfunktion):

$$AD_{ir} = \min\{IS_{1r},...,IS_{jr}\} \tag{5.24}$$

IS bezeichnet dabei die Einsatzmenge eines Vorleistungsgutes. Beide Indizes *i* und *j* bezeichnen Güter bzw. Sektoren und werden alternativ verwendet. Im Optimum des Produzenten ist IS die Nachfrage nach dem Vorleistungsgut. Unter Verwendung der fixen Einsatzkoeffizienten kann IS dann wie folgt ausgedrückt werden:

$$IS_{jr} = a^{I}_{jir} Y_{ir} \tag{5.25}$$

Dabei bezeichnet $a_{jir}{}^{I}$ den fixen Einsatzkoeffizienten des Gutes *j* in der Produktion des Gutes *i*. Die Vorleistungsgüter fließen in die Produktion als Armington-Aggregate ein.

Aus den Produktionsbeziehungen können die Faktornachfragefunktionen abgeleitet werden. Da die Produktionsfunktion linear homogen ist, können die Faktornachfragefunktionen als Produkt des Aktivitätsniveaus und der kompensierten Nachfragefunktion (auch Hick'sche Nachfragefunktion genannt), die von Faktorpreisen und Steuern auf Produktionsfaktoren abhängig ist, ausgedrückt werden.[78] Die kompensierten Nachfragefunktionen wirken hier wie preisabhängige variable Einsatzkoeffizienten. Dieser Zusammenhang wird bei der Modelldarstellung genutzt, um die Übersichtlichkeit der Gleichungen zu erhöhen. Da Vollbeschäftigung auf Faktormärkten angenommen wird, muss auf dem Markt für den Faktor Arbeit die Arbeitsnachfrage dem starren Arbeitsangebot entsprechen (*Markträumungsbedingung für den Arbeitsmarkt*):

$$\overline{F}_{fr} = \sum_{i} a^{F}_{fir}\left(PF_{fr}, t^{F}_{fr}\right)Y_{ir} \qquad \textit{für } f{=}LAB \tag{5.26}$$

$\overline{F}$ bezeichnet das exogen gegebene Faktorangebot, a^F die kompensierte Nachfragefunktion, PF ist der Preis des Produktionsfaktors und t^F ist der Steuersatz auf den Faktoreinsatz. Der Ausdruck *f=LAB* bedeutet, dass diese Gleichung nur für den Faktor Arbeit gilt, hier abgekürzt mit *LAB*. Beim sektorspezifischen Faktor Kapital muss das fixe Angebot in jedem Sektor der Nachfrage dieses Sektors entsprechen (*Markträumungsbedingung für die Kapitalmärkte*):

$$\overline{F}_{fir} = a^{F}_{fir}\left(PF_{fir}, t^{F}_{fr}\right)Y_{ir} \qquad \textit{für } f{=}CAP \tag{5.27}$$

Ein Produzent muss seine Exportgüter in der Regel an die im Zielmarkt geltenden Produktionsstandards anpassen. Diese umfassen unter anderem technische Normen, Gesundheits- und Hygieneanforderungen sowie Sicherheitsstandards. Die erforderliche Standardisierung erhöht die Produktionskosten. Da Untersuchungen vorliegen, die diese Kosten in Abhängigkeit vom Exportwert schätzen [s. z. B. CAWLEY/DAWENPORT (1988)], wird bei der Wertschöpfung dieser zusätzliche Kostenparameter berücksichtigt. In Sektoren mit steigenden Skalenerträgen werden die Fixkosten ebenfalls als Bestandteil der Wertschöpfung modelliert. Dies impliziert, dass beide Arten der Kosten nur aus Faktorkosten bestehen. Die gesamte Wertschöpfung je Sektor (das Angebot) muss der Summe der einzelnen Komponenten (der Nachfrage) entsprechen. Neben den Standardisierungskosten und den fixen Kosten gehört

78 Zur den kompensierten Nachfragefunktionen s. z. B. VARIAN (1994), S. 105ff.

dazu die Wertschöpfungsnachfrage der Produzenten, ausgedrückt unter Verwendung der kompensierten Nachfragefunktion. Die *Markträumungsbedingung für Wertschöpfung* lautet somit:

$$V_{ir} = a^V_{ir} Y_{ir} + \sum_s a^S_{irs} M_{irs} + f_{ir} N_{ir} \qquad s \neq r \tag{5.28}$$

Dabei ist a^V die kompensierte Nachfrage der Unternehmen nach Wertschöpfung je Stück hergestelltes Gut, a^S ist der fixe Koeffizient der Standardisierungskosten je exportierter Gütereinheit, M_{irs} sind die Exporte der Region r in die Region s, f sind die Fixkosten je Unternehmen und N ist die Anzahl der Unternehmen. Die Indizes r und s bezeichnen Regionen und werden alternativ verwendet, wobei stets gilt: $s \neq r$. Das Symbol M steht für Handelsströme, so dass es je nach Index sowohl die Importe als auch die Exporte bezeichnen kann. Dabei steht an zweiter Stelle im Index die Bezeichnung für das Herkunftsland, in dem die Güter als Exporte verbucht werden und an dritter Stelle wird das Zielland festgelegt, für das sie Importe darstellen. Das Angebot an Wertschöpfung entspricht der Gleichung 5.17 mit den eingesetzten optimalen Faktornachfragen der Unternehmen (rechte Seite der Gleichungen 5.20 und 5.22).

Nach der *Nullgewinnbedingung für Wertschöpfung* dürfen die Kosten der Herstellung einer Einheit der Wertschöpfung unter Berücksichtigung der Steuern den Preis, den der Produzent für diese Einheit zahlt, nicht überschreiten. Andernfalls wäre die Produktion nicht lohnend und würde eingestellt. Es ist der duale Preisindex zu der Cobb-Douglas-Funktion aus Gleichung 5.17 und lautet:[79]

$$PV_{ir} = (1 + t^F_{fir})(\prod_f PF_{irf}^{\theta^F_{ir}}) \tag{5.29}$$

PV bezeichnet den Preis einer Einheit des Wertschöpfungsaggregates. Die *Nullgewinnbedingung des Produzenten* ist die Bedingung, dass Stückkosten (Kosten der Wertschöpfung und Kosten der Vorprodukte) den Stückerlös, der dem Preis entspricht, nicht überschreiten dürfen:[80]

$$\left(1 - t^Y_{ir}\right) PY_{ir} = a^V_{ir} PV_{ir} + \sum_j a^S_{jir} PS_{jr} \left(1 + t^{ID}_{ir}\right) \tag{5.30}$$

Dabei sind *PY* die Grenzkosten und *PS* der Preis einer Einheit des Armington-Aggregates aus heimischen und importierten Gütern. Die Markträumungsbedingungen und Nullgewinngleichungen für die Armington-Aggregate werden weiter unten in Abschnitt 5.2.5 diskutiert.

Insgesamt muss die Produktion in jedem Sektor der Summe aus Exporten und dem heimischem Angebot im Inland entsprechen:

---

79 Die Dualen Preisgleichungen werden auch Preisindizes genannt. Sie sind Stückkostenfunktionen. Zur Berechnung dieser Gleichungen im Fall der CES- oder Cobb-Douglas-Produktionsfunktion s. VARIAN (1994), S. 49ff.

80 Damit entsprechen die Grenzkosten dem Preis. Diese Gleichung ist die duale Gleichung zu 5.16.

$$Y_{ir} = D_{ir} + \sum_s M_{irs} \tag{5.31}$$

D bezeichnet den Output für den inländischen Markt und M_{irs} die Exporte der Region r (bzw. die Importe der Region s).

Der Staat geht ebenfalls einer Art Produktionstätigkeit nach. Er fragt am Markt Güter nach, um daraus das öffentliche Gut herzustellen, das von den Konsumenten nachgefragt wird. Die am Markt bezogenen Güter transformiert der Staat über eine Cobb-Douglas-Funktion in ein Aggregat, das das öffentliche Gut darstellt. Diese Produktionsfunktion lautet:

$$G_r = \Gamma_r \prod_i GS_{ir}^{\theta_{ir}^G} \tag{5.32}$$

Wobei G_r das Angebot des öffentlichen Gutes darstellt, GS die in der Produktion eingesetzten Güter, Γ den Shift- und θ^G den Anteilsparameter bezeichnet.

5.2.4 Steigende Skalenerträge und Marktstruktur

Unternehmensinterne Skalenerträge können die quantitativen und qualitativen Ergebnisse theoretischer und empirischer Außenhandelsmodelle, die von konstanten Skalenerträgen ausgehen, beeinflussen. Die Ergebnisse empirischer Untersuchungen [für einen Überblick s. z. B. PRATTEN (1988)] in einigen Sektoren legen nahe, dass steigende Skalenerträge die Kostenstruktur der Unternehmen in in bestimmten Industrien deutlich prägen. In diesen werden steigende Skalenerträge modelliert.

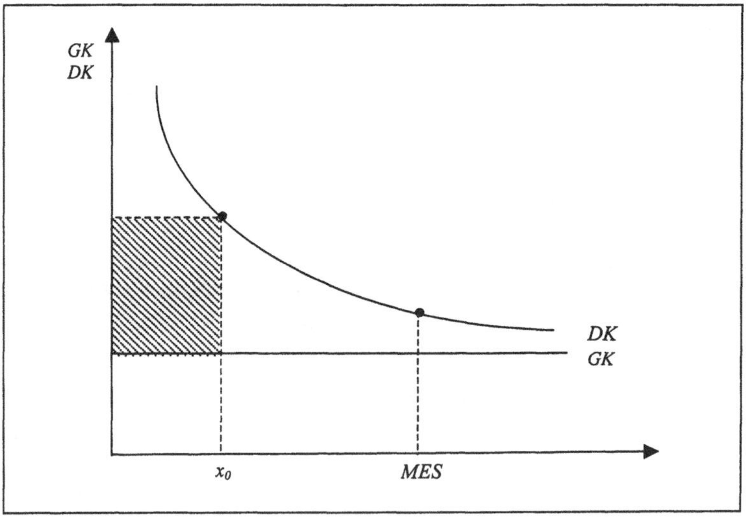

Abbildung 5-4: Die effiziente Menge bei steigenden Skalenerträgen

Quelle: eigene Darstellung

Die Annahme steigender Skalenerträge bedeutet, dass mit steigendem Output die durchschnittlichen Kosten der Produktion sinken. Eine solche Durchschnittskostenfunktion ist in Abbildung 5-4 dargestellt. Die steigenden Skalenerträge werden durch Aufteilung der Produktionskosten in eine Fixkostenkomponente, z. B. Anlageinvestitionen, und eine in Abhängigkeit von der Menge konstante Grenzkostenkomponente wie etwa Löhne modelliert. Die Durchschnittskosten betragen damit:

$$DK = FK/X + GK \qquad (5.33)$$

Wobei *DK* für Durchschnittskosten, *FK* für Fixkosten, *X* für die hergestellte Menge und *GK* für die Grenzkosten steht. Die Durchschnittskostenfunktion hat damit einen monoton abnehmenden Verlauf. Bei freiem Markteintritt umfassen die Fixkosten die Differenz zwischen Durchschnittskosten und den Grenzkosten multipliziert mit der Menge. Sie sind in Abbildung 5-4 am Beispiel der Menge x_0 durch die schattierte Fläche dargestellt. Die Anzahl der Unternehmen ist im vorliegenden Modell zwar exogen, die fixen Kosten werden jedoch so kalibriert, dass keine Gewinne anfallen. Bei einer Parameteränderung werden dann die fixen Kosten je Unternehmen ausgehend von der konstanten Anzahl der Unternehmen neu berechnet. Die fixen Kosten bestehen aus Faktorkosten in der gleichen Zusammensetzung wie die variablen Kosten. Sie sind Bestandteil der Nachfrage nach Wertschöpfung (s. Gleichung 5.11). Die Grenzkosten werden durch eine aus der Produktionsfunktion abgeleitete Kostenfunktion abgebildet, wobei die Parameter der Grenzkostenfunktion kalibriert werden.

Die Fixkosten divergieren in den einzelnen Sektoren. Da direkte ökonometrische Schätzungen der Fixkosten nicht existieren, wird bei deren Implementierung auf das Konzept des *Cost Disadvantage Ratio* (CDR) zurückgegriffen. Die CDR-Werte können aus ökonometrischen Schätzungen berechnet werden, sie sind also modellexogen und damit fix. Die Datenquellen, die Berechnungsmethode und die errechneten Werte werden im Anhang ausführlich dargestellt. Die Herleitung der CDR ist in Anhang II dargestellt.

CDR ist ein Maß für die nicht genutzten Skalenerträge [vgl. FRANCOIS/ROLAND-HOLST (1997), S. 337]:

$$CDR = \frac{DK - GK}{DK} \qquad (5.34)$$

Man erhält so einen prozentualen Wert, der den Anteil der Fixkosten je Stück an den Durchschnittskosten in Abhängigkeit von einer Standardmenge bezeichnet. Diese Standardmenge wird als prozentualer Teil der effizienten Menge (MES - *minimum efficient scale*) ausgedrückt. Die effiziente Menge wird dabei als Menge an der Stelle, an der die Durchschnittskostenkurve deutlich flacher wird, definiert (s. Abbildung 5-4). Je näher die Produktionsmenge des Unternehmens an die effiziente Menge im Sektor heranreicht, umso geringer wird der CDR-Wert sein. Durch eine Ausweitung der Produktion des Unternehmens können die Durchschnittskosten also weiter gesenkt werden.

Steigende Skalenerträge sind mit der atomistischen Marktstruktur der vollständigen Konkurrenz nicht vereinbar, da die Nachfrage effizienter durch eines oder einige wenige Unternehmen befriedigt werden kann. Da dabei in den Sektoren mit steigenden Skalenerträgen jedes Unternehmen eine Variante produziert, die nur unvollständig substituierbar ist, verfügt es über Monopolmacht auf dem Markt für seine Variante. Da mehrere Unternehmen ähnliche Varianten eines Produktes herstellen, ist die Interaktion auf dem Markt für das Produkt oligopolistisch. Dabei wird angenommen, dass die Unternehmen als Mengenanpasser agieren und keine Reaktionen der Konkurrenten bei Änderung der hergestellten Menge erwarten (Cournot-Verhalten). Weiterhin betrachten die Unternehmen die Märkte in den Regionen als segmentiert, so dass sie in den einzelnen Regionen ihre Preise in Abhängigkeit von der regionalen Nachfragestruktur bestimmen können.

Aufgrund der monopolähnlichen Stellung auf dem Markt für die jeweilige Variante können die Anbieter einen Preisaufschlag (*Markup*) auf die Grenzkosten realisieren, der von ihrer Marktmacht abhängig ist. Aus der Gewinnmaximierungsbedingung erster Ordnung kann als Preisaufschlag hergeleitet werden:[81]

$$GK = P\left(1 - \frac{1}{\varepsilon}\right) \tag{5.35}$$

mit ε als der von den Anbietern wahrgenommenen Preiselastizität der Nachfrage (*perceived demand elasticity*) nach der hergestellten Variante. Dieser Elastizität unterliegt die Annahme, dass die Unternehmen vereinfachte Erwartungen über die Gesamtnachfrage bilden [vgl. WILLENBOCKEL (2001), S. 2f.]. Bei der Berechnung der folgenden Elastizitätswerte wurde unterstellt, dass Anbieter keine Reaktion ihrer Konkurrenten auf die eigene Mengenänderung erwarten.

Aus Sicht des inländischen Unternehmens unterscheiden sich die Konkurrenzsituationen im In- und Ausland aufgrund der Unterschiede in den Elastizitäten und in der Nachfragehierarchie. Daher können für jedes inländische Unternehmen in der Region r zwei Markup-Gleichungen hergeleitet werden:[82]

Für inländische Märkte (r=r):

$$m_{rr} = \frac{1}{\sigma_{DD}} + \left(\frac{1}{\sigma_{DM}} - \frac{1}{\sigma_{DD}}\right)\frac{1}{N_r} + \left(1 - \frac{1}{\sigma_{DM}}\right)\frac{\theta_{rr}}{N_r} \tag{5.36}$$

und für Exporte ($r \neq s$):

---

[81] Die Markup-Gleichung wird ausgehend von der Gewinngleichung durch Auflösung der Bedingung erster Ordnung für das Gewinnmaximum, Erweiterung und Substitution berechnet.

[82] Die Markup-Formeln können aus den Bedingungen erster Ordnung für Gewinnmaximierung unter Berücksichtigung der verzweigten Nachfragestruktur hergeleitet werden. s. HARRISON/RUTHERFORD/TARR (1994), Anhang, S. A-12 bis A-14 und WILLENBOCKEL (2001), S. 11ff. Der Sektorindex i wird in den Markup-Formeln vernachlässigt.

$$m_{rs} = \frac{1}{\sigma_{MM}} + \left(\frac{1}{\sigma_{DM}} - \frac{1}{\sigma_{MM}}\right)\frac{\theta_{rs}}{N_r \theta_s^M} + \left(1 - \frac{1}{\sigma_{DM}}\right)\frac{\theta_{rs}}{N_r} \tag{5.37}$$

mit:

$$\theta_s^M = \sum_{r \neq s} \theta_{rs} \tag{5.38}$$

wobei θ_{rs} den Marktanteil der Unternehmen aus Region r in der Region s bezeichnet und N die Anzahl der Unternehmen. σ_{DD} ist die Substitutionselastizität zwischen den Varianten heimischer Güter, σ_{DM} ist die Substitutionselastizität zwischen heimischen Gütern und Importen und σ_{MM} ist die Substitutionselastizität zwischen Importen verschiedener Herkunft. Die hier zugrundegelegten Werte sind angelehnt an HARRISON/RUTHERFORD/TARR (1997) und lauten: $\sigma_{DD}=16$, $\sigma_{DM}=4$ und $\sigma_{MM}=8$.

Das oligopolistische Verhalten wird mit Hilfe der sog. „konjekturalen Variation" (*conjectural variation*, im Folgenden wird dieser Parameter mit Ω bezeichnet) erfasst. Dieser Parameter beschreibt die Erwartungen, die ein Unternehmen über die Reaktion der Konkurrenten auf eine Veränderung der eigenen Menge bildet. Bei einer symmetrischen Marktstruktur ist er für alle Unternehmen gleich. Er kann ausgedrückt werden als:

$$\Omega = \frac{\Delta Q}{\Delta Q_k} \tag{5.39}$$

mit Q_k als Output je Unternehmen (insgesamt sind N Unternehmen je Sektor tätig) und $Q=NQ_k$. Üblicherweise fließt dieser Parameter in die Markup-Gleichungen hinein, da die Elastizitäten funktional von Ω abhängig sind [s. WILLENBOCKEL (2001), S. 13].

Bei der Berechnung der obigen Markups wurde dieser Parameter auf Eins gesetzt, da hier zur Implementierung der konjekturalen Variation eine pragmatischere Lösung in Anlehnung an HARRISON/RUTHERFORD/TARR (1996) gewählt wurde. Danach wird in der numerischen Umsetzung der Markup mit Ω multipliziert. Anschließend wird der Wert so kalibriert, dass die mit Hilfe der exogen gegebenen Substitutionselastizitäten errechneten Markups (m_{rr} und m_{rs}) mit der im Basisdatensatz enthaltenen Differenz zwischen Preis und Grenzkosten übereinstimmen. Die so errechneten Werte repräsentieren unterschiedliche Grade an Marktmacht. Bei $\Omega=0$ sinkt der Markup auf Null und der sich einstellende Preis entspricht wie bei vollkommenem Wettbewerb den Grenzkosten. Setzt man $\Omega=1$, ist dies gleichbedeutend mit der Annahme des klassischen Cournot-Verhaltens, bei dem jedes Unternehmen annimmt, dass die Konkurrenten nicht auf die eigene Mengenänderung reagieren. Werte zwischen Null und Eins repräsentieren unterschiedliche Grade an Marktmacht. Da Ω kalibriert wird, ist die im Modell implementierte Marktmacht der Unternehmen aus den Daten gegeben und kann nicht frei bestimmt werden. Im Modell liegen die Werte für Ω je nach Sektor und Region zwischen 0,2 und 0,8.

Ein wesentlicher Kritikpunkt dieses Ansatzes ist der Mangel an mikroökonomischer Fundierung [WILLENBOCKEL (1994), S. 117]. Nach KRUGMAN (1986) ist der einzige Grund für die Verwendung des Ansatzes der Mangel an einer implementierbaren Alternative.[83] Die hier gewählte Variante der Implementierung ist auf weitere Kritik gestoßen. Wenn der kalibrierte Wert Ω theoretisch exakt die Reaktion der Konkurrenten beschreiben soll, dann ist diese Vorgehensweise nicht korrekt, wie von DE SANTIS (1999) bemerkt wurde. Weicht man jedoch von dieser exakten Definition des Ω ab, dann kann der Parameter Ω als eine Alternative zur reinen konjekturalen Variation betrachtet werden. Die Kernaspekte des oligopolistischen Verhalten können mit diesem Verfahren zutreffend erfasst werden. Diese Meinung vertritt auch WILLENBOCKEL (2001).

5.2.5 Nachfrage

In jeder Region agiert ein repräsentativer Konsument, der Produktionsfaktoren anbietet und das daraus erhaltene verfügbare Einkommen für den Konsum von Gütern und Dienstleistungen sowie die Ersparnis verwendet. Das über die Ersparnis hinausgehende Einkommen teilt er entsprechend seiner Nutzenfunktion auf den Konsum einzelner Güter auf. Der Konsument maximiert unter der Nebenbedingung der Budgetre-

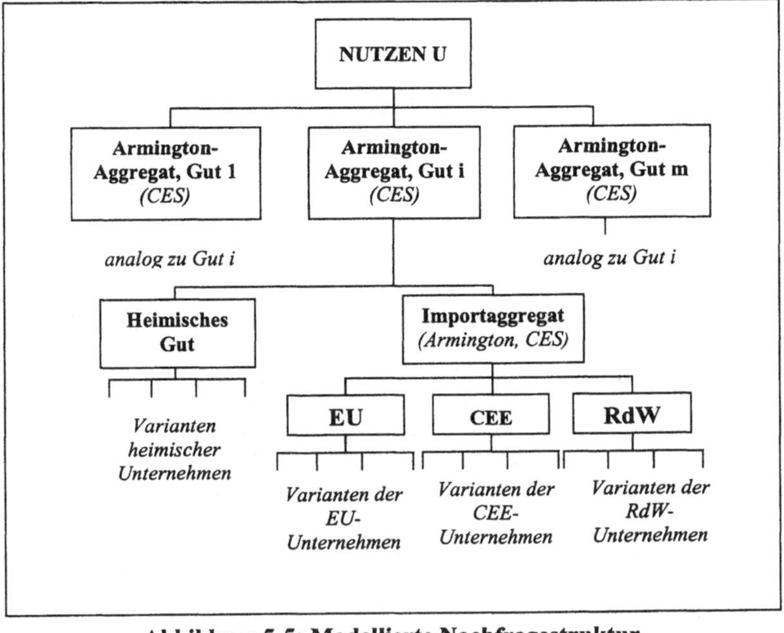

Abbildung 5-5: Modellierte Nachfragestruktur
Quelle: eigene Darstellung

83 Inzwischen sind zwar alternative Ansätze entwickelt worden, sie werden jedoch aufgrund der aufwändigen Implementierung selten eingesetzt. S. z.B. WILLENBOCKEL (1994)

striktion eine hierarchische Nutzenfunktion, deren Struktur in Abbildung 5-5 dargestellt ist.

Für die oberste Ebene werden konstante Anteile der einzelnen Güter an den gesamten Konsumausgaben (Cobb-Douglas-Funktion) angenommen:

$$U_r = \sum_i \theta_{ri}{}^C \log C_{ir} \tag{5.40}$$

Dabei bezeichnet U den Nutzen, C den Konsum und θ^C ist der Anteilsparameter. Dieser ist, wie bei Cobb-Douglas-Funktionen üblich, konstant und bezeichnet den Anteil jedes Gutes an den gesamten Konsumausgaben des repräsentativen Konsumenten. Wie aus der Nachfragestruktur in Abbildung 5-5 zu entnehmen ist, fließen in die Nutzenfunktion Armington-Aggregate aus importierten und heimischen Gütern hinein.

Die Gesamtnachfrage in einer Region muss der folgenden *Marktgleichgewichtsbedingung für den inländischen Gütermarkt* genügen:

$$S_{ir} = C_{ir} + \sum_j a^I_{ijr} Y_{jr} + T_{ir} + I_{ir} + a^G_{ir} G_r \tag{5.41}$$

Darin ist S das gesamte Angebot im Inland (Importe und heimische Produktion abzüglich der Exporte), das sich auf inländischen Konsum (C_{ir}), Vorleistungsnachfrage (ausgedrückt als Produkt der kompensierten Nachfragefunktion a^I und der Aktivität), Transportkosten (T), Investitionsnachfrage und Staatsnachfrage aufteilt. Die Staatsnachfrage ist ebenfalls als Produkt aus kompensierter Nachfrage je Stück bereitgestelltes öffentliches Gut (a^G) und der Menge des öffentlichen Gutes (G) dargestellt. Dabei muss das Konsumangebot gleich der Konsumnachfrage sein:

$$C_{ir} = \frac{\theta^C_{ir} INC_{ir}}{PS_{ir}(1 + t^C_{ir})} \tag{5.42}$$

INC bezeichnet das Einkommen des repräsentativen Konsumenten das in Gleichung 5.48 detailliert wiedergegeben ist. t^C ist die Konsumsteuer. Die Berechnung des Ausdruckes für die Konsumnachfrage kann z. B. aus VARIAN (1994) entnommen werden.

5.2.6 Außenhandelsbeziehungen

Aus den dargestellten Konsum- und Produktionsstrukturen sowie der Definition des Armington-Gutes ist bereits deutlich geworden, dass Güter und Vorleistungen in Form eines Aggregates aus Importen und heimischen Produkten nachgefragt werden.

Die Entscheidung der Nachfrager, welche Mengen heimischer und importierter Güter bezogen werden, hängt vom Preisverhältnis der beiden Güter ab. Auf jeder der beiden Hierarchiestufen bestimmen sie die optimalen Nachfragemengen der einzelnen Güter, indem sie die Kosten der „Herstellung" des Aggregates unter Berücksichtigung der unvollständigen Substituierbarkeit minimieren. Auf jeder Ebene muss der Preis des Kompositgutes den Kosten seiner Zusammenstellung entsprechen. Daher muss für das

Aggregat aus Importen und inländischer Produktion (Gleichung 5.14) die folgende Nullgewinnbedingung gelten:

$$PS = \left[\alpha_{ir}^{S} PD_{ir}^{1-\sigma_{DM}} + \left(1-\alpha_{ir}^{S}\right) PA_{ir}^{1-\sigma_{DM}}\right]^{1/(1-\sigma_{DM})} \quad (5.43)$$

Mit PS als dem Preis des aus heimischen und importierten Gütern zusammengesetzten Armington-Gutes, PD als Preis des heimischen Gutes und PA als Preis des aggregierten Importgutes im Inland. Da die Unternehmen in Sektoren, in denen steigende Skalenerträge vorliegen, einen Preisaufschlag realisieren können, gilt in diesen Sektoren:

$$PD_{ir} = \left(1+m_{irr}\right) PY_{ir} \quad (5.44)$$

m_{irr} bezeichnet den Preisaufschlag im Inland. Analog muss für das Aggregat der Importe aus verschiedenen Herkunftsländern (Gleichung 5.15) ebenfalls eine Nullgewinnbedingung erfüllt sein:

$$PA_{ir} = \left\{\sum_{s} \alpha_{irs}^{M} \left\{PM_{irs}\right\}^{1-\sigma_{MM}}\right\}^{1/(1-\sigma_{MM})} \quad (5.45)$$

In den Preis der Importe fließen auch Transportkosten sowie Export- und Importzölle als Kosten der Bereitstellung der Importe auf dem inländischen Markt ein. Hinzu kommen die Standardisierungskosten im Ursprungsland sowie - in den Sektoren mit steigenden Skalenerträgen - der Preisaufschlag auf die Grenzkosten. Die Ursache für die Berücksichtigung der Transportkosten im Importpreis ist, dass Importe in der Datenbasis als *cif*[84] und Exporte als *fob* erfasst werden. PM steht für den Preis der Importe, der sich wie folgt zusammensetzt:

$$PM_{ir} = \left[\left(PY_{is} + a_{isr}^{S} PV_{is}\right)\left(1+t_{isr}^{X}\right) + \tau_{irs} PT_{r}\right]\left(1+t_{isr}^{M}\right)\left(1+m_{isr}\right) \quad (5.46)$$

Dabei steht t^{X}_{isr} für Exportzölle bzw. Subventionen des Landes s bei Exporten in das Land r, PT ist der Preis einer Einheit der Transportdienstleistung, τ ist der kalibrierte Anteilsparameter der Transportkosten je Stück, t^{M}_{isr} drückt die Zollschranken des Landes r bei den Einfuhren aus s aus und m_{isr} steht für den in Sektoren mit steigenden Skalenerträgen realisierten Markup bei Exporten der Region s in die Region r.

Wie bereits deutlich wurde, werden im internationalen Handel Transportkosten und Kosten der Zollabfertigung berücksichtigt. Diese werden zusammen als Bestandteil des Güterpreises der gehandelten Güter modelliert und sind vom Importeur zu zahlen. Jede Einheit des importierten Gutes enthält auch den Anteil der Transportkosten, die auf dieses Gut entfallen. Da Transportkosten proportional zur Gütermenge sind, können sie durch einen konstanten Parameter als Anteil an den Importen abgebildet werden. Damit betragen die gesamten realen Transportkosten in Region r:

$$T_{ir} = \sum_{s} \tau_{irs} M_{irs} \quad (5.47)$$

84 Das Kürzel *cif* steht für *cost, insurance, freight* und bedeutet, dass alle Kosten die mit der Bereitstellung des Gutes am Zielort zusammenhängen, also Transportkosten, Versicherung, Zollabfertigung, etc. im Preis des Gutes enthalten sind. *Fob* steht für *free on board* und bedeutet, dass diese Kosten nicht im Preis des Gutes enthalten sind.

Dies ist die Markträumungsbedingung für den Markt für Transportdienstleistungen. Der Parameter τ wird aus dem Basisdatensatz kalibriert. *T* bezeichnet das Angebot an Transportgütern. Der Preis der Transportkosten (PT) entspricht dem Preis für das Armington-Aggregat aus heimischen und importierten Gütern:

$$PT_{ir}=PS_{ir} \tag{5.48}$$

5.2.7 Berücksichtigung der differenzierten Güter

In Sektoren, in denen steigende Skalenerträge vorliegen, findet zusätzlich eine Differenzierung der Produkte auf Unternehmensebene statt. Daraus ergeben sich Abweichungen bei der Modellierung des Angebots und der Nachfrage in diesen Sektoren. Die folgenden Gleichungen bestimmen das Angebot eines Gutes auf einem Markt in den Sektoren mit steigenden Skalenerträgen. Da die Unternehmen symmetrisch modelliert werden, gelten diese Gleichungen für alle.

Die CES-Aggregationsfunktion für die Varianten im Inland lautet:

$$D_{ir} = \left[\sum_k x_{kir}^{(\sigma_{DD}-1)/\sigma_{DD}} \right]^{\sigma_{DD}/(\sigma_{DD}-1)} \tag{5.49}$$

Dabei bezeichnet *x* die Menge der Variante. Analog gilt für die importierten Güter die folgende Gleichung:

$$M_{is} = \left[\sum_k x_{kis}^{(\sigma_{MM}-1)/\sigma_{MM}} \right]^{\sigma_{MM}/(\sigma_{MM}-1)} \tag{5.50}$$

Die Nullgewinnbedingung für die inländischen Varianten lautet:

$$PY_{ir} = \left(\sum_k p_{kir}^{(1-\sigma_{DD})} \right)^{1/(1-\sigma_{DD})} \tag{5.51}$$

mit PY als dem Preis des Aggregates, *p* als Preis für eine Variante und σ_{DD} als Substitutionselastizität der Varianten untereinander. Für die ausländischen Märkte gilt analog:

$$PM_{is} = \left(\sum_k p_{kis}^{(1-\sigma_{MM})} \right)^{1/(1-\sigma_{MM})} \tag{5.52}$$

Die *Marktgleichgewichtsbedingung für die Nachfrage* nach einer Variante lautet:

$$x_{kir} = \left(\frac{p_{kir}}{PM_{ir}} \right)^{\sigma_{DD}} M_{ir} \tag{5.53}$$

Die Anzahl der Unternehmen je Sektor mit steigenden Skalenerträgen ist exogen gegeben, so dass die Auswirkungen einer Veränderung der Anzahl der Varianten nach einer Parameteränderung nicht erfasst werden.

5.2.8 Die makroökonomischen Beziehungen

In dem Konstrukt des repräsentativen Konsumenten sind die privaten und die öffentlichen Nachfrager vereint. Daher beinhaltet das Einkommen des Konsumenten neben den Faktoreinkommen auch die Steuereinnahmen. Das Einkommen entspricht der Wohlfahrt des gesamten Landes. Die Ausgaben des Staates werden über alle Simulationen auf dem Niveau der Basisperiode konstant gehalten. Die ebenfalls auf dem Niveau der Basisperiode konstante Ersparnis wird vollständig für Investitionen verwendet. Das Budget des Konsumenten wird im Falle eines Budgetdefizites durch Auslandsverschuldung und bei einem Budgetüberschuss durch die Gewährung von Auslandskrediten ausgeglichen.

Die Ausgaben des repräsentativen Konsumenten in jeder Region (bezeichnet mit INC_r) entsprechen der Summe seines Einkommens, das aus den folgenden Komponenten besteht:

$$\begin{array}{ll}
INC_r = \sum PF_{fir}\overline{F}_{fir} \quad bei\ f = cap & \text{Kapitaleinkommen} \\
+ \sum PF_{fr}\overline{F}_{fr} \quad bei\ f = lab & \text{Arbeitseinkommen} \\
+ \sum t_{ir}^{Y} Y_{ir} PY_{ir} & \text{indirekte Steuern} \\
+ \sum t_{ijr}^{I} a_{ijr}^{I} Y_{jr} PS_{ir} & \text{Steuern auf Vorleistungen} \\
+ \sum t_{ir}^{G} PG_{ir} GD_{ir} & \text{Steuern auf öffentliche Güter} \\
+ \sum t_{ir}^{C} PS_{ir} C_{ir} & \text{Steuern auf Konsum} \\
+ \sum t_{irs}^{X} PX_{ir} M_{irs} & \text{Steuern auf Exporte} \\
+ \sum t_{isr}^{M} \left[PX_{is} M_{isr}\left(1 + t_{isr}^{X}\right) + PTT_{isr}\right] & \text{Importzölle} \\
- \sum PY_{ir} I_{ir} & \text{abzügl. Investitionsnachfrage} \\
- \sum PG_{ir}\left(1 + t_{ir}^{G}\right) GD_{ir} & \text{abzügl. Nachfr. nach öff. Gütern} \\
- PC_n B_r & \text{abzüglich Handelsbilanzsaldo}
\end{array} \tag{5.54}$$

Subventionen werden als negative Steuern definiert und werden vom Einkommen abgezogen. Die verwendeten Symbole können aus Tabelle 5-4 und Tabelle 5-3 entnommen werden.

Da der repräsentative Konsument die gesamte Volkswirtschaft darstellt, fließt der Handelsbilanzsaldo (B_r) in die Einkommensgleichung ein. Ein positiver bzw. negativer Handelsbilanzsaldo wird über die Gewährung bzw. die Aufnahme von Krediten an das bzw. aus dem Ausland ausgeglichen. Diese Beziehung lässt sich über zwei elementare makroökonomische Identitäten erklären. In jedem Land gilt:

$$Y = CD + I + GD + X - M \tag{5.55}$$

sowie:

$$Y = CD + S + TAX \tag{5.56}$$

Dabei steht CD für privaten Konsum, I für Investitionen, GD für den staatlichen Konsum, X für Exporte, M für Importe, S für Ersparnis und TAX für Steuern. Geht man von einem ausgeglichenen Staatsbudget ($GC = TT$) aus, kann die Beziehung zwischen der Handelsbilanz und der Ersparnis hergeleitet werden:

$$X - M = S - I \tag{5.57}$$

Daraus ist ersichtlich, dass bei einem Handelsbilanzdefizit die Ersparnis nicht ausreicht, um die heimischen Investitionen zu finanzieren, so dass es zu Nettokreditaufnahme aus dem Ausland kommt. Umgekehrt wird im Fall eines Handelsbilanzüberschusses dem Ausland Kredit gewährt.

Der Handelsbilanzsaldo im Budget des repräsentativen Konsumenten lautet:

$$B_r = \sum_{i,s} PM_{ir} M_{isr} - \sum_{i,s} PY_{ir} M_{irs} \tag{5.58}$$

Dabei werden internationale Zinszahlungen und Transfers vernachlässigt. Diese Formulierung zieht einen konstanten Wechselkurs nach sich, da Handelsbilanzungleichgewichte über Einkommensschwankungen und nicht über Wechselkursänderungen aufgefangen werden. Da weltweit die Summe der Handelsbilanzsaldi über alle Regionen gleich Null ist, gilt:

$$\sum_r B_r = 0 \tag{5.59}$$

Index/ Exponent	*Bedeutung*
i, j	Sektoren bzw. Güter
r, s	Regionen: EUR, POL, CEE, ROW
f	Produktionsfaktoren Arbeit und Kapital
k	Unternehmen
n	numméraire-Region
F	Produktionsfaktor
I	Vorleistung
V	Wertschöpfung
S	Standardisierungskosten
G	öffentliches Gut
C	Konsum
Y	Output
M	Importe
S	Armington-Gut

Tabelle 5-3: Verwendete Indizes und Exponenten

Parameter/Variable	*Bedeutung*	*exogen/endogen/kalibriert*
Y	Output	endogen
V	Wertschöpfung	endogen
AD	Aggregat der Vorleistungen	endogen
F	Menge des Produktionsfaktors	endogen
θ	Anteilsparameter	exogen
IS	Nachfrage nach dem Armington-Aggregat als Vorleistungen	endogen
PF	Preis des Produktionsfaktors	endogen

t	Steuer	exogen
$\overline{F}$	fixes Faktorangebot	exogen
a	kompensierte Nachfragefunkion	endogen
M	Importe (bei Suffix irs von r nach s)	endogen
f	Fixkosten je Unternehmen	exogen
N	Anzahl der Unternehmen	endogen
PV	Preis einer Wertschöpfungseinheit	endogen
PS	Preis des Armington-Gutes	endogen
D	inländische Nachfrage nach heimischen Gütern	endogen
U	Nutzen	endogen
C	Konsum	endogen
S	Angebot des Armington-Gutes	endogen
T	Güternachfrage zur Bereitstellung der Transportleistung	endogen
I	Investitionen	exogen
$\overline{G}$	Menge des öffentlichen Gutes	endogen
EXP	Ausgaben des Konsumenten	endogen
A	Menge des Armington-Gutes	endogen
PY	Preis des inländischen Gutes	endogen
PT	Preis der Transportdienstleistung	endogen
τ	Transportkostenkoeffizient	exogen
x	Menge einer Variante	endogen
p	Preis einer Variante	endogen
INC	Einkommen des Konsumenten	endogen
B	Handelsbilanzsaldo	endogen
PC	Konsumpreisindex	endogen
PG	Preis des öffentlichen Gutes	kalibriert
α	Anteilsparameter	kalibriert
σ_{DM}	Substitutionselastizität zwischen Importen und heimischen Gütern	exogen
σ_{MM}	Substitutionselastizität zwischen Importen verschiedenen Ursprungs und Varianten importierter Güter	exogen
σ_{DD}	Substitutionselastizität zwischen Varianten	exogen
Ω	Vermutete Variation (conjectural variation)	kalibriert
GS	Eingesetzte Güter zur Produktion des öffentlichen Gutes	endogen
Γ	Shift-Parameter bei der Produktion des öffentlichen Gutes	kalibriert

Tabelle 5-4: Modellparameter und –variablen

5.3 Die Datenbasis

Die verwendeten Daten stammen zum größten Teil aus der Datenbank des *Global Trade Analysis Project (GTAP)*, einem Konsortium, das sich der Erstellung von Datensätzen und Instrumenten zur allgemeinen Gleichgewichtsanalyse von Handelsbeziehungen widmet. Die *GTAP*-Daten umfassen für alle Regionen: Input-Output-Tabellen zur Abbildung der intersektoralen Verflechtungen, Handelsströme, tarifäre und einige nichttarifäre Handelshemmnisse, Transportkosten, makroökonomische Größen sowie Steuern und Subventionen. Die verwendete neueste Version der Datenbank GTAP5 basiert auf Daten aus dem Jahr 1997. Eine detaillierte Beschreibung des gesamten Datensatzes ist in DIMARANAN/MCDOUGALL (2002) zu finden.

Die in der GTAP-Datenbank für die EU und Polen enthaltenen Steuer- und Subventionssätze im Agrarsektor basieren auf den für das Jahr 1999 von der OECD berechneten Äquivalenten der Produktionssubventionen (*producer subsidy equivalents*). Diese enthalten: Preisstützungsmaßnahmen, Outputsubventionen, Subventionen für Vorleistungen, flächenabhängige Subventionen und Subventionen auf Produktionskapital. Diese Daten sind für die Modellierung der CAP von Bedeutung, da sie einen wesentlichen Teil des Einkommens der Landwirte in der EU darstellen.

Für das Basisszenario werden ergänzend Daten für tarifäre Handelshemmnisse und Handelsströme aus dem Jahr 1991 herangezogen, welche die für politökonomische Akteure relevanten Basisdaten darstellen. Das Jahr 1991 ist gewählt worden, da im darauffolgenden Jahr mit der Umsetzung der Europa-Abkommen begonnen wurde.

Die angewandten Zollsätze für das Jahr 1991 sind für Polen aus ZIELINSKI (1994) entnommen und unter Verwendung der Handelsströme aus dem Jahrbuch für Außenhandelsstatistik [GUS (1992)] in gewichtete Zollsätze umgerechnet worden. Danach wurden die in der HS-Klassifikation angegebenen Sektoren mit Hilfe von Korrespondenztabellen [MCDOUGALL (1996)] in die verwendeten Sektoren umgerechnet. Als bilaterale Zölle auf die polnischen Importe in die EU sind näherungsweise die in der GTAP-Datenbank enthaltenen EU-Zölle auf Produkte aus dem Rest der Welt verwendet worden [ähnlich KEUSCHNIGG/KOHLER (1999)].

5.4 Die Wahl der Parameter

Die zentralen Parameter in diesem Modell sind die Substitutionselastizität zwischen heimischen und importierten Produkten σ_{DM}, die Substitutionselastizität zwischen Importen aus verschiedenen Herkunftsländern σ_{MM} und die Substitutionselastizität zwischen den Varianten σ_{DD}. In Anlehnung an HARRISON/RUTHERFORD/TARR (1997, 1996) werden folgende Annahmen getroffen, die inzwischen zu einem Standard bei multiregionalen Modellen geworden sind: σ_{DM}=8, σ_{MM}=4 und σ_{DD}=16. Diese Werte werden anschließend einer Sensitivitätsanalyse unterzogen, die die Bedeutung dieser Substitutionselastizitäten für die Modellergebnisse offen legt.

Die meisten empirischen Schätzungen dieser Elastizitäten sind geringer als die hier angenommenen Werte [s. z.B. REINERT/ROLAND-HOLST (1992) und SHIELLS/REINERT

(1993), HARRISON/RUTHERFORD/WOOTON (1991)]. Die Wahl dieser Parameter ist jedoch gerechtfertigt, da die genannten empirischen Schätzungen von größeren Ländern ausgehen, die über eine geringere Marktmacht auf den Weltmärkten verfügen, was sich in kleineren Elastizitäten ausdrückt. Neuere Schätzungen unter Berücksichtigung der internationalen Konkurrenz deuten auf höhere Werte in kleinen Ländern hin [PANAGARIYA/SHAH/MISHRA (2001)]. Die Verwendung geringerer Parameter würde die Marktmacht Polens auf dem Weltmarkt überschätzen [ähnlich HARRISON/RUTHERFORD/TARR (1997b)].

Eng mit der Wahl der Elastizitätsparameter ist die Frage nach dem modellierten Zeitraum verbunden. Es ist anzunehmen, dass Substitutionselastizitäten mit länger werdendem Analysezeitraum steigen [s. auch HARRISON/RUTHERFORD/TARR (1997a), S. 1414]. Der hier angenommene Analysezeitraum ist relativ kurz, da es sich um eine Analyse der Anpassungskosten infolge statischer Effekte handelt. HARRISON/RUTHERFORD/TARR (1997a) wählen in einem dynamischen Modell die oben angenommenen Elastizitäten für eine längere Periode (über 10 Jahre). Aufgrund der geringeren Marktmacht Polens erscheint die Verwendung der o.g. Parameter auch bei einem kürzeren Zeitraum gerechtfertigt.

5.5 Möglichkeiten und Grenzen der CGE Modelle

Die ersten CGE-Modelle wurden in den siebziger Jahren entwickelt. Erst mit der Entwicklung der Rechnerkapazität wurde der Fortschritt in der Modellierung beschleunigt. Es handelt sich um eine relativ junge Methode, die sich noch in der Entwicklung befindet und deren Instrumente oft rudimentär sind, da sie durch die Datenverfügbarkeit, Rechnerleistung und Implementierbarkeit begrenzt sind. Die Vorteile der Modelle sind in erster Linie vor dem Hintergrund der Alternativen zu sehen. Diese sind partial- und makroökonomische Modelle.[85] Die wesentlichen Vorteile lassen sich kurz in vier Punkten zusammenfassen:

1. Die CGE-Analyse berücksichtigt explizit und systematisch in einem mikro- und makroökonomisch konsistenten Rahmen intersektorale Interdependenzen und Rückkopplungen. Damit können bei der Simulation einer wirtschaftspolitischen Maßnahme im Gegensatz zur partialökonomischen Analyse simultan die Reallokationswirkungen in allen Sektoren erfasst werden. Damit ist der Ansatz optimal zur Bestimmung der Gewinner und Verlierer wirtschaftspolitischer Maßnahmen [vgl. auch KEHOE/KEHOE (1994)] geeignet. Aufgrund dieses Aspektes kann ein CGE-Modell zur empirischen Untersuchung der Verteilungseffekte im Rahmen politökonomischer Fragestellungen verwendet werden.

---

85 Zum Vergleich von CGE-Modellen mit partialökonomischen Ansätzen vgl. auch WILLENBOCKEL (1994), S. 39ff. und zum Vergleich mit Makromodellen vgl. BREUSS (1998), S. 9f. Zu Vor- und Nachteilen der CGE-Analyse vgl. auch BANSE (1997).

2. CGE-Modelle beruhen auf einer soliden mikroökonomischen Fundierung, da das modellierte Verhalten der Akteure aus einem mikroökonomischen Optimierungskalkül resultiert.
3. Im Zusammenhang mit der Untersuchung von Integrationswirkungen ergeben sich weitere Vorteile der CGE-Analyse: (a) Die Wohlfahrts- und Verteilungswirkungen regionaler Handelsintegrationsräume sind nur empirisch eindeutig bestimmbar (vgl. Kapitel 3), (b) partialökonomische Methoden sind aufgrund der *ceteris paribus* Annahme in bezug auf die Faktorpreise und das Einkommen bei einem wirtschaftspolitischen Schock vom Ausmaß der EU-Integration problematisch, (c) gleichzeitig bieten CGE-Modelle die Möglichkeit der Einführung verschiedener Aspekte moderner Außenhandelstheorie, wie z. B. steigender Skalenerträge oder diverser Spielarten der unvollständigen Konkurrenz.
4. Obwohl die Prognoseeffizienz von CGE-Modelle nur von wenigen Autoren untersucht worden ist, haben KEHOE/KEHOE (1994) an einem Beispiel der EU-Integration Spaniens gezeigt, dass selbst einfache Modelle einen guten Erklärungswert aufweisen können.

Den vielfältigen Möglichkeiten stehen auch Nachteile gegenüber, die in erster Linie aus der numerischen Implementierung resultieren:

1. Zur Konstruktion des Datensatzes werden Input-Output-Tabellen benötigt, die von den statistischen Ämtern mit zeitlicher Verzögerung von einigen Jahren publiziert werden, so dass oft mit einem veralteten oder extrapolierten Datensatz gearbeitet wird.
2. Die Tatsache, dass für einige zentrale Elastizitäten auf exogene Schätzungen zurückgegriffen werden muss, resultiert in einer offenkundigen Schwäche des Ansatzes. Wenn solche Schätzungen für die betrachteten Länder existieren, sind sie oft nicht eindeutig. Da eine große Abhängigkeit der quantitativen Ergebnisse von der Qualität der exogen geschätzten Parameter zu vermuten ist, sind diese Werte mit Vorsicht auszuwählen. In symmetrischen multi-regionalen Modellen kommt eine zusätzliche Schwierigkeit hinzu, da die Elastizitäten für alle Regionen gleichermaßen plausibel sein müssen. Um die Bedeutung der Parameter offen zu legen, werden Sensitivitätsanalysen mit den zentralen Elastizitäten (Elastizitäten der Importnachfrage) durchgeführt.
3. Insgesamt basiert die Modellstruktur oft auf starren Annahmen. Nur in fortgeschrittenen Modellen gehen die verwendeten funktionalen Formen über die einfache CES-Form hinaus.

Vor dem Hintergrund der genannten Schwächen der CGE-Modelle stellt sich die Frage nach den Grenzen der vorliegenden Analyse. CGE-Modelle können keine exakten Prognosen und keine starren „Rezepte“ für eine optimale Wirtschaftspolitik bieten. Es ist nicht Ziel der Arbeit, den gesamten EU-Integrationsprozess abzubilden und die exakten Wirkungen zu prognostizieren. Das CGE-Modell dient hier der ökonomischen

Analyse ausgewählter Aspekte der Integration am konkreten Beispiel der EU-Integration Polens. Im vorliegenden Kontext soll das Modell auf Grundlage der in Kapitel 4 dargelegten theoretischen Analyse mögliche Auswirkungen ausgewählter handelspolitischer Maßnahmen für den konkreten Fall Polens transparent machen. Im Vergleich zu einer theoretischen Analyse erlaubt das Modell eine realistischere Abbildung des institutionellen Rahmens, so dass eine größere Breite der Auswirkungen berücksichtigt werden kann und Anhaltspunkte für deren Größenordnung gegeben werden können.

Die behandelten Aspekte umfassen die Handelpolitik bei einer graduellen Strategie. Handelspolitische Maßnahmen beeinflussen die Güterpreise und damit auch das Einkommen der privaten Haushalte. In einer politökonomischen Analyse sind Änderungen des realen Einkommens der Akteure von grundlegender Bedeutung. Umfassen die exogenen handelpolitischen Veränderungen ein ganzes Maßnahmenpaket, können die realen Einkommensänderungen der Akteure nur in einem allgemeinen Gleichgewichtsmodell in angemessener Form berücksichtigt werden.

6 DER BEITRITTSPROZESS POLENS AUS POLITÖKONOMISCHER SICHT – SIMULATION MIT EINEM CGE-MODELL

Die Simulation mit einem CGE-Modell erlaubt ansatzweise eine Quantifizierung der Wohlfahrt und der politökonomischen Einflussgrößen im Fall des EU-Beitritts Polens und die Bewertung des Prozesses im Hinblick auf die politische Optimalität der gewählten Sequenz der Reformschritte. Obwohl aus der Analyse keine genauen Prognosen abgeleitet werden können, kann die Analyse Aufschluß über relative Größenordnungen geben, und so zum besseren Verständnis der politökonomischen Prozesse beitragen.

6.1 Wirkungskanäle der Mitgliedschaft in der EU

Die Integrationstiefe der Europäischen Union geht weit über die reine Handelsliberalisierung hinaus. Die große Anzahl der auf EU-Ebene gemeinschaftlich umgesetzten Bereiche der Wirtschaftspolitik und die Tiefe der Vergemeinschaftung innerhalb der einzelnen Politiken erfordern von den Beitrittskandidaten vielfältige und tiefgreifende Veränderungen. Die stärksten Wirkungen auf die polnische Volkswirtschaft werden von zwei Maßnahmen erwartet: dem Zollabbau und dem Beitritt zum Binnenmarkt.

6.1.1 Präferentieller Abbau tarifärer und nichttarifärer Handelshemmnisse und Übernahme des gemeinsamen Außenzolls

Auf handelspolitischer Ebene bildet Polen im Zuge der EU-Integration mit der EU und den übrigen gleichzeitig beitretenden MOEL[86] eine Zollunion. Dies geht mit dem Abbau der bilateralen Zölle zwischen der EU, den übrigen Beitrittskandidaten und Polen sowie der Übernahme des gemeinsamen Außenzolls der EU gegenüber Drittstaaten einher. Die durchschnittlichen Zollsätze, die polnische Ex- und Importe betreffen, sind in Tabelle 6-1 wiedergegeben.

Im Zuge der Integration entfallen in Polen Zollsätze auf Importe aus der EU (20%), die mit ca. 60% der Gesamtimporte Polens die wichtigste Importregion ist. Auch auf die Importe aus den MOEL, die lediglich einen Anteil von 5% erreichen, entfällt der Zoll, der 14,9% beträgt.

	EU	*MOEL*	*Rest der Welt*		
	vor	*vor*	*vor*	*nach*	*Differenz*
Durchschnittliche Zölle auf polnische Exporte	*4,5%*	*10,7%*	*9,1%*	*9,2%*	*0,1%*
Durchschnittliche Zölle auf polnische Importe	*20,0%*	*14,9%*	*10,7%*	*4,5%*	*-6,2%*

Tabelle 6-1: Durchschnitte der angewandten Zölle in Polen und in der EU vor und nach der Integration.

Quelle: s. Tabellen 6-6 und 6-7 sowie Abschnitt. 5.3

86 Vereinfachend werden hier alle beitretenden Länder als MOEL bezeichnet.

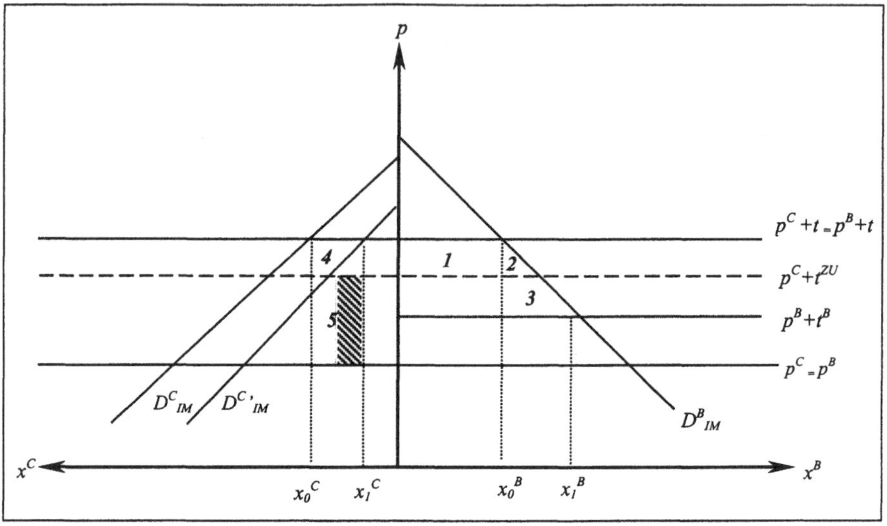

Abbildung 6-1: Effekte einer Zollpräferenz im Modell mit differenzierten Gütern.

Quelle: Bhagwati/Panangariya (1996), S. 23, modifiziert.

Die Einräumung regionaler Zollpräferenzen ist mit vielfältigen Effekten verbunden, die in der Literatur als Theorie der Handelsintegration bekannt sind. Aus den veränderten Handelsströmen, die eine Reallokation der Produktionsfaktoren verursachen, resultieren kurzfristig statische Effekte. Mittelfristig ergeben sich zusätzlich wettbewerbsfördernde Effekte, die aus einer besseren Ausnutzung der Skalenerträge aufgrund der veränderten Marktgröße resultieren. Daneben wirken langfristig dynamische Wachstumseffekte, die aufgrund des kurzen Zeithorizontes der Akteure für politökonomische Fragestellungen von untergeordneter Bedeutung sind.[87]

Die potentiellen statischen Wirkungen der einseitigen präferentiellen Handelsliberalisierung können anhand von Abbildung 6-1 erläutert werden. Die Darstellung ist an BHAGWATI/PANANGARIYA (1996) angelehnt und geht von nach Regionen differenzierten Gütern (Armington-Annahme) aus, nähert sich damit also dem Rahmen des CGE-Modells an. In dem partialökonomischen Ansatz, der Substitutionsbeziehungen berücksichtigt, werden die den Integrationswirkungen in einem allgemeinen Gleichgewichtsmodell unterliegenden Zusammenhänge deutlich. Angenommen werden drei Produkte a, b und c, die jeweils von den drei Ländern A, B, und C exportiert werden und unvollständige Substitute sind. In Abbildung 6-1 sind die Importnachfragen nach den Gütern b (rechte Seite) und c (linke Seite) aus Sicht des Landes A in den Kurven

---

[87] Einen Überblick über die theoretischen Arbeiten über dynamische Effkete der Integration bietet z. B. WALZ (1997), die dynamischen Effekte der Integration Polens in die EU untersucht in einem CGE-Modell Piazolo (1999).

D^B_{IM} und D^C_{IM} wiedergegeben. Im Ausgangsgleichgewicht werden Güter b und c auf dem Weltmarkt zum Preis p^B und p^C gehandelt und das Land A verhängt einen Zoll t auf Produkte aus beiden Ländern. In Land A setzt sich der Preis $p^B+t=p^C+t$ für beide Güter durch.

Eine präferentielle Liberalisierung gegenüber dem Land B führt zur Absenkung des Zolls auf Produkte aus dem Land B auf t^B. Importe aus dem Land B steigen um x_1^B-x_0^B und im Land A verändern sich die Zolleinnahmen um die Fläche *3-1*. Gleichzeitig steigt die Konsumentenrente um die Fläche *1+2*. Infolge der Handelsschaffung ergibt damit sich ein Netto-Wohlfahrtsgewinn von *2+3*. Da die Produkte b und c unvollständige Substitute sind, wird eine Preissenkung bei Gut b einen Nachfragerückgang nach Gut c verursachen, wodurch sich die Nachfragekurve für c, D^C_{IM}, nach unten auf $D^{C\,\prime}_{IM}$ verschiebt.[88] Infolgedessen entgehen dem Land A Zolleinnahmen für das Produkt c im Umfang der Flächen *4+5* (Handelsumlenkung). Die relative Größe der beiden Flächen, des Rechtecks *4+5* und des Vierecks *2+3*, entscheidet darüber, ob die präferentielle Handelsliberalisierung mit positiven oder negativen Effekten verbunden ist. Der Gesamteffekt bei einer vollständigen präferentiellen Liberalisierung ist *ex ante* nicht bestimmbar. Mit steigender Präferenz (d. h. je stärker t_B gesenkt wird) wird die Wohlfahrt erst abnehmen und dann zunehmen. Denn mit sequentieller präferentieller Liberalisierung wird der Wohlfahrtszuwachs immer kleiner (Viereck *2+3*), während die Veränderung des Wohlfahrtsverlustes gleich bleibt (Rechteck *4+5*). Dies sei näher erläutert. Wird in der Ausgangssituation der Zoll auf das Gut b infinitesimal gesenkt, erhöht sich die Wohlfahrt durch die Handelsschaffung näherungsweise um ein Rechteck mit der Höhe t und der Basis in Höhe der Mengenausweitung. Gleichzeitig verringern sich die Zolleinnahmen für das Gut c, ebenfalls um ein Rechteck mit der Höhe t, jedoch einer geringeren Basis, da nur ein Teil der Güter aus C substituiert wird. Mit zunehmender präferentieller Liberalisierung sinken die bei jedem Schritt realisierten Wohlfahrtsgewinne während die Wohlfahrtsverluste gleich bleiben.

Wesentlicher Einfluss auf die Wohlfahrtsveränderung geht von der Substitutionselastizität zwischen den importierten Gütern aus. Das Rechteck *4+5* ist umso größer, je stärker die Nachfrageverschiebung ausfällt. Sind die Güter b und c enge Substitute, dann wird der Nachfragerückgang nach c bei einer Preissenkung des Gutes b stark ausfallen. Je größer also σ_{MM} ist, umso stärker werden der Handelsumlenkungseffekt und damit auch die negativen Wohlfahrtseffekte ins Gewicht fallen.

Neben der Gewährung der Zollpräferenzen ist Polen beim Beitritt verpflichtet, den Gemeinsamen Außenzoll der Europäischen Union zu übernehmen. Dadurch sinkt der Zoll auf polnische Importe aus Drittländern um durchschnittlich 6,2% (s. Tabelle 6-1, S. 117). Der sinkende Außenzoll führt zu einer Abschwächung des Handelsumlenkungseffektes und der Verstärkung des Außenhandels mit Drittländern, was positive Wohlfahrtseffekte nach sich zieht. In der Abbildung 6-1 verschiebt sich zunächst das preiselastische Angebot der Drittländer um die Zollsenkung auf p^C+t^{ZU}

---

88 Je größer die Substitutionselastizität zwischen den heimischen und den importierten Gütern (σ_{DM}), umso stärker der Nachfragerückgang und umso stärker die Verschiebung der Kurve.

nach unten. Die Nachfrage nach den Drittlandsimporten steigt und der Wohlfahrtsverlust aus der Handelsumlenkung verringert sich von der Fläche *4+5* auf die Größe des schattierten Rechtecks.

Gleichzeitig erhält Polen zollfreien Markzugang zu den Märkten der EU und der MOEL, in die ca. 65% der polnischen Exporte fließen. Die Größe des Marktes und seine Bedeutung für die polnischen Exporteure lassen trotz der nur geringen Zollpräferenz Wohlfahrtseffekte trotz des mit durchschnittlich 4,5% geringen Ausgangszolls erwarten. Zu erwarten ist hier in erster Linie ein Exportanstieg bei Agrargütern. Der verbesserte Marktzugang zu den Partnermärkten generiert positive Wohlfahrtseffekte für die am Integrationsraum beteiligten Länder, die über Wirkungen der einseitigen Liberalisierung hinausgehen [WONNACOTT/WONNACOTT (1981)]. Dieser Zusammenhang sei anhand von Abbildung 6-2 näher erläutert. Ausgehend von einer Situation mit zwei homogenen Gütern a und b und drei Ländern A, B und C bilden das kleine Land A und das große Land B einen Integrationsraum. Das Land B hat einen komparativen Kostenvorteil bei der Herstellung von Gut a und das Land B bei Gut b. Die Situation ist in Abbildung 6-2 dargestellt, in den Verläufen der Tranformationskurven Die Märkte des großen Drittlandes C sind durch Zölle oder

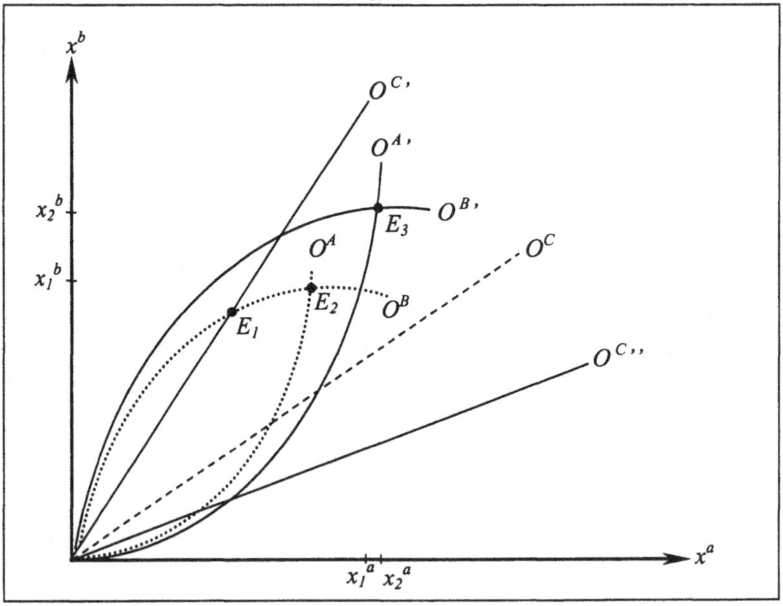

Abbildung 6-2: Wirkungen für die Zollunionsmitglieder
Quelle: Wonnacott/Wonnacott (1981), S. 708, modifiziert.

Transportkosten gekennzeichnet, wodurch die Tauschkurve von C, die Gerade O^C, für die Länder nicht erreichbar ist. Aus Sicht des Landes A, das Gut a exportieren möchte, gilt die Gerade $O^{C''}$ als Tauschkurve und aus Sicht des Landes B die Gerade $O^{C'}$. Vor

Bildung des Integrationsraumes findet ein Austausch zwischen A und B in Punkt E_1 statt, da in dieser Situation der Handel mit Land C vergleichsweise nicht lohnend ist.[89] Führt Land A eine präferentielle Handelsliberalisierung für Güter aus Land B durch, dann verschiebt sich seine Tauschkurve von O^A auf $O^{A'}$. Damit können beide Länder durch Austausch Punkt E_2 erreichen, Land A importiert die Menge x_1^b im Austausch für x_1^a. Für das Land A verschlechtern sich damit die Terms of Trade gegenüber Land B, es stellt sich also schlechter. Liberalisiert im Gegenzug auch das Land B seine Märkte für die Produkte aus A, dann verschiebt sich die Tauschkurve des Landes B von O^B auf $O^{B'}$ Land A kann dann für etwa die gleiche Menge an Exporten (x_2^a) deutlich mehr - und zwar x_2^b - von Gut b importieren (Punkt E_3) Dies entspricht einer Verbesserung der bilateralen Terms of Trade zwischen den beiden Ländern aus Sicht von Land A im Vergleich zu Punkt E_2. Im neuen Gleichgewicht stellen sich beide Länder besser, da das Handelsvolumen insgesamt gestiegen ist.[90] Diese Ergebnisse können auch für eine handelsumlenkende Zollunion hergeleitet werden [WONNACOTT/WONNACOTT (1981)].

Die Verwendung der Armington-Annahme impliziert, dass jedes Land als Monopolist für die hergestellte Produktvariante agiert, so dass nicht von konstanten Preisen (Annahme des kleinen Landes) ausgegangen werden kann. Zusätzlich zu den statischen Wohlfahrtseffekten unter Annahme konstanter internationaler Preise treten also Veränderungen der Terms of Trade auf. MUNDELL (1964) leitete die Effekte der Integration auf die Terms of Trade bei drei Gütern ab. In diesem Modellrahmen, der CGE-Modellen nahe kommt, zeigt er, dass die einseitige präferentielle Handelsliberalisierung eines Landes die Terms of Trade des Partnerlandes gegenüber dem liberalisierenden Land und dem Rest der Welt verbessert. Dies bedeutet, dass das liberalisierende Land eine Verschlechterung der Terms of Trade gegenüber dem Partnerland hinnehmen muss. Der Effekt auf die Terms of Trade dieses Landes gegenüber dem Rest der Welt ist nicht eindeutig. Die Verbesserung der Terms of Trade des Partnerlandes ist größer, je größer die gewährte Zollpräferenz ist. Daraus kann gefolgert werden, dass die Wohlfahrtsgewinne positiv mit der Höhe des Zollsatzes vor Bildung der Zollunion korreliert sind. Daher wird ein Hochzollland, das eine Integrationszone mit einem Niedrigzollland bildet durch diese wahrscheinlich verlieren. Insgesamt kann die Verschlechterung der Terms of Trade des liberalisierenden Landes gegenüber dem Partnerland Wohlfahrtsverluste nach sich ziehen, die über diejenigen aus der Handelsumlenkung hinausgehen [BHAGWATI/PANANGARIYA (1996), S. 41].

Aufgrund des höheren Ausgangszollsatzes gewährt Polen also eine höhere Präferenzmarge als es für die eigenen Exporte erhält, so dass eine Verschlechterung der Terms of Trade in Polen zu erwarten ist. Zusammen mit den Zollsenkungen gegenüber Drittländern ist die Reduktion der Handelsbarrieren auf Importe erheblich. Nichttari-

---

89 Beim Austausch mit Land C könnte Land B maximal Mengen tauschen, die dem Schnittpunkt der Kurven $O^{C''}$ und O^A entsprechen.

90 Da die beiden Länder aus einer einseitigen präferentiellen Liberalisierung keine Vorteile realisieren können, aber kollektiv an dem Abkommen interessiert sind, ist der Integrationsraum nur bei gleichzeitiger gegenseitiger Gewährung der Präferenzen durchsetzbar.

färe Handelshemmnisse werden ebenfalls nach der EU-Integration abgeschafft. Da Daten für die betroffenen Länder nicht erhältlich sind, werden sie – bis auf die technischen Handelsbarrieren - in den Simulationen nicht berücksichtigt.

Die Annahme vollständiger Konkurrenz und konstanter Skalenerträge vernachlässigt die empirisch beobachteten und theoretisch untersuchten Verbindungen zwischen internationalem Handel und Wettbewerb [s. MARKUSEN ET AL. (1995)]. Verfügen Produzenten differenzierter Güter über Marktmacht infolge unternehmensinterner steigender Skalenerträge, können sie Preise erzielen, die ihre Grenzkosten übersteigen. Bei freiem Markteintritt entspricht der Preis den Durchschnittskosten. Werden Märkte integriert, verlieren inländische Produzenten im Inland Marktanteile und gewinnen Marktanteile im Ausland hinzu. Überwiegt wie in unserem Fall der Verlust der Marktanteile dann sinken durch den gestiegenen Wettbewerb die Markups und Unternehmen, die mit den höchsten Durchschnittskosten produzieren, sind gezwungen, aus dem Markt auszuscheiden. Dieser Fall ist in in Abildung 6-3 dargestellt, wobei die Kurve *DK* die Durchschnittskosten und die Kurve *GK* die Grenzkosten bezeichnet. Die verbleibenden Unternehmen weiten mittelfristig die Produktionsmenge von x_0 auf x_1 aus. Dies ermöglicht ihnen, mit geringeren Durchschnittskosten zu produzieren, d. h. zum geringeren Preis p_1. Dies ist der

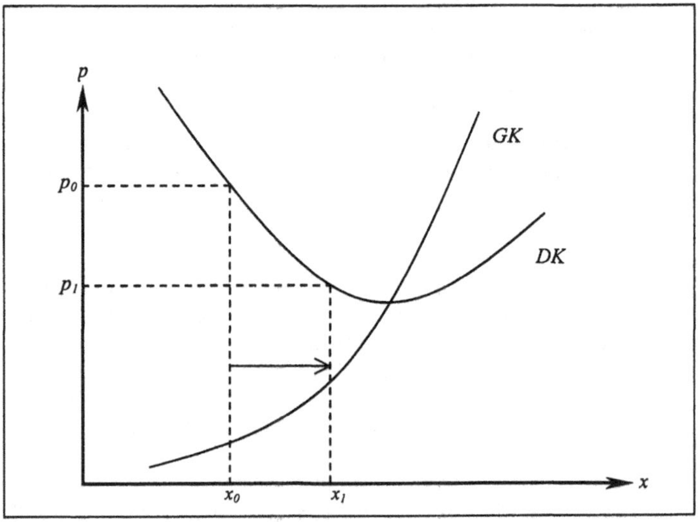

Abbildung 6-3: Der wettbewerbsfördernde Effekt der Marktintegration
Quelle: eigene Darstellung

wettbewerbsfördernde Effekt (*pro-competitive effect*) des Außenhandels [MARKUSEN (1981)], der aufgrund der sinkenden Preise mit Wohlfahrtsgewinnen für die Konsumenten verbunden ist. Haben Konsumenten eine Präferenz für Produktvielfalt, dann können sie aus dem höheren Angebot an Varianten in einem Integrationsraum zusätzlichen Nutzen ziehen [S. Z. B. DRUD HANSEN/ULF-MØLLER NIELSEN (1997), S. 37ff.]

6.1.2 Teilnahme am Binnenmarkt der EU

Ein wesentlicher Aspekt des EU-Beitritts Polens ist die Teilnahme am Binnenmarkt. Diese verpflichtet Polen, die in der EU geltenden Produktions- und Produktstandards anzuwenden. Deren Anwendung verändert die Eigenschaften der hergestellten Produkte. Unter gleichen Produkt- und Produktionsstandards hergestellte Güter sind besser substituierbar und zeichnen sich damit durch eine höhere Substitutionselastizität aus [HARRISON/RUTHERFORD/TARR (1994)].

HARRISON/RUTHERFORD/TARR (1996) folgend wird daher die Teilnahme am Binnenmarkt über eine Veränderung der Nachfragehierarchie modelliert. Mit dem Beitritt zur EU betrachten polnische Nachfrager die in der EU und den MOEL hergestellten Güter als engere Substitute zur heimischen Produktion. Diese fließen nach der Integration direkt in das heimische Güteraggregat *DC* ein. Dies wird aus einem Vergleich der Nachfragestruktur in Abbildung 5-3 in Kapitel 5 mit derjenigen in Abbildung 6-4 deutlich.

Die wesentlichen Effekte der steigenden Skalenerträge werden verstärkt von den Effekten der verbesserten Substituierbarkeit. Die wichtigsten Variablen können wieder in einem partialökonomischen Rahmen am Beispiel der Exporte in einen Markt erläutert werden. Abweichend vom allgemeinen Gleichgewicht wird von einer Konstanz der Kosten ausgegangen. Dies kann beispielsweise der Markt für polnische Exporte in der

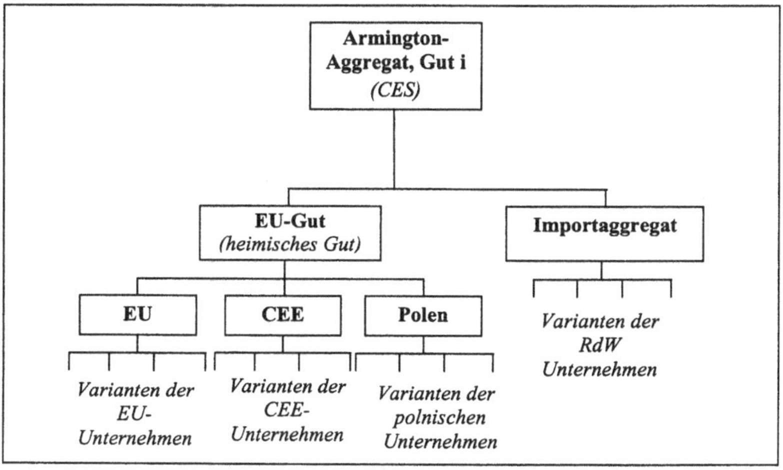

Abbildung 6-4: Struktur des Armington-Aggregates in Polen nach der Integration in die EU

Quelle: eigene Darstellung

EU sein. Der Fall ist in Abbildung 6-5, dargestellt. Darin ist der Markt für die Produkte einer Unternehmung dargestellt, die unter konstanten Grenzkosten (GK) und sinkenden Durchschnittskosten (DK) produziert. Im Ausgangszustand stellt diese die Menge x_0 her, da sie sich der Nachfragekurve $D^N{}_0$ gegenübersieht. Da freier Markteintritt angenommen wird, entspricht die Fläche 1+2 den Fixkosten. Im partialökonomischen Rahmen wird die Erhöhung der Substitutionselastizität über eine Drehung der Nachfragekurve nach $D^N{}_1$ modelliert. Damit steigt die optimale Angebotsmenge jeder Unternehmung auf x_1 und der Preis sinkt auf p_1. Ein Teil der Unternehmen scheidet bei sinkenden Markups aus dem Markt aus. Die Preissenkung entspricht der Senkung des Markups.

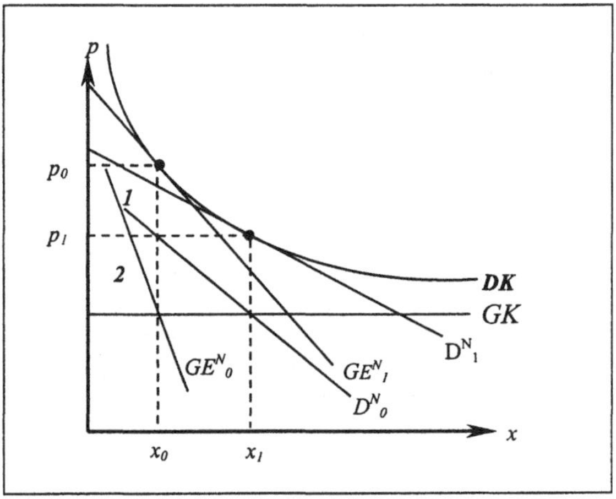

Abbildung 6-5: Wohlfahrtsgewinne infolge verbesserter Substituierbarkeit

Quelle: Harrison/Rutherford/Tarr (1997), S. 355, modifiziert.

Durch die Preissenkung entstehen Wohlfahrtseffekte für die Konsumenten im Zielmarkt zum einen durch die effizientere Allokation der Resourcen (enspricht den Harberger-Dreiecken) und zum anderen durch die geringeren Produktionskosten, die aus einer besseren Ausnutzung der Fixkosten resultieren.

Nach der Integration verändert sich die Nachfragestruktur und damit auch die Markups. Die erweiterte EU wird wie die inländischen Märkte behandelt. Die Substituierbarkeit der EU-Güter untereinander wird nun durch die Elastiztät σ_{DD} ausgedrückt. Damit verändert sich der Markup für die polnischen Unternehmen wie folgt (zur Berechnung der Markup-Formel s. Anhang III):

$$m^{EU}{}_{irs} = \frac{1}{\sigma_{DD}} + \left(\frac{1}{\sigma_{DM}} - \frac{1}{\sigma_{DD}}\right)\frac{\theta_{irs}}{N_{ir}\theta_{is}^{EU}} + \left(1 - \frac{1}{\sigma_{DM}}\right)\frac{\theta_{irs}}{N_{ir}} \tag{6.1}$$

wobei $\theta_{is}^{EU} = \sum_{r \in EU} \theta_{irs}$

Der Preisaufschlag für die Exporte in den Rest der Welt verändert sich nicht. Für die polnischen Unternehmen bedeutet die Integration in die EU eine Veränderung des Markups auf die in die EU und in die MOEL exportierten Güter. Eine Verringerung des Markups auf das polnische Angebot in der EU führt zu zunehmenden EU-Exporten Polens, da deren Preis sinkt. Nach der Integration ergibt sich die folgende Veränderung des Preisaufschlages für die Exporte in die erweiterte EU:

$$m^{EU}{}_{rs} - m_{rs} = \left(\frac{1}{\sigma_{DD}} - \frac{1}{\sigma_{MM}}\right) + \frac{\theta_{rs}}{N_r}\left[\frac{1}{\theta_s^{EU}}\left(\frac{1}{\sigma_{DM}} - \frac{1}{\sigma_{DD}}\right) - \frac{1}{\theta_s^{M}}\left(\frac{1}{\sigma_{DM}} - \frac{1}{\sigma_{MM}}\right)\right] \tag{6.2}$$

Setzt man in diese Formel die exogen gegebenen Elastizitäten ein, dann erhält man:

$$m_{rs}^{EU} - m_{rs} = -\frac{1}{16} + \frac{1}{8}\frac{\theta_{rs}}{N_r}\left(\frac{1}{\theta_r^{EU}} - \frac{1}{\theta_s^{M}}\right) \tag{6.3}$$

Der zweite Term des Ausdruckes ist positiv, er wird jedoch den ersten Term kaum überkompensieren können, da der Klammerausdruck mit einem sehr kleinen Wert multipliziert wird. Der Anteil inländischer Unternehmen am ausländischen Markt, θ_{rs}, liegt deutlich unter Eins. Dies wird klar, wenn man sich verdeutlicht, dass es beispielsweise der Anteil polnischer Firmen auf dem EU-Markt sein könnte. Zusätzlich wird dieser Wert durch die Anzahl der inländischen Firmen dividiert. Da der Gesamtausdruck negativ ist, werden die Markups auf die jeweils bilateralen Handelsströme zwischen der EU, den MOEL und Polen fallen.

Der Beitritt Polens zum Binnenmarkt der Europäischen Union äußert sich in zwei weiteren Effekten: der Verringerung der Grenzüberschreitungskosten und der technischen Handelsbarrieren. Die ersteren umfassen alle Kosten des Transportes, der Lagerung im Rahmen der Abfertigung, der Erledigung der Zollformalitäten etc. Es ist eines der Ziele des Binnenmarktes, diese Kosten durch Vereinfachung der Zollformalitäten zu senken. CAWLEY/DAVENPORT (1988) schätzten die Grenzüberschreitungskosten bei Exporten in EU-Mitgliedsstaaten auf durchschnittlich ca. 1,7% der gesamten Produktionskosten.[91] Dieser Wert ist wiederholt in CGE-Modellen zur Quantifizierung der Binnenmarktwirkungen verwendet worden [HOFFMANN (1998), HARRISON/RUTHERFORD/TARR (1996)] und kann auch für die Kosten der Exporte der Beitrittsländer in die EU angenommen werden [ähnlich PIAZOLO (2000)]. Diese Kosten werden als Bestandteil der Transportkosten modelliert.

Technische Handelsbarrieren entstehen, wenn Exportgüter angepasst werden müssen, um zum Verkauf im Zielland zugelassen zu werden. Dazu gehören in erster Linie die Kosten der Prüfung des Produktes sowie die Kosten der Herstellung abweichender, weil z. B. qualitativ hochwertigerer Produktvarianten. Da im Rahmen des Binnen-

91 Zur Berechnung des Durchschnittes vgl. HARRISON/RUTHERFORD/TARR (1994).

marktprogramms die Harmonisierung oder gegenseitige Anerkennung der Normen und Standards vereinbart worden sind, entfallen nach dem EU-Beitritt grundsätzlich die Standardisierungskosten.[92]

Die Standardisierungskosten fließen als zusätzliche konstante Produktionskosten je Einheit Exportgut in die Wertschöpfung ein. Im Folgenden wird die inzwischen zum Standard avancierte Annahme gewählt, dass die Senkung der Grenzüberschreitungskosten und Standardisierungskosten im Rahmen des Binnenmarktprogrammes zusammen 2,5% des Produktionswertes erreichen [s. auch HARRISON/RUTHERFORD/TARR (1994), S. 8]. Zieht man von diesem Wert die bereits bekannten 1,7% für Grenzüberschreitungskosten ab, ergeben sich 0,8% des Produktionswertes als geschätzte Standardisierungskosten. Im Vergleich zu anderen CGE-Modellen zur Osterweiterung und zu den Wirkungen des Binnenmarktes rangiert diese Annahme am unteren Rand der Werteskala und stellt daher eine vorsichtige Schätzung der Binnenmarktwirkungen dar.[93] Die oben genannten Werte wurden für Länder der Europäischen Union geschätzt. Die Autoren nehmen meist an, dass osteuropäische Produkte qualitativ minderwertiger sind, und daher die Standardisierung einen größeren Anteil an den Produktionskosten hat. Untersuchungen haben jedoch ergeben, dass nur ca. 34% der polnischen Exporte in die EU Harmonisierungsverfahren durchlaufen oder an neue nationale Standards angepasst werden müssen [BRENTON/SHEEHY/VANCAUTEREN (2001)]. Zur Berücksichtigung dieser Ergebnisse wird der geringste Wert der in anderen Studien verwendeten Spanne implementiert. Die Teilnahme am Binnenmarkt wird in Form von zwei Maßnahmen berücksichtigt: die Reduktion der Transportkosten zwischen der EU und Polen um 1,7% des Produktionswertes der gehandelten Güter stellvertretend für die sinkenden Grenzüberschreitungskosten und die Abschaffung der zusätzlichen Standardisierungskosten in Höhe 0,8% des Exportwertes als Näherungswert für die sinkenden technischen Handelsbarrieren.

Die Reduktion technischer Handelsbarrieren hat ähnliche Effekte wie die Reduktion der tarifären Handelsschranken zur Folge. Bei der Handelsumlenkung tritt die negative Wirkung der entfallenden Zolleinnahmen jedoch nicht ein, da diese in der Ausgangssituation nicht anfallen. Somit ist die Abschaffung der technischen Handelsbarrieren stets mit positiven Wohlfahrtseffekten verbunden.

Diese Modellierung der entfallenden Standardisierungskosten abstrahiert von der Tatsache, dass die Angleichung der technischen Produktstandards in der EU auf drei verschiedenen Wegen geschieht. Einige nationale Standards werden anerkannt und die

---

[92] Ähnlich gehen auch andere Autoren von CGE-Modellen vor: BALDWIN (1997), KEUSCHNIGG/KOHLER (1999), HARRISON/RUTERHFORD/TARR(1996), PIAZOLO (2000)

[93] BALDWIN/FRANCOIS/PORTES (1997) gehen zum Beispiel von 10% Reduktion der Grenzkosten für beitretende Länder aus, während GASIOREK/SMITH/VENABLES (1992) für die Untersuchung der Auswirkungen der Bildung des Binnenmarktes in der EU, sektoral divergierende Werte zwischen 0,566% und 10% annehmen. KEUSCHNIGG/KOHLER (1999) nehmen für die fortgeschrittenen Beitrittskandidaten eine Reduktion in Höhe von 5% des Wertes der Exporte an, für weniger fortgeschrittene 10%.

Produkte können ohne Veränderung weiter angeboten werden. Bei einigen Produktgruppen werden die Standards harmonisiert. Produkte durchlaufen dann einmalig von der EU anerkannte Standardisierungsverfahren, wobei unter Umständen Produkteigenschaften verändert werden müssen.[94] Bei der dritten Produktgruppe müssen die nationalen Standards angepasst werden, und die Produkte entsprechend anerkannt werden. Die damit verbundenen Kosten werden in den Simulationen nicht berücksichtigt, da eine Quantifizierung bislang nicht vorgenommen worden ist.

6.1.3 Weitere Effekte

Übernahme der Gemeinsamen Agrarpolitik: Die Gemeinsame Agrarpolitik (GAP) ist ein komplexes System, deren wichtigste Instrumente garantierte Mindestpreise (gestützt in erster Linie durch Protektion, sowie durch Subventionen und Interventionskäufe) und direkte Einkommenstransfers an Landwirte sind. [95] In der folgenden Analyse wird von einer detaillierten Abbildung der Übernahme der GAP in Polen abgesehen. Modelliert wird die Übernahme der in der EU geltenden Subventionen, Zölle, sowie der Exportsubventionen auf Agrarprodukte in Polen. Damit werden die zentralen Instrumente der Gemeinsamen Agrarpolitik erfasst. Zahlreiche Untersuchungen zur Reaktion des Agrarsektors auf den EU-Beitritt bei einer detaillierten Modellierung der Instrumente liegen bereits vor [z. B. HEROK/LOTZE (2000), BANSE/MÜNCH (1998)].

Budgetäre Wirkungen. Das EU-Budget wird zu wesentlichen Anteilen (im Jahr 2001 insgesamt über 95% der Gesamteinnahmen) aus drei Quellen finanziert: den Zolleinnahmen, einem Anteil des Mehrwertsteueraufkommens der Mitgliedstaaten und der ergänzenden Abgabe der Mitgliedstaaten, die 1,27% des BIP nicht überschreiten darf. Auf der Ausgabenseite sind die Gemeinsame Agrarpolitik und die Strukturfonds mit insgesamt über 80% der Mittelverwendung (in 2001) die wichtigsten Posten. Die ersten Vorschläge der Europäischen Kommission gehen von Zahlungen in Höhe von 2,5% des polnischen BIP für die Strukturfonds aus, wobei die Beitragszahlungen nicht berücksichtigt sind. Schätzungen unter Einbeziehung der politischen Macht der Kandidaten nach dem Beitritt ergeben, dass Polen insgesamt ca. 1,5% des Bruttoinlandsproduktes als Nettotransfers nach Abzug der Mitgliedsbeiträge erhält [BALDWIN/FRANCOIS/PORTES (1997)]. Diese Transfers werden hier vernachlässigt. Eine Ursache für diese Vereinfachung ist, dass noch nicht abschließend geklärt worden ist, an welchen Programmen die Beitrittskandidaten teilnehmen und welche Beträge sie für welche Zwecke und Ziele erhalten werden. Eine qualifizierte Prognose ist kaum möglich, da die Höhe und Verteilung der Transfers von sehr vielen Einflussgrößen abhängt. Dazu gehören: 1) die Budgetsituation und somit der politische Druck zur Ausgabensenkung auf EU-Ebene der Netto-Zahlerländer der EU, 2) deren Verhandlungspositionen innerhalb des Rates der EU, 3) die Verhandlungsmacht der

---

94 Zu den verschiedenen Verfahren der Anerkennung und Harmonisierung der Produktstandards im Europäischen Binnenmarkt s. [BRENTON/SHEEHY/VANCAUTEREN (2001)].

95 Ein Überblick über die Instrumente und Funktionsweise der GAP ist in beispielsweise in EL-AGRAA (1998) zu finden.

Beitrittskandidaten in den Beitrittsverhandlungen sowie 4) die Absorptionskapazität der neuen Mitglieder. Eine realitätsnahe Abbildung der Verteilung der Transfers, der für politökonomsche Akteure relevanten Größe – ist aus diesen Gründen nicht realitätsnah möglich.

Übernahme der Umwelt- und Sozialstandards. Zu den Regelungen des *acquis communautaire* gehören produkt- und produktionsprozessbezogene Umwelt- und Sozialstandards, die von den Unternehmen implementiert werden müssen. Deren Implementierung ist mit Veränderungen im Produktionsprozess und zusätzlichen Investitionen verbunden. Hinzu kommen Investitionen in die Umweltschutzinfrastruktur, die von der öffentlichen Hand getragen werden. Die Schätzungen sektoraler Anpassungskosten sind aufgrund des großen Datenerhebungsaufwandes auf Unternehmensebene mit zahlreichen Unsicherheiten verbunden [ORLOWSKI/MAYHEW (2001), DZIEGIELEWSKA (2000)]. ORLOWSKI/MAYHEW (2001) kommen in einem Partialmodell zu dem Ergebnis, dass die gesamten Umstellungen auf Unternehmensebene nur schwachen Kostensteigerungsdruck verursachen werden, der für die meisten Sektoren auf unter 5% der Gesamtkosten geschätzt wird. Die Nutzen aus der Übernahme der Regelungen werden sich in höherer Produktqualität und -sicherheit sowie verbesserter Umweltverträglichkeit äußern, aber keine direkten pekuniär messbaren Wohlfahrtswirkungen verursachen.

Senkung der Risikoprämie. Die Integration mit der EU verankert den Transformationsprozess glaubwürdig und reduziert so die Risikoprämie der in Polen getätigten Investitionen. BALDWIN/FRANCOIS/PORTES (1997) diskutieren die Wirkung des Beitritts auf das Investitionsrisiko in den betroffenen Staaten im Detail. Auf der Basis von Plausibilitätsüberlegungen gehen sie von einer Senkung der Risikoprämie in Höhe von maximal 15% der von den Investoren in der Region geforderten Verzinsung aus. Hier steht die Handelsintegration im Mittelpunkt der Analyse, aus diesem Grund wird die Veränderung der Risikoprämie vernachlässigt.

Migration. Der gemeinsame Markt beinhaltet neben dem freien Güter- und Dienstleistungsverkehr auch freien Kapitalverkehr und Freizügigkeit. Für den Fall Polens ist eine Übergangszeit von zwei Jahren vereinbart worden. Für die Zeit nach Ende der Übergangszeit wird kurzfristig keine stark ansteigende Migration aus den neuen Mitgliedsländern erwartet [BRÜCKNER/TRÜBSWETTER/WEISE (2000), KRAUS/SCHWAGER (2000)]. In den ersten Jahren werden nach BRÜCKNER/TRÜBSWETTER/WEISE (2000) lediglich etwa 0,4% der Bevölkerung der Beitrittsländer jährlich in die EU übersiedeln – ein zu geringer Anteil, um Arbeitsmarktwirkungen zu verursachen. Aus diesen Gründen werden Migrationsströme in den Simulationsanalysen vernachlässigt.

Intraregionale Kapitalmobilität. Grundsätzlich impliziert der EU-Beitritt auch die Liberalisierung des Kapitalverkehrs in der erweiterten EU. Die Beziehung zwischen Kapital und endogener Handelspolitik ist jedoch zu komplex und erfordert zur sinnvollen Interpretation detaillierte Kenntnisse der Arten und Ziele der Kapitalströme. Hinzu kommt, dass multinationale Unternehmen in Transformationsländern eine besondere Rolle in der endogenen Bestimmung der Handelspolitik spielen [HILLMAN/URSPRUNG (1999)]. Vor dem Hintergrund dieser Komplexität erscheint die Thematik theoretisch zu wenig erforscht, um eine sinnvolle Analyse unter Berücksichtigung politökonomischer Aspekte durchzuführen.

6.2 Chronologische Sequenz des Integrationsprozesses

Die gradualistische Implementierung der Integration Polens in die EU erstreckt sich über einen Zeitraum von ca. 20 Jahren. Wie in Kapitel 3 gezeigt wurde, hat die Sequenz der Reformschritte Einfluss auf die Wohlfahrt und die politische Durchsetzbarkeit des Integrationsprozesses.

Die vereinbarte Abfolge der bilateralen Handelsliberalisierung vor dem Beitritt wurde in den Europa-Abkommen und den dazugehörigen Anhängen geregelt und ist in Tabelle 6-2 für die EU und Tabelle 6-3 für Polen wiedergegeben. Für die im Anhang IIc zu den Vereinbarungen genannten sensiblen Güter wurden jährlich steigende Kontingente und Plafonds vereinbart, so dass die genannten Zollsätze nur bei Überschreitung dieser Quoten greifen.[96] Da die Kontingente für die meisten dieser Güter nicht ausgenutzt wurden [BRENTON/DI MAURO (1998)], können diese Zollsätze in der weiteren Analyse vernachlässigt werden. Polen verpflichtete sich zusätzlich, im Jahr 1992 alle Zollsätze, die weniger als 5% betrugen auf Null zu senken.

	1992	*1993*	*1994*	*1995*	*1996*	*1997*	*1998*
Textilien	71	71	57	43	29	14	0
Stahl	80	60	40	20	10	0	
Kohle	100	0					
Anhang IIa	50	0					
Anhang Iib	80	60	40	20	0		
Anhang Iic	85	70	55	40	25	0	
Übrige	0						

Anhang IIa: Mineralprodukte und einige chemische Rohstoffe
Anhang IIb: Nichteisen-Metalle
Anhang IIc: sog. sensible Güter, u. a.: Zement, Kunstdünger, Kasein, einige Kunststoffe, Reifen, einige Lederprodukte, einige Glasprodukte, einige gewalzte Bleche, Stahldraht, einige Kupferprodukte, Fernseher und Bildröhren, elektrische Lampen und Glühbirnen, Dioden, Transistoren, Traktoren, Motorfahrzeuge und andere

Tabelle 6-2: Im Rahmen der Europa-Abkommen vereinbarte Zollsenkungder der EU für Imoprte aus Polen

Quelle: Eigene Darstellung nach dem Inhalt der Europa-Abkommen

Diese Szenarien werden im statischen CGE-Modell stilisiert implementiert. Dabei werden die Zollsenkungen bei den Nichteisenmetallen mit dem Anteil der Importe der Nichtmetalle an den Importen des Sektors „Metalle und Metallprodukte" gewichtet und die Liberalisierungssequenz für PKW wird auf den Sektor „Motorfahrzeuge"

96 Im Falle der Plafonds greifen die Zollsätze bei Überschreitung des Kontingentes nur im Fall der Gefährdung inländischer Unternehmen.

übertragen. Wachstumswirkungen in diesem Zeitraum werden vernachlässigt, da hier die kurzfristigen Anpassungskosten an handelspolitische Maßnahmen im Mittelpunkt der Analyse stehen.

	1993	*1994*	*1995*	*1996*	*1997*	*1998*	*1999*	*2000*	*2001*	*2002*
Motorfahrzeuge:										
- *PKWs*	100	86	86	71	71	57	43	29	14	0
- *Busse*	100	100	80	60	40	20	0			
- *LKWs*	100	86	86	71	71	57	43	29	14	0
Übrige Güter	100	100	80	60	40	20				

Tabelle 6-3: Im Rahmen der Europa-Abkommen vereinbarte Zollsenkungen Polens für Importe aus der EU

Quelle: Eigene Darstellung nach dem Inhalt der Europa-Abkommen

6.3 Der politökonomische Mechanismus

Die Plausibilitätsüberlegungen aus Kapitel 2 legen nahe, dass das Modell von GROSSMAN/HELPMAN (1994) den Mechanismus der Einflussnahme der Unternehmen auf Regierungsentscheidungen in Polen annähernd abbildet. Der Rückgriff auf Plausibilitätsüberlegungen erfolgt in Ermangelung der Möglichkeiten einer ökonometrischen Überprüfung der Ergebnisse dieses Modells für Polen. Dieser Umstand lässt sich darauf zurückführen, dass für diese Schätzung, wie sie z. B. von GOLDBERG/MAGGI (1999) oder GAWANDE/BANDYOPADHYAY (2000) durchgeführt worden ist, detaillierte Daten über die sektorale Herkunft der Parteispenden erforderlich sind. Die polnischen Parteien unterliegen zwar einer Berichtspflicht über ihre Finanzierungquellen, die Berichte stellen jedoch aufgrund der in Kapitel 2 analysierten Probleme keine zuverlässigen Quellen dar. Durch deren Auswertung könnte nur ein Teil der finanziellen Ströme zwischen dem Unternehmenssektor und den Regierungen erfasst werden.

Nach GROSSMAN/HELPMAN (1995) ist ein Integrationsraum politisch durchsetzbar, wenn die folgende Bedingung erfüllt ist:

$$\sum_i \left|\pi_i^{pro}(p) - \pi_i^{contra}(p)\right| + a\left(W(p)^{pro} - W(p)^{contra}\right) \geq 0$$

oder kürzer ausgedrückt:

$$\sum_i [\Delta\pi_i(p)] + a[\Delta W(p)] \geq 0 \qquad (6.4)$$

Die Simulationen mit dem CGE-Modell erlauben eine Quantifizierung der Realeinkommen der sektorspezifischen Produktionsfaktoren und der Wohlfahrt. Über den ursprünglichen partialökonomischen Rahmen des theoretischen Modells hinaus, ermöglicht das CGE-Modell aufgrund der expliziten Abbildung der intersektoralen Produktionsverflechtungen und der Substitutionsbeziehungen auf der Nachfrageseite die Berechnung der Realeinkommen der sektorspezifischen Produktionsfaktoren in Abhängigkeit vom Preisvektor aller in der Volkswirtschaft gehandelten Güter (statt nur des vom betrachteten Sektor gehandelten Gutes, S. Gleichung 4.4, Kap. 4). Hier wird also ergänzend die Annahme zugrundegelegt, dass die Eigner der Produktionsfaktoren den Einfluss anderer Güterpreise auf ihr Einkommen kennen. In Gleichung 6.4 wird dies berücksichtigt, indem die Einkommen aus dem Besitz sektorspezifischer Produktionsfaktoren in Abhängigkeit vom gesamten Preisvektor p dargestellt sind. Die im CGE-Modell errechnete nominale Veränderung des Einkommens der Eigner der sektorspezifischen Produktionsfaktoren wird mit dem Konsumentenpreisindex bewertet, um den reale Veränderung zu erhalten. Die Wohlfahrtsänderung wird als äquivalente Variation nach Hicks ausgedrückt. Dieses Konzept wird weiter unten im Text detailliert erläutert.

Für die politökonomische Analyse sind neben den Wohlfahrts- auch die Verteilungseffekte relevant, insbesondere die Gewinne und Verluste für die Eigner der Produktionsfaktoren. Der Modellrahmen des CGE-Modells geht von sektorspezifischem Kapital in jedem Sektor und einem intersektoral mobilen Faktor Arbeit aus. In diesem Rahmen lässt sich die Reaktion der Faktorpreise auf eine Veränderung der Güterpreise bei zwei Gütern (a und b) und drei Produktionsfaktoren (Arbeit und spezifisches Kapital in Sektor a und b) bei einer Änderung des Preises für das arbeitsintensive[97] Gut a auf die folgende Aussage reduzieren [JONES (1971)]:

$$\hat{r}_a > \hat{p}_a > \hat{w} \tag{6.5}$$

Dabei steht ^ für die prozentuale Veränderung, r_a für den Preis des sektorspezifischen Kapitals, und w für den Lohn. Kapitaleigner werden durch protektionistische Maßnahmen für den eigenen Sektor reale Einkommensgewinne realisieren können. Sie werden Protektion im anderen Sektor ablehnen, da die Preissteigerung zu einer Senkung ihres realen Einkommens führt. In einem n x m Modell mit $m=n+1$ profitiert jeder spezifische Produktionsfaktor von Preissteigerungen „seines" Gutes [ETHIER (1984)], so dass gilt:

$$\frac{\hat{r}_i}{\hat{p}_i} > 1 \qquad \text{mit i=1,..,m} \tag{6.6}$$

Jeder an der Produktion eines Gutes nicht beteiligte spezifische Produktionsfaktor verliert durch die Preissteigerungen dieses Gutes, so dass gilt:

$$\frac{\hat{r}_j}{\hat{p}_i} < 0 \qquad \text{mit j,i=1,...,m} \tag{6.7}$$

und der mobile Faktor ist ambivalent, womit weder die Beziehung 6.6 noch 6.7 gültig ist.

Die Ergebnisse des Ricardo-Viner-Modells wurden unter der Prämisse gleicher Produktionstechnologien, vollständiger Konkurrenz, diskreter Veränderungen und eines kleinen Landes erzielt. Aus diesem Grund sind sie auf CGE-Modelle, die auf abwei-

---

97 Das Gut b ist kapitalintensiv, das Land ist reich ausgestattet mit dem Faktor Arbeit.

chenden Annahmen aufbauen und darüber hinaus von einer second-best-Situation im Ausgangszustand ausgehen nur eingeschränkt übertragbar. Zusätzlich haben insbesondere die im Modell erfassten intersektoralen Verflechtungen Einfluss auf die Positionen der Eigner der Produktionsfaktoren, da z. B. Handelsschranken auf Zwischenprodukte ebenfalls das Einkommen aus dem sektorspezifischen Produktionsfaktor beeinflussen. Eine wesentlich wichtigere Einschränkung der Übertragbarkeit dieser Erkenntnisse auf den Fall des EU-Beitrittes resultiert aus der Tatsache, dass im Fall der Osterweiterung die Auswirkungen eines Maßnahmenpaketes diskutiert werden, die über die Veränderung der Preise für Produktionsfaktoren und Vorleistungen die intersektoralen Faktorallokation sowie die intersektoralen Verflechtungen maßgeblich beeinflussen können. Die Verbindung zwischen den Güter- und Faktorpreisen ist in den Simulationsergebnissen daher nicht haltbar.

Aus den Schwierigkeiten, die eine empirische Überprüfung des Ansatzes von GROSSMAN/HELPMAN für Polen verhindern folgt gleichzeitig, dass der Parameter a in Gleichung (6.4), der die Gewichtung der Wohlfahrt im Vergleich zu den Parteispenden darstellt, nicht ökonometrisch geschätzt werden kann. Dieser Parameter wird, wenn er für das Ergebnis entscheidend ist, sensitiviert und mit empirischen Schätzungen für die Vereinigten Staaten von GOLDBERG/MAGGI (1999) und GAWANDE/BANDYOPADHYAY (2000) verglichen.

Allen Überlegungen zur politischen Ökonomie unter Verwendung der Simulationsergebnisse des CGE-Modells liegen die Annahmen zugrunde, dass sich alle Sektoren in der gewählten Aggregation organisieren und dass Organisationskosten der Gruppen vernachlässigt werden können. Da jedoch für die politische Unterstützung im Fall der Handelsintegration die Einflußgrößen über die gesamte Volkswirtschaft aggregiert werden, ist von der Aggragation kein großer Einfluss auf den Wert $\pi(p)$ zu erwarten. Gleichzeitig werden aber durch die Aggregation die sektoralen Gewinne und Anpassungskosten nivelliert, daher ist davon auszugehen, dass die Simulationsergebnisse sich am unteren Rand der möglichen Auswirkungen bewegen. Da zu den Organisationskosten der Interessengruppen in Polen keine Schätzungen vorliegen, ist eine sinnvolle Berücksichtigung nicht möglich. Angesichts der für $\Delta\pi(p)$ errechneten Beträge, die in der Summe Milliardenbeträge erreichen, ist davon auszugehen, dass Organisationskosten keinen entscheidenden Einfluss auf das Ergebnis haben.

6.4 Wohlfahrtseffekte und politische Durchsetzbarkeit der Mitgliedschaft Polens in der EU bei einer radikalen Strategie

Den Hintergrund für die CGE-Analyse bilden die dargestellten theoretischen Ergebnisse, die bei den simulierten Politikänderungen eintreten können. Die Tatsache, dass CGE-Modelle in der Regel von einem detaillierten Modellrahmen ausgehen, der neben differenzierten Gütern und mehreren Ländern auch intersektorale Verflechtungen und unterschiedliche Produktionsfunktionen[98] beinhaltet, erschwert die Übertragung der

---

[98] Obwohl die funktionalen Formen in allen Ländern gleich sind, unterscheiden sich durch die Kallibrierung die Parameter.

theoretischen Ergebnisse, die unter vereinfachten Annahmen erzielt worden sind. Die relative Stärke und die Richtung der theoretisch hergeleiteten Effekte können bei Lockerung der Annahmen beeinflusst werden. Die theoretischen Ergebnisse sind daher lediglich als Orientierung zu verstehen. Dennoch sind Muster in den theoretischen Ergebnissen erkennbar, die eine Basis für die Analyse der CGE-Ergebnisse bilden.

6.4.1 Allgemeine Wohlfahrtswirkungen

Eine Dekomposition der Effekte der Integration Polens in die EU als radikale Reform ermöglicht eine detaillierte Erklärung der Quellen der simulierten Wohlfahrtwirkungen vor dem Hintergrund der dargestellten theoretischen Ergebnisse. Diese Dekomposition gibt die ersten Hinweise auf die Wirkung der graduellen Integration und bildet den Hintergrund für die weitere Analyse. Die untersuchten Szenarien sind in Tabelle 6-4 dargestellt.

Szenario	*Maßnahmen*
UNI	Vollständige einseitige präferentielle Handelsliberalisierung Polens für Importe aus der EU
FTA	Freihandelszone zwischen Polen, den übrigen Mittel- und Osteuropäischen Ländern und der EU
EUI	Integration in die EU mit Übernahme des gemeinsamen Außenzolls, der Subventionspraxis und der Teilnahme am Binnenmarkt

Tabelle 6-4: Definition der Szenarien für die Wohlfahrtsanalyse

Die Simulationsergebnisse für die Integration Polens in die EU sind in Tabelle 6-8 (S. 139) enthalten. Darin wird die Wohlfahrt definiert als die äquivalente Variation nach Hicks [s. VARIAN (1994), S. 160f.] Dies ist die Einkommensänderung, die notwendig wäre, um zu den im Basisjahr geltenden Preisen die gleiche Wohlfahrt zu erreichen wie nach der simulierten Änderung. Die Terms of Trade sind nach der sog. *net barter terms of trade* Definition als Preisindex nach Laspeyres aus dem Export- zu den Importpreisen eines Landes definiert. Die Preise sind mit den jeweiligen Export- und Importvolumina gewichtet.[99]

Die einseitige präferentielle Liberalisierung der polnischen Handelsschranken auf Importe aus der EU führt zu einem Wohlfahrtsverlust in Höhe von 1,5%. Hinter dem starken negativen Wohlfahrtseffekt ist ein Handelsumlenkungseffekt zu vermuten, dessen Wirkung durch die Terms of Trade Verschlechterung in Höhe von 4,4% verstärkt wird. Die Handelsumlenkung zeigt sich in den abnehmenden Importen Polens aus dem Rest der Welt bei gleichzeitig steigenden Importen aus den Partnerländern. Für die einzelnen Sektoren sind diese Veränderungen im Szenario EUI aus Tabelle 6-10 (S. 141) ersichtlich. Trotz der meist sinkenden Importzölle nach der Integration in

99 Zu verschiedenen Definitionen der Terms of Trade und ihren Implikationen, auch für CGE-Modelle, s. FEHR (1992). Der Laspeyres-Index ist gekennzeichnet durch Import und Exportvolumina der Basisperiode als Gewichtungsfaktoren.

Polen (s. Tabelle 6-6, S. 137) verringern sich in zwölf von 14 Sektoren die Importe aus dem Rest der Welt. Gleichzeitig steigen in elf Sektoren die Importe aus der EU. Dennoch fällt die Handelsumlenkung wertmäßig nicht sehr deutlich aus,[100] so dass die negativen Terms of Trade Effekte als dominante Ursache des Wohlfahrtsverlustes identifiziert werden können.

Vergleicht man diese Ergebnisse mit den Wirkungen im Fall der Freihandelszone, erhält man Aufschluss über den Wohlfahrtsgewinn, den Polen aus dem präferentiellen Marktzugang zu den EU-Märkten erzielen kann. Insgesamt nimmt die Wohlfahrt im Vergleich zur Ausgangssituation um 1,5% zu und die Exporte Polens steigen an, was auf eine Ausweitung des Außenhandels hindeutet (s. Tabelle 6-10, S. 141). Die Verschlechterung der Terms of Trade fällt im Vergleich zur einseitigen präferentiellen Liberalisierung deutlich geringer aus, sie erreicht nur 1,8%. Dies resultiert aus der Verbesserung der Terms of Trade infolge der Liberalisierung durch das Partnerland [MUNDELL (1964)]. Da die Zollsätze in der Ausgangssituation in Polen deutlich höher als in der EU sind, ist es plausibel, dass es insgesamt zu einer Verschlechterung der Terms of Trade kommt [vgl. Abschnitt 6.1.1 und MUNDELL (1964)]. Der Wert des präferentiellen Zuganges zu den Märkten der EU ist zusammen mit der Handelsschaffung also stark genug, um in Polen die negativen Terms of Trade Effekte zu kompensieren und insgesamt einen Wohlfahrtsgewinn zu herbeizuführen.

Der EU-Beitritt impliziert im Vergleich zur Freihandelszone die Übernahme des gemeinsamen Außenzolls der EU, der in der EU geltenden Subventionssätze, die Abschaffung der technischen Handelsbarrieren, sowie die erhöhte Substituierbarkeit der Güter. Diese Änderungen führen insgesamt zu einem Wohlfahrtsgewinn in Höhe von 2%, der knapp über der Wirkung der Freihandelszone liegt. Die geringen Effekte sind auch ein Resultat der Annahme eines relativ geringen Ausmaßes technischer Handelsbarrieren. Die leichte Terms of Trade Verbesserung kann ein Hinweis darauf sein, dass Polen als tendenziell kleines Land trotz der Marktmacht nur einen geringen Optimalzoll durchsetzen kann, und in der Ausgangssituation von diesem stark abweicht. Durch den Beitritt zu einer großen Zollunion und die Übernahme des gemeinsamen Außenzolls kann Polen von der höheren Marktmacht der EU auf dem Weltmarkt profitieren und sich dem Optimalzoll annähern.

Der Vergleich der Wohlfahrtseffekte mit den Simulationsergebnissen unter Annahme konstanter Skalenerträge im unteren Teil der Tabelle 6-8, auf S. 126 verdeutlicht die positiven Auswirkungen des wettbewerbsfördernden Effektes in allen simulierten Szenarien. Im Szenario EUI können in allen Regionen durch Ausnutzung der steigenden Skalenerträge Wohlfahrtsgewinne realisiert werden, die teilweise die statischen Effekte um ein Vielfaches übersteigen. Für Polen liegen die Wohlfahrtsgewinne durchgehend um 0,8 Prozentpunkte über den statischen Effekten bei konstanten Skalenerträgen. Im Vergleich zu anderen Studien fallen die wettbewerbsfördernden

100 Dies wird deutlich, wenn man die Basis für die prozentualen Berechnungen, d. h. die Importe in der Ausgangssituation, berücksichtigt, die für Importe aus der EU deutlich höher ist als für den Rest der Welt. In den hier dargestellten Ergebnissen sind diese Berechnungen nicht enthalten.

Effekte eher gering aus. In FRANÇOIS (1998) liegt in einem ähnlichen Modellrahmen die Differenz zu den kurzfristigen Effekten in den MOEL (inklusive Polen) nach der Osterweiterung bei 10,5% des BIP. Brown et al. (1997) separieren die Resultate nicht nach statischen und wettbewerbsfördernden Effekten, kommen jedoch für Polen in einem Modell mit einer flacheren Nachfragehierarchie und differenzierten Gütern auf einen Wohlfahrtsgewinn von 5,6% nach Bildung der Freihandelszone.

In Bezug auf die Veränderung des Preisniveaus in Polen verursacht die präferentielle Abschaffung der Zölle und die Verringerung der Außenzölle eine deutliche Senkung des Preisniveaus um 4,3%. Die verstärkte Außenhandelstätigkeit führt zu einer erhöhten Nachfrage nach den Produktionsfaktoren Arbeit und Kapital, die in einer Steigerung der Löhne um 5,0% und einer durchschnittlichen Erhöhung der Verzinsung des sektorspezifischen Kapitals um 7,8% (s. Tabelle 6-9, S.127) resultiert.

6.4.2 Sektorale Wirkungen

Die sektoralen Wirkungen sind hier in erster Linie durch Änderungen der Protektionsraten determiniert. Die Zolldifferenz ist in den Agrarsektoren und in den meisten Industriesektoren erheblich, insbesondere in der Schwerindustrie, dem Automobilbau sowie Textilien und Bekleidung. Die starke, teilweise bis über 30 Prozentpunkte erreichende Verringerung der polnischen Importzölle gegenüber allen Außenhandelspartnern (Tabelle 6-6, S. 137) kann zu einer zweiten erheblichen Restrukturierungswelle nach der Transformation in Polen führen. Dieser Effekt kann verstärkt werden, wenn der Importanstieg deutlicher ausfällt als der Exportanstieg. Davon ist in einigen Sektoren auszugehen, denn aufgrund des niedrigeren Importzollsatzes in der Ausgangssituation ist die von der EU eingeräumte Zollpräferenz relativ gering.

Die Vermutung wird von den sektoralen Simulationsergebnissen bei steigenden Skalenerträgen in Tabelle 6-9, S. 140 bestätigt. Trotz zunehmender Außenhandelsbeziehungen steigt der Output nur in vier von 14 betrachteten Sektoren an.

Nach der Integration steigen die gesamten Ex- und Importe Polens um jeweils 45,8% und 34,7%. Die stärkste Steigerung der Exporte verzeichnen mit jeweils 240,3% und 353,9% der Agrar- und der Lebensmittelsektor. Dies ist in erster Linie auf die steigenden Exporte in die EU und die MOEL (s. Tabelle 6-10, S. 141) aufgrund der dort entfallenden hohen Zollschranken auf die polnischen Exporte (s. Tabelle 6-7, S. 125) zurückzuführen. Die insgesamt leichte Erhöhung (0,1%) der Zölle der Drittländer gegenüber Polen nach dem Beitritt (s. Tabelle 6-7, S. 125) kann eine durch die sektoralen Preis- und Zollsenkungen bedingte starke Steigerung der polnischen Exporte in den Rest der Welt um 37,5% nicht verhindern. Insbesondere die Produzenten der Motorfahrzeuge profitieren vom verbesserten Marktzugang zu Drittmärkten (s. Tabelle 6-10, S. 141).

In fast allen Sektoren werden die Importe aus dem Rest der Welt in die erweiterte EU umgelenkt (s. Tabelle 6-10, S. 141). Die im Schnitt um 6,2% sinkenden Außenzölle

Polens mildern diesen Effekt, der jedoch neben der starken Handelsschaffung deutlich erkennbar bleibt. Ähnlich sichtbare, aber insgesamt absolut geringe Handelsumlenkungseffekte stellen BROWN ET AL. (1997) in ihrer CGE-Simulation fest.

Insgesamt werden neun Sektoren in Polen zu Netto-Importeuren und fünf zu Netto-Exporteuren. Die Netto-Handelsposition zeigt jedoch keinen eindeutigen Einfluss auf die Verzinsung des sektorspezifischen Produktionsfaktors, die Korrelation ist in sechs Sektoren negativ. Ebenso wenig ist, entgegen den Ergebnissen des Ricardo-Viner-Modells, eine Korrelation zwischen dem Preis eines Gutes und der Verzinsung „seines" Produktionsfaktors erkennbar. Die Verzinsung steigt in elf Sektoren zum Teil stark an, am ausgeprägtesten in den Sektoren verarbeitete Lebensmittel und Bekleidung.

Bei Betrachtung der sektoralen Beschäftigungswirkungen fällt auf, dass der Output eines Gutes mit der Veränderung der Beschäftigung im betreffenden Sektor positiv korreliert ist. Insgesamt kann für den Arbeitsmarkt aus den gestiegenen Reallöhnen bei annahmegemäß gleichbleibendem Arbeitsangebot (s. Tabelle 6-8, S. 126) auf eine Zunahme der Nachfrage geschlossen werden.

Zum Vergleich werden in Tabelle 6-11, S. 129 und Tabelle 6-12, S. 130 die Ergebnisse im Modell mit konstanten Skalenerträgen wiedergegeben.

6.4.3 Politische Durchsetzbarkeit des EU-Beitrittes Polens in die EU bei einer radikalen Strategie

Bei einer radikalen Strategie wird der EU-Beitritt Polens zu einem einzigen Zeitpunkt implementiert. Die steigende Wohlfahrt und die insgesamt zunehmende Verzinsung des sektorspezifischen Produktionsfaktors deuten auf Zustimmung für die Integration hin.

Diese Vermutung wird in Tabelle 6-5 bestätigt: der gleichzeitige EU-Beitritt Polens zusammen mit den übrigen MOEL generiert im Vergleich zum Status quo in allen osteuropäischen Ländern eindeutig positive politische Unterstützung. In allen osteuropäischen Staaten ergeben sich damit einseitige Positionen für den Beitritt.

	Polen	*Europa*	*MOEL*	*Rest der Welt*
	Mio. US$			
$\sum_i \Delta\pi(p)$	3397	33194	4792	41810
$\Delta W(p)$	1741	69088	4064	115776
$(1-a)\sum_i[\Delta\pi_i(p)]+a(\Delta W(p))$ bei a=0,5	2569	51141	4428	78793

Tabelle 6-5: Politische Unterstützung für den EU-Beitritt

Quelle: eigene Berechnungen mit $\sigma_{DM}=8$, $\sigma_{MM}=4$, $\sigma_{DD}=16$ und steigenden Skalenerträgen

	EU	MOEL	Rest der Welt		
	vor	vor	vor	nach	Differenz
Durchschnitt	***20,0%***	***14,9%***	***10,7%***	***4,5%***	***-6,2%***
Landwirtschaftliche Produkte	34,2%	34,5%	25,4%	7,6%	-17,8%
Kohle, Gas und Erze	37,7%	8,7%	0,3%	0,0%	-0,3%
Verarbeitete Lebensmittel	59,2%	79,9%	59,3%	26,1%	-33,2%
Textilien	15,7%	6,9%	6,0%	5,9%	-0,1%
Bekleidung	30,0%	0,0%	0,3%	7,9%	7,6%
Papier, Druck und Verlagswesen	8,5%	9,3%	8,4%	0,7%	-7,7%
Mineralprodukte und chemische Produkte	30,8%	10,7%	9,7%	2,4%	-7,3%
Metalle und Metallprodukte	14,5%	3,6%	6,5%	1,0%	-5,5%
Motorfahrzeuge und Teile	14,5%	15,2%	14,1%	5,6%	-8,5%
Andere Transportgeräte	9,6%	14,8%	2,0%	1,6%	-0,4%
Elektronische und andere Geräte	6,4%	12,7%	11,4%	2,6%	-8,8%
Sonstige Industriegüter	18,4%	12,5%	6,2%	2,2%	-4,0%
Transport und Handel	0,0%	0,0%	0,0%	0,0%	0,0%
Dienstleistungen	0,0%	0,0%	0,0%	0,0%	0,0%

Tabelle 6-6: Polnische Importzölle vor und nach der Integration

Quelle: GTAP5, sowie eigene Berechnungen (Quellen im Text)

	EU	MOEL	Rest der Welt		
	vor	*vor*	*Vor*	*nach*	*Differenz*
Durchschnitt	***4,5%***	***10,7%***	***9,1%***	***9,2%***	***0,1%***
Landwirtschaftliche Produkte	7,6%	36,8%	14,9%	24,0%	9,1%
Kohle, Gas und Erze	0,0%	2,7%	2,3%	1,3%	-1,0%
verarbeitete Lebensmittel	26,1%	38,3%	22,6%	33,6%	11,0%
Textilien	5,9%	10,7%	8,8%	11,8%	3,0%
Bekleidung	7,9%	12,9%	8,8%	10,3%	1,5%
Papier, Druck und Verlagswesen	0,7%	2,8%	7,2%	5,2%	-2,0%
Mineralprodukte und chemische Produkte	2,4%	7,3%	11,1%	6,7%	-4,4%
Metalle und Metallprodukte	1,0%	2,8%	7,5%	7,2%	-0,3%
Motorfahrzeuge und Teile	5,6%	10,9%	17,1%	7,9%	-9,2%
andere Transportgeräte	1,6%	9,8%	5,6%	5,7%	0,1%
Elektronische und andere Geräte	2,6%	6,7%	8,4%	6,0%	-2,4%
sonstige Industriegüter	2,2%	8,5%	12,8%	9,5%	-3,3%
Transport und Handel	0,0%	0,0%	0,0%	0,0%	0,0%
Dienstleistungen	0,0%	0,0%	0,0%	0,0%	0,0%

Tabelle 6-7: Zölle auf polnische Exporte vor und nach der Integration

Quelle: GTAP5, sowie eigene Berechnungen (Quellen im Text)

			Polen			Europa	MOEL	Rest der Welt
		Szenario →	*UNI*	*FTA*	***EUI***		*EUI*	
Elastizitäten σ_{MM}=4 σ_{DM}=8	Steigende Skalenerträge	*Veränderung der Wohlfahrt in % (äquivalente Variation)*	-1,5	1,5	**2,0**	1,5	3,6	0,9
		Veränderung der Terms of trade in %	-4,4	-1,8	**-1,3**	-0,03	0,7	0,06
		Veränderung der Entlohnung des Faktors Arbeit	5,0	7,8	**5,0**	0,8	0,8	0,6
		Veränderung des Priesniveaus	-7,3	4,8	**-4,3**	-1,1	-2,8	-0,9
	Konstante Skalenerträge	*Veränderung der Wohlfahrt in % (äquivalente Variation)*	-2,3	0,7	**1,2**	0,1	2,4	-0,009
		Veränderung der Terms of trade in %	-4,0	-1,4	**-0,9**	0,07	1,3	-0,014
		Veränderung der Entlohnung des Faktors Arbeit	4,3	7,2	**7,6**	0,1	6,6	0,0
		Veränderung des Priesniveaus	-6,9	-3,3	**-2,9**	0,0	-0,12-	0,0

Tabelle 6-8: Wohlfahrtswirkungen aus der Integration Polens in die EU

Quelle: eigene Berechnungen

Sektor	Output	Veränderung der Preise der Armington-Aggregate (real)	Veränderung des Exportwertes		Veränderung des Importwertes		Veränderung der sektoralen Handelsposition (Exporte - Importe)	Sektorale Veränderung der Beschäftigung	Preis des sektorspezifischen Produktionsfaktors Kapital (real)
	in %	*in %*	*Mio. US$*	*in %*	*Mio. US$*	*in %*	*Mio. US$*	*in %*	*in %*
Landwirtschaftliche Produkte	1,5	0,8	1223,0	240,3	1805,0	108,1	-58,2	3,9	12,4
Kohle, Gas und Erze	-0,5	2,5	118,0	9,0	877,0	27,0	-75,9	-1,9	6,2
verarbeitete Lebensmittel	7,9	-3,7	8316,0	353,9	5370,0	245,6	294,6	26,2	36,5
Textilien*	-12,8	-3,9	59,0	8,2	48,0	1,8	1,1	-3,6	4,3
Bekleidung	11,7	5,1	287,0	14,3	243,0	28,6	4,4	14,4	23,8
Papier, Druck und Verlagswesen*	-19,7	-4,5	150,0	21,9	289,0	17,7	-13,9	-10,9	-3,6
Mineralprodukte und chemische Produkte*	-14,4	-4,4	986,0	30,3	2297,0	26,8	-131,1	-13,2	-6,1
Metalle und Metallprodukte*	-8,1	-1,0	186,0	5,0	1115,0	38,1	-92,9	-5,9	1,8
Motorfahrzeuge und Teile*	-0,8	-7,4	830,0	66,3	793,0	15,5	3,7	5,9	14,6
andere Transportgeräte*	-12,8	-3,1	-28,0	-6,5	93,0	15,8	-12,1	-6,9	0,7
Elektronische und andere Geräte*	-11,7	-8,5	1092,0	27,3	1628,0	14,5	-53,6	-11,3	-4,0
sonstige Industriegüter	2,4	0,4	611,0	18,8	1371,0	77,0	-76,0	2,3	10,7
Transport und Handel	-0,3	3,4	175,0	6,0	-46,0	-2,5	22,1	-0,7	7,4
Dienstleistungen	-0,9	4,1	-33,0	-0,8	116,0	3,2	-14,9	-1,6	6,4
Insgesamt		3,9	13972	45,8	15999	34,7	-202,7		7,8

Tabelle 6-9: sektorale Wirkungen des EU-Beitrittes auf die polnische Wirtschaft bei steigenden Skalenerträgen

*Quelle: eigene Berechnungen mit σ_{DM}= 8, σ_{MM}=4, σ_{DD}=16 und steigenden Skalenerträgen in den mit * bezeichneten Sektoren, Szenario EIP*

	polnische Exporte nach:			*polnische Importe aus:*		
	EU	MOEL	RdW	EU	MOEL	RdW
	Veränderung in %					
Durchschnitt	***24,2***	***25,1***	***37,5***	***48,3***	***-49,9***	***-39,7***
Landwirtschaftliche Produkte	312,5	684,1	-1,8	214,2	238,5	13,1
Kohle, Gas und Erze	2,6	12,2	10,9	-5,0	77,8	-4,0
verarbeitete Lebensmittel	1117,7	353,4	-3,8	274,5	1169,7	-19,4
Textilien*	10,1	38,0	-12,6	15,5	3,4	-44,8
Bekleidung	16,7	53,3	-13,7	57,2	11,3	-41,5
Papier, Druck und Verlagswesen*	5,5	1,4	37,0	30,8	-13,3	-23,1
Mineralprodukte und chemische Produkte*	2,6	26,6	53,3	33,7	1,7	-23,6
Metalle und Metallprodukte*	1,5	-4,4	7,9	21,1	-20,8	-9,1
Motorfahrzeuge und Teile*	42,6	39,6	190,6	29,3	25,5	-28,8
andere Transportgeräte*	-47,7	16,2	13,2	97,5	78,8	-39,1
Elektronische und andere Geräte*	13,5	25,6	47,0	25,4	1,2	-33,5
sonstige Industriegüter	7,8	42,9	37,9	49,4	56,3	-16,8
Transport und Handel	6,5	9,9	6,2	-1,8	-11,3	-7,6
Dienstleistungen	-0,3	2,3	-1,3	-0,6	0,6	0,0

Tabelle 6-10: Veränderung der Handelsströme in Polen nach dem EU Beitritt nach Sektoren und Regionen bei steigenden Skalenerträgen

*Quelle: eigene Berechnungen mit σ_{DM}= 8, σ_{MM}=4, σ_{DD}=16 und steigenden Skalenerträgen in den mit * bezeichneten Sektoren, Szenario EIP*

Sektor	Output	Veränderung der Preise der Armington-Aggregate (real)	Veränderung des Exportwertes		Veränderung des Importwertes		Veränderung der sektoralen Handelsposition (Exporte - Importe)	Sektorale Veränderung der Beschäftigung	Preis des sektorspezifischen Produktionsfaktors Kapital (real)
	in %	*in %*	*Mio. US$*	*in %*	*Mio. US$*	*in %*	*Mio. US$*	*in %*	*in %*
Landwirtschaftliche Produkte	0,7	0,2	1176,9	231,3	1813,5	108,6	-636,6	2,4	10,2
Kohle, Gas und Erze	-0,3	2,5	105,4	8,0	911,0	28,0	-805,6	-1,6	5,8
verarbeitete Lebensmittel	15,6	-3,9	8951,0	380,9	5699,6	260,7	3251,4	25,9	35,4
Textilien	0,2	-0,4	189,0	26,0	249,0	9,1	-60,0	3,2	11,0
Bekleidung	7,5	5,3	169,2	8,4	239,9	28,2	-70,7	8,6	16,8
Papier, Druck und Verlagswesen	-4,1	-2,6	246,8	35,9	481,1	29,5	-234,3	-7,2	-0,2
Mineralprodukte und chemische Produkte	-5,6	-3,1	1382,9	42,5	2819,4	32,9	-1436,5	-9,3	-2,5
Metalle und Metallprodukte	-1,7	-0,4	401,1	10,8	1248,0	42,6	-846,9	-3,5	3,8
Motorfahrzeuge und Teile	2,0	-6,5	879,5	70,3	931,2	18,3	-51,7	6,3	14,3
andere Transportgeräte	2,4	-1,1	95,6	22,2	122,5	20,9	-26,9	2,8	10,5
Elektronische und andere Geräte	-4,1	-6,6	1582,7	39,5	2270,4	20,2	-687,7	-5,8	1,3
sonstige Industriegüter	1,2	-0,1	528,2	16,3	1367,8	76,8	-839,6	-0,2	7,3
Transport und Handel	-0,8	2,8	50,9	1,7	-15,1	-0,8	66,0	-2,1	5,3
Dienstleistungen	-1,3	3,7	-220,8	-5,5	199,0	5,6	-419,8	-2,3	5,1
Insgesamt		4,3	15538	50,9	18337	39,7	-2798,9		6,8

Tabelle 6-11: sektorale Wirkungen des EU-Beitrittes auf Polen bei konstanten Skalenerträgen (Szenario EUI)

Quelle: eigene Berechnungen mit σ_{DM}= 8, σ_{MM} =4 und σ_{DD}=16, Szenario EIP

	polnische Exporte nach:			*polnische Importe aus:*		
	EU	MOEL	RdW	EU	MOEL	RdW
	Veränderung in %					
Durchschnitt	***30,2***	***35,5***	***37,7***	***52,8***	***-45,2***	***-35,2***
Landwirtschaftliche Produkte	302,7	702,3	-5,1	219,5	239,1	18,6
Kohle, Gas und Erze	1,8	12,4	10,1	-3,6	77,9	-2,4
verarbeitete Lebensmittel	1206,9	408,5	0,2	298,9	1278,3	-11,3
Textilien	40,8	63,3	-10,5	20,2	37,4	-26,7
Bekleidung	12,4	53,4	-18,2	58,7	11,4	-39,4
Papier, Druck und Verlagswesen	26,2	31,6	47,5	42,3	7,4	-0,4
Mineralprodukte und chemische Produkte	19	54,4	64,7	40,5	16,6	-9,2
Metalle und Metallprodukte	10,1	7,7	12,9	27,7	-12,9	3,5
Motorfahrzeuge und Teile	53,8	64	197,1	33,1	33,8	-22,1
andere Transportgeräte	22,3	44,5	21,4	98,3	98,6	-31,3
Elektronische und andere Geräte	31,2	53,1	56,5	30,8	16,4	-20,1
sonstige Industriegüter	6,8	46,7	36,3	53,8	58,6	-13,9
Transport und Handel	1,9	9,7	1,5	2,4	-11,3	-3,3
Dienstleistungen	-5,1	2,2	-6,2	4,4	0,7	5,2

Tabelle 6-12: Veränderung der Handelsströme in Polen nach dem EU Beitritt nach Sektoren und Regionen bei konstanten Skalenerträgen

Quelle: eigene Berechnungen mit σ_{DM}= 8, σ_{MM} =4 und σ_{DD}=16, Szenario EIP

6.5 Die politische Durchsetzbarkeit des graduellen Integrationsprozesses

6.5.1 Erwartete Effekte

Der Integrationsprozess Polens in die EU kann schematisch in drei Perioden unterteilt werden, die in Tabelle 6-13 dargestellt sind. Für diese drei Perioden werden die Payoffs der beteiligten Interessengruppen mit dem CGE-Modell simuliert.

Periode 1	*Periode 2*	*Periode 3*
1992 1993 1994 1995	*1996 1997 1998 1999 2000 2001 2002*	*2004*
Europa-Abkommen		EU-Beitritt
Liberalisierung der Märkte der EU	Liberalisierung der polnischen Handelsschranken (Europa-Abkommen)	

Tabelle 6-13: Phasen des Integrationsprozesses Polens in die EU
Quelle: eigene Darstellung

Wie aus Kapitel 4 deutlich wurde, birgt eine graduelle Implementierung des Beitrittes zu einem Integrationsraum die Gefahr des Abbruchs des Integrationsprozesses in sich. Die entscheidende Komponente der ersten Phase des Integrationsprozesses Polens in die EU ist die weitgehende Öffnung der europäischen Märkte für Industriegüter. Die Außenzölle werden beibehalten. Die Maßnahme führt zu Handelsablenkung, wie bereits in Kapitel 4 beschrieben. In Sektoren, in denen der in der EU geltende Preis über dem in Polen erzielbaren liegt, werden polnische Anbieter in die EU exportieren und zusätzliche Renten realisieren. Die inländische Nachfrage wird durch Importe aus Drittländern befriedigt. In Abhängigkeit von der Marktkonstellation bleibt der Konsumentenpreis unverändert oder er sinkt. Bei gleichem Preis bleibt die Konsumentenrente unverändert und die Zolleinnahmen steigen, wodurch die Wohlfahrt insgesamt steigt. Die bilateralen Terms of Trade gegenüber dem Partnerland verbessern sich, deren Veränderung gegenüber dem Rest der Welt ist unbestimmt.

Die zweite Periode besteht maßgeblich aus der Liberalisierung polnischer Märkte für Industriegüterimporte aus der EU. Hierbei kann es bei überwiegender Handelsumlenkung zu Wohlfahrtsverlusten kommen, bei überwiegender Handelsschaffung dominieren dagegen die Wohlfahrtsgewinne. Die importkonkurrierenden Sektoren im Inland verlieren unabhängig vom Wohlfahrtergebnis Renten, wenn es zu steigenden Importen kommt. Die bilateralen Terms of Trade gegenüber dem Partnerland verschlechtern sich, deren Veränderung gegenüber dem Rest der Welt ist unbestimmt.

Maßnahmen, die zum Beitritt zum EU-Binnenmarkt in der dritten Periode führen (z. B. Senkung der technischen Handelsbarrieren), erhöhen die Im- und Exporte sowie die Wohlfahrt. Sie wirken wie eine präferentielle Abschaffung der Handelsschranken, jedoch ohne den Wegfall von Zolleinnahmen, so dass die erzielten Wohlfahrtsgewinne höher sind, da keine Handelsumlenkung stattfindet. Der Preis importierter Güter im

Inland sinkt und inländische Exporteure werden auf EU-Märkten wettbewerbsfähiger. Eigner der Produktionsfaktoren in den Exportsektoren gewinnen, während sie in den importkonkurrierenden Sektoren verlieren. Da es gleichzeitig zu Wohlfahrtsgewinnen kommt, ist politische Unterstützung für diesen Schritt wahrscheinlich.

Wie aus Kapitel 4 deutlich wurde, ist es denkbar, dass sinkende politische Unterstützung zu einem Abbruch des Beitrittsprozesses führen kann, wenn zu einem Zeitpunkt die nachfolgenden Integrationsschritte in der Summe auf politische Ablehnung stoßen. Ist die politische Ablehnung in der zweiten Periode so stark, dass sie die politische Unterstützung des dritten Teiles überkompensiert, ist die Fortsetzung des Integrationsprozesses gefährdet. Für die Abbildung der sequentiellen Liberalisierung wird das Modell mit steigenden Skalenerträgen drei mal unter Verwendung des Ergebnisses der Vorperiode als Basisszenario mit jeweils veränderten exogenen Größen gelöst.

6.5.2 Simulationsergebnisse

In Tabelle 6-14 sind die Auswirkungen des Beitrittes der Osteuropäischen Transformationsländer zur EU auf die polnische Volkswirtschaft bei einer graduellen Implementierung dargestellt. In jeder Periode werden Wohlfahrtsgewinne realisiert. [101]

In der ersten Periode sind aufgrund der Handelsablenkung begleitet von einer Verbesserung der Terms of Trade deutliche Wohlfahrtsgewinne in Höhe von 2,9% festzustellen. Das Preisniveau im Inland steigt leicht um 1,3% an. Eine potentielle Ursache dafür ist, dass in einigen Sektoren vormals prohibitive Zölle aufgrund der inländischen Angebotsverknappung greifen und dass der inländische Preis für diese Güter sich dem zollbehafteten Weltmarktpreis angleicht.

Die Öffnung der polnischen Märkte für Industrieimporte aus der EU generiert in der zweiten Periode deutlich geringere Wohlfahrtsgewinne, die sich auf 1,4% belaufen. Der positive Wert bestätigt die Dominanz der Handelsschaffung, die bereits in der Simulation des Beitrittes als radikale Strategie festgestellt worden ist. Gleichzeitig kommt es zu einer Verschlechterung der Terms of Trade, da jetzt einige Importe (vor der Zollerhebung) teurer werden. Insgesamt sinkt jedoch aufgrund des entfallenden Zolls das Preisniveau im Inland sehr deutlich um 3,9%.

	Periode 1	*Periode 2*	*Periode 3*
Wohlfahrt in % in:			
- *Polen*	2,9	1,4	2,5
- *EU*	1,3	1,4	1,5
Preisniveau in %	1,3	-3,9	-4,4
Terms of Trade in %	1,6	-1,4	-1,2
Löhne in %	1,9	6,6	8,7

Tabelle 6-14: Auswirkungen der graduellen Integration in Polen

[101] Die Zeitpräferenz wird in den Berechnungen vernachlässigt.

Quelle: eigene Berechnungen mit dem CGE-Modell, steigende Skalenerträge

In der dritten Periode steigt die Wohlfahrt nochmals um 2,5% an. Dies ist insbesondere auf die eindeutigen Wohlfahrtsgewinne aus der Abschaffung der technischen Handelsbarrieren zurückzuführen. Die leichte Preissenkung deutet auf stark sinkende Preise für EU-Importe aufgrund des entfallenden Zolls hin. Da die (vor Zollerhebung) günstigeren Importe aus dem Rest der Welt nun durch teurere aus der EU ersetzt werden, kommt es zu einer deutlichen Verschlechterung der Terms of Trade, die jedoch die Wohlfahrtsgewinne nicht überkompensieren kann.

	Periode 1	*Periode 2*	*Periode 3*
		in Mio. US$	
$\sum_i \Delta\pi(p)$	880,3	2754,9	3612,9
(- nominal)	(1453,9)	(971,1)	(1512,8)
$\Delta W(p)$	2546,6	1259	2145,6
$(1-a)\sum_i[\Delta\pi_i(p)]+a[\Delta W(p)]$			
- Bei a=0,5	1713,45	2006,95	2879,25

Tabelle 6-15: Politische Unterstützung für den EU-Beitritt Polens bei graduellem Beitrittsprozess

Quelle: eigene Berechnungen mit dem CGE-Modell, steigende Skalenerträge

Die politische Unterstützung für die graduelle Integration ist in allen Perioden eindeutig gegeben (s. Tabelle 6-15). Die Veränderung des Einkommens der Eigner sektorspezifischer Produktionsfaktoren ist hier als reale und nominale Größe dargestellt, um den Einfluss des Preisniveaus zu verdeutlichen. In der ersten Periode sind die Einkommen aus dem Besitz sektorspezifischer Produktionsfaktoren trotz der Preissteigerung positiv. Die für die zweite Periode errechnete starke Steigerung des Einkommens der Eigner sektorspezifischer Produktionsfaktoren widerspricht den Erwartungen. Ein Vergleich des realen und des nominalen Einkommens zeigt, dass die Steigerung zu einem beträchtlichen Teil auf die Preissenkung in dieser Periode zurückzuführen ist. Eine potentielle Ursache des verbleibenden positiven Wertes sind Preissenkungen bei Zwischenprodukten. Anzumerken ist hier weiterhin, dass sich in der zweiten Periode die Liberalisierungsschritte der EU und Polens überschneiden, so dass auch in dieser Periode in geringem Maße steigende Exporte zu beobachten sind. Die dritte Periode bringt nochmals hohe reale Einkommenssteigerungen mit sich.

6.6 Konsequenzen für Polen und weiterer Forschungsbedarf

Es ist bereits betont worden, dass aus den Modellergebnissen aufgrund der evidenten Einschränkungen des Ansatzes und der unterstellten vereinfachenden Annahmen keine direkte Politikempfehlung für Polen abgeleitet werden kann. Ein CGE-Modell ist kein Prognoseinstrument, mit dem eine zeitpunktbezogene Vorhersage der Wirkungen möglich ist. Es ist vielmehr ein Instrument der ökonomischen Analyse, das die Einbeziehung struktureller Details erlaubt, die über die in der Theorie abbildbaren hinausgehen. Unter Berücksichtigung dieser Einschränkungen können die vorgestellten Ergebnisse zur Identifizierung und Quantifizierung ausgewählter Aspekte politökonomischer Mechanismen beim Beitrittsprozesses dienen.

Im Zuge des EU-Beitritts ist in Polen eine starke Zunahme der Außenhandelstätigkeit zu erwarten. Dabei steigen polnische Importe insgesamt deutlicher als die Exporte. Der Großteil dieser Zunahme ist auf Einfuhren aus der Europäischen Union zurückzuführen. Die durch die präferentielle Liberalisierung entstehenden negativen Effekte der Handelsumlenkung werden durch die positiven Effekte der Handelsschaffung überkompensiert, so dass insgesamt eine Effizienzsteigerung und damit auch ein moderater Wohlfahrtszuwachs zu verzeichnen sind. Dieser entsteht trotz einer leichten Verschlechterung der polnischen Terms of Trade. Zusätzlich gewinnt Polen aus dem präferentiellen Zugang zum Markt der Europäischen Union, der einen Exportanstieg verursacht. Darüber hinaus trägt die verbesserte Substituierbarkeit der Produkte sowie die Realisierung steigender Skalenerträge in Polen deutlich zur Wohlfahrtsverbesserung bei.

Ein weiteres Ergebnis der Analyse ist, dass der EU-Beitritt in Polen unabhängig von der Implementierungssequenz mit starker politischer Unterstützung rechnen kann. Dies ist auf die Tatsache zurückzuführen, dass der Beitritt starke Wohlfahrtsgewinne generiert und gleichzeitig die Entlohnung der sektorspezifischen Produktionsfaktoren in der Summe steigen lässt. Die vor dem theoretischen Hintergrund formulierte Hypothese, dass eine Gefahr der politischen Ablehnung aus der unter ökonomischen Gesichtspunkten gestalteten Implementierungssequenz des Beitritts entsteht, muss angesichts der durchgehend positiven politischen Unterstützung abgelehnt werden. Es können keine ökonomischen Gründe für die sinkende öffentliche Zustimmung zum Beitrittsprozess identifiziert werden. Vielmehr ist eine steigende politische Unterstützung im Verlauf des Beitrittsprozesses deutlich erkennbar. Dies ist zu einem beträchtlichen Teil auf den Umstand zurückzuführen, dass der starke Anstieg der Importe die Preise in der Volkswirtschaft so stark senkt, dass teilweise auch Eigner der in importkonkurrierenden Sektoren eingesetzten spezifischen Produktionsfaktoren trotz der Preissenkung beim eigenen Gut von dem Abkommen profitieren.

Für Polen lässt sich damit der Schluss ziehen, dass die Ursachen für die abnehmende Zustimmung außerhalb des handelspolitischen Integrationsprozesses zu vermuten sind. Eine alternative Erklärung des Phänomens wurde beispielsweise von SZCZERBIAK (2000) vorgeschlagen, der die mit Beginn der Verhandlungen zunehmende Information über die negativen Konsequenzen des Anpassungsprozesses als Ursache für die sinkende Zustimmung identifiziert. Geht man davon aus, dass die Regierung den Beitritt aus exogen gegebenen Gründen durchsetzen und gleichzeitig die politische Unterstützung auf einem möglichst hohen Niveau halten möchte, dann wird sie die ihr zur Verfügung stehenden Instrumente nutzen, um die Zustimmung der Bevölkerung zu erhöhen oder zu stabilisieren. Die Antwort auf die Frage, welche Mittel hier geeignet sind, erfordert weitere Erforschung der Ursachen der abnehmenden Zustimmung. Von

Maßnahmen, die die Zustimmung der von handelspolitischen Maßnahmen negativ betroffenen Gruppen erhöhen, ist keine signifikante Verbesserung zu erwarten.

Aufgrund der Vielzahl und der Komplexität der im EU-Beitritt enthaltenen wirtschaftspolitischen Maßnahmen und der Wirkungszusammenhänge konnten Beschränkungen der Analyse auf die wesentlichsten Aspekte nicht ausbleiben. Im Modell wurde die Modellierung des EU-Beitrittes Polens auf die handelspolitischen Maßnahmen der Europa-Abkommen und des Beitritts beschränkt. Der Beitritt impliziert jedoch weitergehende wirtschaftpolitische Eingriffe, die Einfluss auf die politische Durchsetzbarkeit haben. Hierzu gehören Arbeitskräftemigration, budgetäre Wirkungen, die Übernahme der CAP, die hier nur rudimentär modelliert wurde, sowie die bereits angesprochenen Anpassungskosten bei der Übernahme des *acquis communautaire*. Gleichzeitig werden Kosten, die in Polen durch die Anpassungen an den *acquis communautaire* anfallen, nicht berücksichtigt. Diese betreffen sowohl die öffentliche Hand als auch Unternehmen, wobei sie sich je nach Sektor stark unterscheiden. Diese Anpassungen fallen sowohl in Form einmaliger Investitionen (z. B. durch Veränderung der Produkteigenschaften zwecks Anpassung an Standards und technische Normen) oder in Form steigender Produktionskosten, z. B. aufgrund strengerer Umweltvorschriften an. Die zusätzlichen Investitionen können aufgrund des langen Anpassungszeitraumes durch die üblichen Ersatzinvestitionen aufgefangen werden. Der Anstieg der Produktionskosten ist dagegen dauerhaft und kann die Wettbewerbsfähigkeit der betreffenden Sektoren verschlechtern. Die betroffenen Branchen werden versuchen, Ausnahmen durchzusetzen. Die Berücksichtigung dieser Aspekte würde eine sinnvolle Ergänzung der vorliegenden Analyse darstellen.

Weiterer Forschungsbedarf ergibt sich in der Ergänzung des Analyserahmens von GROSSMAN/HELPMAN um zusätzliche Aspekte. Diese werden zum einen durch die empirischen Studien zu diesem Modell nahegelegt, in denen die empirische Bedeutung der Arbeitslosigkeit bei der endogenen Bestimmung sektoraler Protektionsraten hervorgehoben wird. Gleichzeitig legen Beobachtungen in Transformationsländern nahe, dass Arbeitslosigkeit, besonders in regional stark konzentrierten Branchen, insbesondere aufgrund des großen Einflusses der Gewerkschaften bei wirtschaftspolitischen Entscheidungen ein großes Gewicht besitzt.

7 SCHLUSSBETRACHTUNG

Seit Beginn der neunziger Jahre ist der Beitritt zur Europäischen Union neben der Transformation der wichtigste Punkt auf der wirtschaftpolitischen Agenda in Polen. Diese Konstanz ist unabhängig von der politischen Orientierung der regierenden Partei zu beobachten. Nachdem die Unterstützung der Bevölkerung für die Beteiligung am Europäischen Integrationsprozess Anfang der neunziger Jahre mit Werten von ca. 75% überwältigend positiv ausgefallen war, fiel sie im Verlauf der Dekade auf knapp über 50%, eine Größenordnung, die derjenigen in westeuropäischen Ländern nahe kommt. Gleichzeitig traten verstärkt euroskeptische Parteien in Erscheinung. Vor dem Hintergrund der zunehmenden Widerstände leistet eine empirisch angelegte politökonomische Analyse der EU-Integration der osteuropäischen Länder einen Beitrag zur Identifizierung und Quantifizierung der wirkenden politökonomischen Kräfte.

Politische Unterstützung für die Bildung eines Handelsintegrationsraumes wird nach der Theorie der politischen Ökonomie von Eignern der sektorspezifischen Produktionsfaktoren in Exportsektoren generiert, die durch den präferentiellen Zugang zu Märkten des Partnerlandes Einkommenssteigerungen realisieren können. Zwecks Beeinflussung der Regierung werden sie Interessengruppen bilden, die über diverse Kanäle Einfluss auf die Regierung nehmen können. In der Regel werden sich nicht alle Gruppen organisieren können. Die Einkommensgewinne für die Eigner der sektorspezifischen Produktionsfaktoren der inländischen Exportsektoren sind umso größer, je stärker die Handelsumlenkung im Partnerland ausfällt. Da die mit Integrationsräumen verbundenen Maßnahmen in der Regel sequentiell implementiert werden, hat die Ausgestaltung dieser Sequenz entscheidende Bedeutung für die politische Unterstützung des Integrationsprozesses.

Basierend auf theoretischen Überlegungen zu Reformen im Rahmen des Modells von GROSSMAN/HELPMAN wurde die These aufgestellt, dass die graduelle Implementierung der im Rahmen des Beitrittes getroffenen handelspolitischen Vereinbarungen zum Abbruch des Integrationsprozesses führen kann. Dies ist der Fall, wenn die politische Unterstützung verstärkt zu Beginn des Prozesses generiert wird. Sind die verbleibenden Reformen in der Summe politisch nicht durchsetzbar, dann kann es bei nicht oder nur schwach komplementären Sequenzschritten zu einer Ablehnung des Beitrittes kommen. Ob diese Situation eintritt, ist von der relativen Höhe der politischen Unterstützung bzw. Ablehnung abhängig, die die einzelnen Sequenzschritte generieren.

Im empirischen Teil der Arbeit (Kapitel 5 und 6) wurde geprüft, ob im Fall Polens diese These bestätigt werden konnte. Hierzu wurde ein CGE-Modell konstruiert, mit dem die Auswirkungen der graduellen Liberalisierung auf die polnische Volkswirtschaft simuliert worden sind. Seine Kernelemente sind steigende Skalenerträge in ausgewählten Sektoren und ein sektorspezifischer Produktionsfaktor Kapital. Damit ist das Modell zur Abbildung der zentralen kurzfristigen Anpassungskosten geeignet, die politökonomisches Verhalten maßgeblich beeinflussen.

Die Frage nach der Qualität der Modellergebnisse als Prognoseinstrument lässt sich nur vor dem Hintergrund der Schwächen allgemeiner Gleichgewichtsmodellierung und der vorliegenden Simulationsanalyse beantworten. Das Modell ist eine vereinfachte Abbildung der Volkswirtschaft Polens mit dem Schwerpunkt in der Modellierung der internationalen Handelsverflechtungen. Die bei der Modellierung mehrerer Regionen verwendete Symmetrieannahme erschwert eine detaillierte und damit realistischere Abbildung der inländischen Strukturen. Für den konkreten Fall Polens hat dies eine Beschränkung auf die schwerpunktmäßige Modellierung der Handelsverflechtungen zur Folge. Die Ergebnisse können damit nicht als Anpassungspfad der polnischen Volkswirtschaft im Verlauf des Integrationsprozesses interpretiert werden. In Bezug auf den unterstellten politökonomischen Mechanismus kann aufgrund der fehlenden Möglichkeit der ökonometrischen Überprüfung des verwendeten Ansatzes nicht abschließend bewertet werden, inwiefern dieser die politökonomischen Mechanismen in Polen zutreffend abbildet. Dennoch können unter den geltenden Einschränkungen zentrale Ergebnisse zum Anpassungspfad hergeleitet werden.

Insgesamt ist die zusammen mit den anderen MOEL erfolgende Integration in die Europäische Union für Polen moderat wohlfahrtssteigernd. Die Effizienzgewinne infolge der Handelsschaffung überwiegen die negativen Wohlfahrtseffekte der Terms of Trade Verschlechterung. Gleichzeitig generiert der Beitritt bei simultaner Einführung aller Maßnahmen hohe politische Unterstützung. Die Hypothese, dass die gewählte Sequenz die Gefahr eines Abbruchs in sich birgt, lässt sich insgesamt nicht bestätigen, da die politische Unterstützung in jeder Periode der Implementierungssequenz steigt.

ANHANG I: HERLEITUNG DER GLEICHUNG VON GROSSMAN UND HELPMAN

Die Sektoren in beiden Ländern werden in zwei Gruppen unterteilt, die mit *s* und *1-s* bezeichnet werden. Beiden Sektoranteilen werden in den kommenden Beispielen bestimmte Konstellationen an Nachfrage und Angebot zugeschrieben, die sich an den Eingangs dargestellten Fällen orientieren. Zunächst werden jedoch die in den beiden Sektoranteilen produzierten Mengen aufgeteilt. In den *s* Sektoren wird in Land A die Menge $X^A_i = \theta X$ produziert, in Land B dagegen $X^B_i = (1-\theta)X$. Dabei bezeichnet X die annahmegemäß gleiche Gesamtproduktionsmenge je Land. In den übrigen *1-s* Sektoren wird dann *vice versa* in Land A die Menge $X^A_i = (1-\theta)X$ hergestellt und in Land B $X^B_i = \theta X$. Die Struktur in Land B ist also spiegelbildlich zu der in Land A. Zusätzlich wird $\theta > 1/2$ angenommen, dies verringert die Anzahl der zu berücksichtigenden Fälle, verändert dabei aber nicht die allgemeine Aussage des Modells.

Fall 1:
Geht man davon aus, daß die Zölle in den beteiligten Ländern entsprechend den Ergebnissen des GROSSMAN/HELPMANN (1994a) gebildet werden, d. h. in dem gleichen politökonomischen Prozeß wie bei der Entscheidung um die Bildung der FHZ, dann erhält man für die inländischen Preise nach Zollerhebung in A und B:

$$p_i^A = 1 + \frac{X_i^A}{ab} \quad \textit{und} \quad p_i^B = 1 + \frac{X_i^B}{ab} \tag{A1.1}$$

Weiterhin wird nun angenommen, daß nach Bildung der FHZ alle Hochzollgüter (in Land A der Anteil *s*, und in Land B der Anteil *1-s*) aus dem Partnerland importiert werden, und das Angebot des Partnerlandes nicht ausreicht um die gesamte inländische Nachfrage zum inländischen Preis zu decken. Dies bedeutet, daß die Nachfrage nach diesen Gütern in dem Hochzolland größer als das gemeinsame Angebot der beiden Länder zu den jeweiligen Preisen ist:

$$D - bp_i^A > X \text{ für den Anteil } s \quad \text{und} \quad D - bp_i^B > X \text{ für den Anteil } 1-s \tag{A1.2}$$

Die Nachfrage in den beiden Ländern wird definiert als:

$$D_i^A(p_i^A) = D - bp_i^A \quad \textit{und} \quad D_i^B(p_i^B) = D - bp_i^B \tag{A1.3}$$

Setzt man (A1.1) und (A1.3) in (A1.2) ein, dann erhält man z. B. für Land A:

$$D - b\left[1 + \frac{X_i^A}{ab}\right] > X$$

setzt man wie bereits definiert für $X_i^A = \theta X$, dann erhält man einen Ausdruck, der die Bedingungen an die Konstellation von Angebot und Nachfrage in den Hochzollsektoren der beiden Länder darstellt:

$$\frac{D-b}{X} > 1 + \frac{\theta}{a} \qquad \text{(A1.4)}$$

Der Ausdruck ist für das Land B gleich, da auch dort die Hochzollsektoren die Menge $X_i^B = \theta X$ herstellen. Diese Bedingung besagt gleichzeitig, daß in allen Sektoren vor Bildung der FHZ importiert wird.

Aus der allgemeinen Bedingung für die politische Durchsetzbarkeit der FHZ, Gleichung (3.5) im Haupttext, ist ableitbar, dass eine FHZ nur dann zustande kommt, wenn die Veränderung der politischen Unterstützung nach Bildung der FHZ positiv ist:

$$\Delta \sum \pi + a \Delta W \geq 0 \qquad \text{(A1.5)}$$

Um zu wissen ob in dem betrachteten Beispiel die FHZ zustande kommt, muß man also die Veränderung der allgemeinen Wohlfahrt und des Einkommens aus dem Besitz des sektorspezifischen Produktionsfaktors kennen.

Die Wohlfahrt in den Hochzollsektoren verändert sich nur infolge der entgangenen Zolleinnahmen. Diese betragen z. B. in Land A in Sektoren, die jeweils die Menge θX herstellen:

$$\Delta W_i^A = -\left(p_i^A - 1\right) X_i^B (p_i^A)$$

In den Niedrigzollsektoren steigt die Wohlfahrt aufgrund der steigenden Zolleinnahmen sowie den Einkünften aus dem Faktoreinkommen, z. B. für Land A in *1-s* Sektoren, die die Menge $(1-\theta)X$ herstellen:

$$\Delta W_i^A = \Delta \sum \pi + \left(p_i^B - 1\right) X_i^B (p_i^B)$$

Setzt man jetzt A1.1 ein, dann erhält man für die Veränderung der allgemeinen Wohlfahrt[102] infolge der sich verändernden Zolleinnahmen die folgenden Ausdrücke:

$$\Delta W = -\frac{\theta(1-\theta)X^2}{ab} \text{ für alle } X = \theta X$$

und (A1.6)

$$\Delta W = \frac{\theta(1-\theta)X^2}{ab} \text{ für alle } X = (1-\theta)X$$

---

102 Bei der Berechnung der Wohlfahrt wird das Einkommen aus dem Besitz an Produktionsfaktoren vernachlässigt, da angenommen wird, dass die Besitzer der sektorspezifischen Produktionsfaktoren einen sehr geringen Anteil and der Gesamtbevölkerung ausmachen.

Anhand der beiden Gleichungen für die allgemeine Wohlfahrt kann bereits festgestellt werden, daß bei $s=1/2$ das Abkommen in Land A ohne Lobbying befürwortet werden könnte, da dann die FTA in Land A Wohlfahrtsneutral und die Regierung indifferent ist.

Die Veränderung des Einkommens aus dem Besitz des sektorspezifischen Produktionsfaktors kann ebenfalls errechnet werden. In den Hochzollsektoren verändert sich das Einkommen nicht, da der Preis zu dem die Produzenten absetzen können gleich bleibt. Die Anbieter im Niedrigzollsektor haben die Möglichkeit, ihre Güter im Partnerland zu dem dort geltenden höheren Preis abzusetzen, daher verzeichnen sie Gewinne:

$$\Delta\pi_i^A = \frac{(2\theta-1)(1-\theta)X^2}{ab} \quad \text{für } X_i^A=(1-\theta)X$$

und (A1.7)

$$\Delta\pi_i^B = \frac{(2\theta-1)(1-\theta)X^2}{ab} \quad \text{für } X_i^B=(1-\theta)X$$

Setzt man (A1.6) und (A1.7) in die Bedingung für die Durchsetzbarkeit der FHZ (A1.5) ein, dann erhält man für Land A:

$$(1-s)\frac{(2\theta-1)(1-\theta)X^2}{ab} + a\left[(1-s)\frac{\theta(1-\theta)X^2}{ab} + s\left(-\frac{\theta(1-\theta)X^2}{ab}\right)\right] \geq 0$$

aufgelöst erhält man die Bedingung an die Aufteilung der Sektoren in Land A:

$$\frac{1}{2} \leq s \leq \frac{1}{2} + \frac{\theta - \frac{1}{2}}{2\theta - 1 + 2a\theta} \qquad \text{(A1.8)}$$

Diese Bedingung ist für jedes s, das in der Nähe von ½ liegt, erfüllt, da $\theta \geq 1/2$ und a in der Regel große Werte annimmt. Je größer a ist, umso stärker wird die negative Veränderung der Wohlfahrt infolge der Handelsumlenkung in den Hochzollsektoren sein und umso geringer wird der Anteil dieser Sektoren sein müssen wenn die FHZ durchgesetzt werden soll.

Da angenommen wurde, daß $s \geq 1/2$ und der Anteil s in Land B den Anteil der exportierenden Sektoren bezeichnet, die nur positive Wohlfahrtswirkungen generieren, ist die FHZ in Land B unter diesen Bedingungen durchsetzbar.

Ist s also nur geringfügig größer als 1/2, die Anzahl der potentiellen Export- und Importsektoren also etwa ausgeglichen, kann die FHZ durchgesetzt werden.

Fall 2:
Ausgehend von (A1.1-3) kann die Bedingung and die Parameterkonstellation für die Situation, in der alle Sektoren verringerte Protektion aufweisen und gleichzeitig das Angebot des Niedrigzollandes zur Deckung der Nachfrage im Hochzolland zum Preis des Niedrigzollandes ausreicht (abnehmende Protektion in allen Sektoren). Diese Bedingung lautet [GROSSMAN/HELPMAN (1993), S. 24]:

$$1+\frac{1-\theta}{a} > \frac{D-b}{X} > \theta + \frac{\theta}{a} \qquad \text{(A1.9)}$$

Berechnet man analog zu Fall 1 die Wohlfahrtsveränderungen, die jeweils von den Hochzollsektoren *(θX)* und den Niedrigzollsektoren *((1-θ)X)* generiert werden, dann erhält man für Land A (Land B analog) [GROSSMAN/HELPMAN (1993), S. 24f.]:

$$\Delta W_i^A = \frac{X^2}{ab}\left[(\theta-1)\left(\frac{D-b}{X}-\theta\right)+\frac{1}{2a}\left(2\theta^2-2\theta+1\right)\right] >< 0 \quad \text{für } Xi^A=\theta X$$

und (A1.10)

$$\Delta W_i^A = \frac{X^2}{ab}(1-\theta)\left[\frac{D-b}{X}-\theta-\frac{1-\theta}{a}\right] > 0 \qquad \text{für } XiA=(1-\theta)X$$

Ohne Lobbyaktivität wäre hier eine Durchsetzung der FHZ möglich, z. B. wenn $s=1/2$ ist. Bei $s>1/2$ hängt die Durchsetzbarkeit von der Stärke der Effekte der Handelsschaffung und –umlenkung, die das Vorzeichen des ersten Ausdruckes determinieren.

Für $\Delta\pi_i$ erhält man in Land A (in Land B analog) [GROSSMAN/HELPMAN (1993), S. 25]:

$$\Delta\pi_i^A = -\frac{X^2}{ab}\theta(2\theta-1) \qquad \text{für } X_i=\theta X$$

und (A1.11)

$$\Delta\pi_i^A=0 \qquad \text{für } X_i^A=(1-\theta)X$$

Da der Verlust an π in den Hochzollsektoren vorliegt und nicht über Gewinne in den Niedrigzollsektoren kompensiert werden kann, ist die Integrationszone nicht durchsetzbar.

Bei $s=1/2$ entspricht die Veränderung der aggregierten allgemeinen Wohlfahrt multipliziert mit a in jedem Land:

$$a\Delta W = \frac{n(2\theta - 1)X^2}{4ab} \tag{A1.12}$$

Damit ist für den angenommenen Wert von $\theta > 1/2$ der Verlust der Eigner der sektorspezifischen Produktionsfaktoren größer und die FHZ kommt nicht zustande. Steigt s, dann nimmt in Land A die Anzahl der Hochzollsektoren zu. Damit wächst die zusätzliche Wohlfahrt in Land A langsamer als die zusätzlichen Verluste der Lobbymitglieder, da die Wirkung der Preissenkung auf die Wohlfahrt durch den Effekt der Handelsumlenkung geschmälert wird. Damit wird die Freihandelszone für alle $s > 1/2$ abgelehnt.

ANHANG II: DIE KALIBRIERUNG DER *COST DISADVANTAGE RATIOS (CDR)*[103]

Die steigenden Skalenerträge werden durch Aufteilung der Produktionskosten in eine Fixkostenkomponente und eine konstante Grenzkostenkomponente modelliert. Die Gesamtkosten betragen damit:

$$TK = FK + GK\,X \qquad \text{(A2.1)}$$

Wobei *TK* für Gesamtkosten, FK für Fixkosten, *X* für die Outputmenge und *GK* für die Grenzkosten steht.

Die Durchschnittskosten nehmen damit die folgende Form an:

$$DK = \frac{FK}{X} + GK \qquad \text{(A2.2)}$$

Wobei DK die Durchschnittskosten bezeichnet.

Nimmt man an, dass freier Markteintritt die Gewinne der Unternehmen auf Null senkt, dann können die Mengen und die Gesamtkosten aus dem Datensatz entnommen werden. Sind im Ausgangszustand *n* Firmen tätig und gilt die Symmetrieannahme, dann lassen sich die entnommenen Mengen und Kosten im Ausgangsgleichgewicht auf die einzelnen Unternehmen aufteilen:

$$n\,tk_0 = TK_0 \quad und \quad n\,x_0 = X_0$$

Wobei die Kleinbuchstaben die Kosten bzw. die Menge je Unternehmen ausdrücken und der Index 0 für die Ausgangssituation steht. Unter den genannten Annahmen gilt:

$$\frac{tk_0}{x_0} = \frac{n\,tk_0}{n\,x_0} = \frac{TK_0}{X_0} \qquad \text{(A2.3)}$$

Damit kann aus dem Basisdatensatz ein Punkt auf der Durchschnittskostenkurve des repräsentativen Unternehmens berechnet werden:

$$\frac{tk_0}{x_0} = \frac{fk}{x_0} + gk \qquad \text{(A2.4)}$$

Da die funktionale Form der Durchschnittskostenfunktion bekannt ist, kann sie kalibriert werden, wenn ein zweiter Punkt bekannt ist. Dieser ist durch empirische Schätzungen gegeben. Diese erlauben Aussagen darüber, dass wenn der Output auf ax_0

---

103 In Anlehnung an HARRISON/RUTHERFORD/TARR (1994), Anhang B.

sinkt, die Kosten auf $b\left(\frac{tk_0}{x_0}\right)$ steigen. Dabei gilt: $0<a<1$ und $b>1$ sowie $ab<1$. Dadurch kann ein zweiter Punkt auf der Durchschnittskostenkurve ermittelt werden:

$$b\frac{tk_0}{x_0} = \frac{fk}{ax_0} + gk \tag{A2.5}$$

Multipliziert man Zähler und Nenner der letzten beiden Gleichungen mit n, dann erhält man Gleichungen, für die Daten vorhanden sind:

$$\frac{TK_0}{X_0} = \frac{FK}{X_0} + gk \qquad \text{und}$$

$$b\frac{TK_0}{X_0} = \frac{FK}{aX_0} + gk\,. \tag{A2.6}$$

Löst man diese Gleichungen nach den Fixkosten und den Grenzkosten auf, dann erhält man:

$$FK = TK_0(b-1)\frac{a}{1-a} \qquad \text{und}$$

$$m = \left(\frac{TK_0}{X_0}\right)\left(\frac{ba-1}{a-1}\right). \tag{A2.7}$$

Damit lässt sich das CDR als

$$CDR = \frac{(b-1)a}{1-a} \tag{A2.8}$$

ausdrücken.

Die Werte für a und b werden aus empirischen Studien bezogen, die von PRATTEN (1988) zusammengefasst worden sind. Diese Daten werden auf Basis der dort gegebenen Sektoren in CDRs umgerechnet, die dann der hier verwendeten sektoralen Disaggregation zugeordnet werden. Die so berechneten im Modell verwendeten Werte sind in Tabelle A-1 dargestellt.

Sektor	*CDR*	*Sektor*	*CDR*
Landwirtschaftliche Produkte	0	Metalle und Metallprodukte	0,05
Kohle, Gas und Erze	0	Motorfahrzeuge und Teile	0,03
verarbeitete Lebensmittel	0,08	andere Transportgeräte	0,09
Textilien	0,09	Elektronische und andere Geräte	0,05
Bekleidung	0	sonstige Industriegüter	0
Papier, Druck und Verlagswesen	0,16	Transport und Handel	0
Mineralprodukte und chemische Produkte	0.088	Dienstleistungen	0

Tabelle A-1: Die CDR-Werte im Modell.

Quelle: eigene Berechnungen nach PRATTEN *(1988)*

ANHANG III: HERLEITUNG DER MARKUPS BEI NACH REGIONEN SEGMENTIERTEN MÄRKTEN.

Marktsegmentierung impliziert, dass jeder Anbieter auf jedem regionalen Markt die optimale Menge in Abhängigkeit von der auf diesem Markt geltenden Nachfragekonstellation anbietet. Daher unterscheiden sich die Markups je nach Land. Dabei besteht aufgrund der Nachfragestruktur ein wesentlicher Unterschied zwischen den im Inland und den auf ausländischen Märkten erzielten Markups, da bei ausländischen Markups eine zusätzliche Hierarchiestufe berücksichtigt werden muss. Ein Markup ist allgemein definiert als (s. Kap. 5):

$$m = \frac{1}{\varepsilon}$$

wobei ε die Preiselastizität der Nachfrage bezeichnet.

Zur Herleitung der Elastizität wird zunächst die Nachfragefunktion nach einer Variante eines Gutes unter Berücksichtigung aller Hierarchiestufen errechnet.

Ausgehend von der Aggregrationsbeziehung:

$$D_{ir} = \left[\sum_k x_{kir}^{(\sigma_{DD}-1)/\sigma_{DD}} \right]^{\sigma_{DD}/(\sigma_{DD}-1)} \qquad \text{(A3.1)}$$

und dem dazugehörigen Preisindex:

$$P_{ir} = \left(\sum_k p_{kir}^{1-\sigma_{DD}} \right)^{1/(1-\sigma_{DD})}$$

wird zunächst die Nachfragefunktion nach der Variante k eines Unternehmens hergeleitet. Hierzu wird zunächst das Optimierungsproblem des Konsumenten auf der untersten Hierarchieebene des „Nachfragebaumes" aufgestellt, der bei gegebenem Nutzen die Ausgaben minimiert.[104] Zur Erhöhung der Übersichtlichkeit werden die Indizes i und r weggelassen und $\rho = (\sigma_{DD} - 1)/\sigma_{DD}$ substituiert. Damit erhält man als Ausgangsproblem:

$$\min PD = \sum_k p_k x_k$$

unter der Nebenbedingung: $D^{\rho} = \sum_k x_{kir}^{\rho}$ (A3.2)

Daraus kann die Lagrange-Funktion gebildet werden:

$$L = \sum_k p_k x_k - \lambda \left(\sum_k x_k^{\rho} - D^{\rho} \right) \qquad \text{(A3.3)}$$

104 Die Formulierung als Nutzenmaximierung bei einer Budgetbeschränkung führt zum gleichen Ergebnis.

Die Bedingungen erster Ordnung lauten:

$$\frac{\partial L}{\partial x_1} = p_1 - \lambda \rho x_1^{\rho-1} = 0 \tag{A3.4}$$

$$\frac{\partial L}{\partial x_k} = p_k - \lambda \rho x_k^{\rho-1} = 0 \tag{A3.5}$$

$$\frac{\partial L}{\partial \lambda} = \sum_k x_k^\rho - D^\rho = 0 \tag{A3.6}$$

Auflösen der ersten k Gleichungen nach x_k^ρ ergibt:

$$x_k^\rho = p_k^{\frac{\rho}{\rho-1}} (\lambda\rho)^{-\frac{\rho}{\rho-1}} \tag{A3.7}$$

Setzt man dies in die Gleichung A3.6 ein und löst nach $(\lambda\rho)^{-\rho/(\rho-1)}$ auf, dann erhält man:

$$(\lambda\rho)^{-\frac{\rho}{\rho-1}} = D^\rho \left(\sum_k p_k^{\frac{\rho}{\rho-1}} \right)^{-1} \tag{A3.8}$$

eingesetzt in die Gleichung A3.7 ergibt sich:

$$x_k = p_k^{\frac{1}{\rho-1}} \sum_k p_k^{-\frac{1}{\rho-1}} D \tag{A3.9}$$

Setzt man dies in die Grundform der Ausgabenfunktion *PD* ein, erhält man nach einigen Umformungen die Ausgabenfunktion:

$$PD = \left(\sum p_k^{\frac{\rho}{\rho-1}} \right)^{\frac{\rho-1}{\rho}} D \tag{A3.10}$$

Invertiert man diese, dann erhält man den folgenden Ausdruck als indirekte Nachfrage:

$$V = \left(\sum p_k^{\frac{\rho}{\rho-1}} \right)^{\frac{1-\rho}{\rho}} PD \tag{A3.11}$$

Daraus kann man unter Verwendung von Roy's Identität [VARIAN (1994), S. 107] und durch Rücksubstitution für ρ die Nachfragefunktion herleiten:

$$x_k = -\frac{\partial V / \partial p_k}{\partial V / \partial PD} = \frac{p_k^{-\sigma_{DD}}}{\sum_k p_k^{1-\sigma_{DD}}} PD = \frac{p_k^{-\sigma_{DD}}}{P^{-1} \sum_k p_k^{1-\sigma_{DD}}} D \tag{A3.12}$$

Unter Verwendung des Preisindex kann die letzte Gleichung wie folgt umgeformt werden:

$$x_{kir} = \left(\frac{p_{kir}}{P_{ir}}\right)^{-\sigma_{DD}} D_{ir} \qquad \text{(A3.13)}$$

Damit ist die Nachfragefunktion, der sich der Hersteller einer Produktvariante im Inland gegenübersieht, hergeleitet. Analog können die Nachfragefunktionen des Konsumenten auf den anderen Ebenen hergeleitet werden. Diese lauten:

Für das Aggregat inländischer Varianten:

$$D_{ir} = \left(\alpha_{ir}^{S}\right)^{\sigma_{DM}} \left(\frac{P_{ir}}{PS_{ir}}\right)^{-\sigma_{DM}} S_{ir} \qquad \text{(A3.14)}$$

Für die exportierten Varianten:

$$x_{kirs} = \left(\frac{p_{kirs}}{PM_{irs}}\right)^{-\sigma_{MM}} M_{irs} \qquad \text{(A3.15)}$$

Für das Aggregat importierter Güter:

$$M_{irs} = \left(\alpha_{irs}^{M}\right)^{\sigma_{MM}} \left(\frac{PM_{irs}}{PA_{is}}\right)^{-\sigma_{MM}} A_{is} \qquad \text{(A3.16)}$$

Für das Aggregat über Importe aus verschiedenen Herkunftsländern:

$$A_{is} = \left(\alpha_{is}^{S}\right)^{\sigma_{DM}} \left(\frac{PA_{is}}{PS_{is}}\right)^{-\sigma_{DM}} S_{is} \qquad \text{(A3.17)}$$

Die Nachfrage nach dem Aggregat S besteht aus verschiedenen Arten der Nachfrage im In- und Ausland: Konsumnachfrage, Staatsnachfrage und Nachfrage nach Vorleistungen.

Aufgrund der Informationskosten ist die Bestimmung der tatsächlichen Reaktion der Nachfrage auf eine Veränderung der angebotenen Menge für einen inländischen Produzenten nicht möglich, daher wird davon ausgegangen, dass der Produzent von einer vereinfachten Nachfragefunktion ausgeht. Diese lautet:

$$S_{ir} = aPS_{ir} \qquad \text{(A3.18)}$$

Dabei ist a eine Konstante und es wird unterstellt, dass die Anbieter keinen Einfluss auf die Ausgaben der Wirtschaftssubjekte für die einzelnen Armington-Aggregate haben.

Im folgenden werden nun die Nachfrageelastizitäten für im Inland angebotene Produktvarianten berechnet. Die inverse Preiselastizität der Nachfrage nach einer Variante k des Gutes i hat die folgende Form:

$$\frac{1}{\varepsilon} = -\frac{\partial \ln p_{kir}}{\partial \ln x_{kir}} \tag{A3.19}$$

Dabei ist ε die Elastizität der Nachfrage.

Für die Berechnung der Markups müssen die Nachfragefunktionen invertiert werden. Diese lauten dann:

$$p_{kir} = \left(\frac{D_{ir}}{x_{ir}}\right)^{\frac{1}{\sigma_{DD}}} P_{ir} \tag{A3.20}$$

$$P_{ir} = \alpha_{ir}^{S}\left(\frac{S_{ir}}{D_{ir}}\right)^{\frac{1}{\sigma_{DM}}} PS_{ir} \tag{A3.21}$$

$$PS_{ir} = \frac{a}{S_{ir}} \tag{A3.22}$$

Hieraus kann durch logarithmische Ableitung nach x_{kir} die invertierte Elastizität der Nachfrage errechnet werden. Diese lautet:

$$\frac{1}{\varepsilon} = \frac{1}{\sigma_{DD}} + \left(\frac{1}{\sigma_{DM}} - \frac{1}{\sigma_{DD}}\right)\frac{1}{N_{ir}} + \left(1 - \frac{1}{\sigma_{DM}}\right)\frac{\theta_{ir}}{N_{ir}} \tag{A3.23}$$

Dabei bezeichnet θ_{ir} den Marktanteil aller Unternehmen in Region r am inländischen Markt. Dabei gilt bei Annahme des Cournot-Verhaltens:[105] $\partial \ln D_{ir} / \partial \ln x_{kir} = 1/N_{ir}$ (Marktanteil des Variante des betrachteten Anbieters an der Gesamtnachfrage nach dem Gut) und $\partial \ln S_{ir} / \partial \ln x_{kir} = \theta_{ir} / N_{ir}$. Wobei der letzte Term aufgrund der Symmetrieannahme den Marktanteil des Unternehmens an der Gesamtnachfrage im Inland bezeichnet (θ_{ir} ist der Marktanteil aller inländischen Unternehmen an der inländischen Gesamtnachfrage).

105 Dabei gilt, dass: $\frac{\partial \ln D_{ir}}{\partial \ln x_{kir}} = \frac{dD_{ir}}{D_{ir}}\frac{x_{kir}}{dx_{kir}} = \frac{x_{kir}}{D_{ir}}$, da bei Annahme des Cournot-Verhaltens die Unternehmen davon ausgehen, dass die Konkurrenten bei einer Mengenänderung nicht reagieren. Daher ist $\frac{\partial D_{ir}}{\partial x_{kir}} = 1$ und unter Geltung der Symmetrieannahme ergibt sich $\frac{x_{kir}}{D_{ir}} = \frac{1}{N_{ir}}$.

Analog kann – unter Verwendung der Gleichungen A3.15 bis A3.17 als Preiselastizität der Nachfrage für Exporte hergeleitet werden:

$$\frac{1}{\varepsilon}=\frac{1}{\sigma_{MM}}+\left(\frac{1}{\sigma_{DM}}-\frac{1}{\sigma_{MM}}\right)\frac{\theta_{irs}}{N_{ir}\theta_{is}^{M}}+\left(1-\frac{1}{\sigma_{DM}}\right)\frac{\theta_{irs}}{N_{ir}} \tag{A3.24}$$

Dabei bezeichnet θ_{irs} den Marktanteil der Unternehmen der Region r in der Region s und $\theta_{is}^{M}=\sum_{r}\theta_{irs}$ die Summe der Marktanteile der Importe an der Gesamtnachfrage in Region s.

Die Integration in die EU wird über eine Veränderung der Struktur der Importe modelliert. Die Produkte aus der Europäischen Union werden als engere Substitute zu den heimischen Gütern modelliert. Damit verändern sich die Markups für die im Inland und im Europäischen Ausland verkauften Güter. Im Inland muss jeder Anbieter mit allen europäischen Herstellern konkurrieren und im Ausland entfällt aufgrund der gewählten regionalen Aggregation die Differenzierung nach den Herkunftsländern. Das Aggregat der heimischen Güter bekommt also eine zusätzliche Hierarchiestufe, die die Unterscheidung nach den Herkunftsländern in der EU aufnimmt. Diese lautet:

$$DE_{ir}=\left[\alpha_{kir}^{EU}D_{ir}^{(\sigma_{DD}-1)/\sigma_{DD}}+\left(1-\alpha_{kir}^{EU}\right)\left(\sum_{s\in EU}M_{isr}\right)^{(\sigma_{DD}-1)/\sigma_{DD}}\right]^{\sigma_{DD}/(\sigma_{DD}-1)} \tag{A3.25}$$

Dieses fließt dann in das Aggregat aus heimischen und importierten Gütern ein und ersetzt damit Gleichung 5.21 in Kapitel 5:

$$S_{ir}^{EU}=\left[\alpha_{ir}^{S}DE_{ir}^{(\sigma_{DNM}-1)/\sigma_{DM}}+(1-\alpha_{ir}^{S})A_{ir}^{(\sigma_{DNM}-1)/\sigma_{DM}}\right]^{\sigma_{DM}/(\sigma_{DM}-1)} \tag{A3.26}$$

Die inländischen Unternehmen müssen nun im Inland mit den Unternehmen aus der gesamten EU konkurrieren, daher ist im Inland der Marktanteil im Verhältnis zu den Importen aus der gesamten EU relevant. Der wie oben dargestellt errechnete Markup für die Verkäufe in die EU (und damit auch für Verkäufe im Inland) lautet:

$$\frac{1}{\varepsilon}=\frac{1}{\sigma_{DD}}+\left(\frac{1}{\sigma_{DM}}-\frac{1}{\sigma_{DD}}\right)\frac{\theta_{irs}}{N_{ir}\theta_{is}^{EU}}+\left(1-\frac{1}{\sigma_{DM}}\right)\frac{\theta_{irs}}{N_{ir}} \quad \text{mit } s\in EU \tag{A3.27}$$

wobei $\theta_{irs}/\theta^{EU}{}_{is}$ den Marktanteil des inländischen Sektors am EU-Markt für Verkäufe aus der EU bezeichnet. Der Markup für Exporte in Länder außerhalb der EU bleibt gleich.

ANHANG IV: SENSITIVITÄTSANALYSE

In einem Modell, das die Wirkung handelspolitischer Politikänderungen untersucht, haben die gewählten Handelselastizitäten einen wesentlichen Einfluss auf die Modellergebnisse. Eine Sensitivitätsanalyse ist daher ein integraler Bestanteil jeder allgemeinen angewandten Gleichgewichtsanalyse. Durch Untersuchung der Reaktion der zentralen Modellvariablen auf eine systematische Variation der Elastizitätsparameter wird deren Wirkung offengelegt. Eine geringe Auswirkung der sensitivierten Parameter auf die zentralen Modellvariablen ist positiv zu bewerten, da sie eine weitgehende Robustheit des Modells gegenüber einer womöglich fehlerhaften Wahl der Parameter bedeutet. In den meisten Fällen lässt sich der Einfluss der Elastizitätsparameter auf die Ergebnisse jedoch nicht gänzlich vermeiden.

Im vorliegenden Fall wird der Einfluss der Handelselastizitäten σ_{DM}, σ_{DD} und σ_{MM} auf die Handelsströme und den Output in Polen untersucht. Diese Parameter determinieren die Substituierbarkeit der Güter aus verschiedenen Herkunftsländern. Folgt man theoretischen Ergebnissen, haben diese Werte einen wesentlichen Einfluss auf die Handelsströme bei einer relativen Preisänderung eines gehandelten Gutes, denn sie bestimmen, wie stark die Nachfrager auf eine Preiserhöhung eines Gutes reagieren, indem sie dieses Gut durch ein ähnliches aus dem In- oder Ausland substituieren. Ein geringer Elastizitätswert impliziert, dass das Produkt einzigartig ist und das Land bei diesem Gut einen hohen Monopolgrad aufweist, so dass der Substitutionseffekt gering ist. Das Land kann dann Einfluss auf den Weltmarktpreis dieses Gutes ausüben und durch Wahl eines Optimalzolls seine Wohlfahrt erhöhen. Bei Abweichung vom Optimalzoll kommt es dann zu Wohlfahrtsverlusten.

Im folgenden werden alle drei Handelselastizitäten gleichzeitig um jeweils +/- 50% verändert und deren Wirkung auf die Im- und Exporte sowie den Output in Polen untersucht. So impliziert die Simulation mit niedrigen Elastizitäten die Werte $\sigma_{DM}= 2$, $\sigma_{DD} =4$ und $\sigma_{MM} = 8$, während die hohen Elastizitäten für $\sigma_{DM}= 6$, $\sigma_{DD} =12$ und $\sigma_{MM} = 24$ stehen. Die Verhältnisse der Werte zueinander werden beibehalten, da festgestellt werden konnte, dass es sich bei der Relation von σ_{DM} und σ_{MM} um eine empirische Regularität handelt [s. HUFF ET AL (1999), S. 126]. Die mittleren Elastizitäten entsprechen den in den übrigen Simulationen verwendeten Werten ($\sigma_{DM}= 4$, $\sigma_{DD} =8$ und $\sigma_{MM} = 16$) und werden im Folgenden als Basisszenario bezeichnet.

Vergleicht man die Importe Polens bei niedrigen Elastizitäten mit den Standardwerten (s. Tabelle A-2), ist zu erkennen, dass der Einfluss der Parametersenkung in nur vier Sektoren zu einer Änderung des Vorzeichens der errechneten Werte führt. In allen vier liegen die Werte nahe bei Null, so dass es sich um eine geringe absolute Änderung handelt. In allen Sektoren liegt der Wert bei niedrigen Elastizitäten unter dem Wert der für den Basislauf errechnet worden ist. In den meisten Sektoren liegt die Senkung der Importe dabei bei ca. 60%. Dies ist ein relativ hoher Wert, jedoch stehen hinter dieser Prozentzahl geringe absolute Werte, da die Veränderung der Importe in diesem Szenario in den meisten Sektoren gering it. Die Ausnahme bilden hier die Sektoren landwirtschaftliche Produkte und verarbeitete Lebensmittel, bei denen die starke

Zollsenkung zu einer deutlichen Erhöhung der Importe infolge der Integration führt. Bei einer Erhöhung der Elastizitäten ist die Reaktion der Importe in diesen Sektoren ähnlich. Vergleichbar sind auch die Reaktionen der anderen Sektoren, die hier eine relativ starke prozentuale Reaktion bei Erhöhung der Elastizitäten zeigen, wobei die absoluten Werte auch hier gering sind.

	niedrige Elastizitäten	*mittlere Elastizitäten*	*hohe Elastizitäten*
Landwirtschaftliche Produkte	37,0	113,8	253,4
Kohle, Gas und Erze	-2,2	-2,3	0,6
verarbeitete Lebensmittel	65,5	235,8	536,7
Textilien	-5,9	0,1	5,4
Bekleidung	-7,6	-7,0	-3,3
Papier, Druck und Verlagswesen	-6,6	13,1	32,4
Mineralprodukte und chemische Produkte	3,3	20,0	36,1
Metalle und Metallprodukte	2,3	12,0	21,4
Motorfahrzeuge und Teile	5,1	15,1	26,2
andere Transportgeräte	-5,9	3,9	15,7
Elektronische und andere Geräte	2,7	11,7	20,1
sonstige Industriegüter	12,4	30,4	51,3
Transport und Handel	-6,0	-2,4	7,4
Dienstleistungen	-2,4	3,2	16,3

Tabelle A-2: Prozentuale Veränderung der Importe Polens bei verschiedenen Werten der Handelselastizitäten,

Quelle: eigene Berechnungen Simulation mit dem CGE-Modell mit steigenden Skalenerträgen, Szenario EIP.

Ein ähnliches Bild ergibt sich bei Betrachtung der Auswirkungen der Sensitivitätsanalyse auf die Exporte Polens (s.Tabelle A-3, S. 164). In zwei Sektoren steigen die Exporte leicht und in zwei weiteren kommt es zu einem Wechsel des Vorzeichens. In beiden Fällen handelt es sich jedoch um geringe absolute Werte. In den meisten Sektoren sinken die Exporte im Simulationslauf mit geringeren Elastizitäten. Dies ist darauf zurückzuführen, dass die Marktmacht Polens, eines relativ zu den anderen modellierten Regionen kleinen Landes, durch die geringen Elastizitätswerte überschätzt wird [ähnlich argumentieren HARRISON/RUTHERFORD/TARR (1997b)]. Eine Erhöhung der Elastizitäten hat einen relativ starken Effekt auf die Exporte, wobei es sich auch hier meist um geringe absolute Werte handelt. Die Ausnahme bilden wieder Sektoren, in denen eine starke Zollsenkung auf die polnischen Exporte erfolgt: landwirtschaftliche Produkte, verarbeitete Lebensmittel und Motorfahrzeuge und Teile.

Eine Analyse der Reaktion des sektoralen Outputs bei der Sensitivitätsanalyse deutet darauf hin, dass das Modell relativ robust gegenüber Änderungen der Parameterwerte der Handelselastizitäten ist. Die absoluten Werte der Veränderung des Outputs weichen sowohl bei niedrigen wie auch bei hohen Elastizitäten nur geringfügig von dem Basisszenario ab. Diese Ergebnisse sind Tabelle A-4, S. 164 zu entnehmen. Zur

Vervollständigung der Analyse wird abschließend in Tabelle A-5, S. 165 die Veränderung der Wohlfahrt bei unterschiedlichen Elastizitäten wiedergegeben.

	niedrige Elastizitäten	*mittlere Elastizitäten*	*hohe Elastizitäten*
Landwirtschaftliche Produkte	93,0	236,6	444,7
Kohle, Gas und Erze	8,8	8,1	0,7
verarbeitete Lebensmittel	92,1	354,4	818,3
Textilien	-0,2	7,9	13,0
Bekleidung	12,6	13,7	8,8
Papier, Druck und Verlagswesen	-1,1	21,3	39,6
Mineralprodukte und chemische Produkte	9,4	29,6	49,3
Metalle und Metallprodukte	2,4	4,5	2,7
Motorfahrzeuge und Teile	29,4	66,1	106,7
andere Transportgeräte	-3,9	-6,9	-10,8
Elektronische und andere Geräte	11,6	26,6	40,4
sonstige Industriegüter	12,7	18,4	22,7
Transport und Handel	10,8	4,7	-11,9
Dienstleistungen	6,5	-2,1	-21,4

Tabelle A-3: Prozentuale Veränderung der Exporte Polens bei verschiedenen Werten der Handelselastizitäten

Quelle: eigene Berechnungen, Simulation mit dem CGE-Modell mit steigenden Skalenerträgen, Szenario EIP.

	niedrige Elastizitäten	*mittlere Elastizitäten*	*hohe Elastizitäten*
Landwirtschaftliche Produkte	-0,1	1,5	1,9
Kohle, Gas und Erze	2,4	-0,8	-6,9
verarbeitete Lebensmittel	-3,9	8,5	30,1
Textilien	-9,2	-12,9	-17,8
Bekleidung	9,5	11,3	8,7
Papier, Druck und Verlagswesen	-18,6	-19,7	-20,2
Mineralprodukte und chemische Produkte	-11,0	-14,6	-17,8
Metalle und Metallprodukte	-4,0	-8,3	-14,1
Motorfahrzeuge und Teile	-1,5	-0,9	0,0
andere Transportgeräte	-8,0	-13,0	-19,0
Elektronische und andere Geräte	-7,4	-11,9	-16,7
sonstige Industriegüter	3,4	2,3	-0,1
Transport und Handel	-0,5	-0,3	-0,7
Dienstleistungen	-0,4	-1,0	-2,5

Tabelle A-4: Prozentuale Veränderung des Outputs in Polen bei verschiedenen Werten der Handelselastizitäten,

Quelle: eigene Berechnungen, Simulation mit dem CGE-Modell mit steigenden Skalenerträgen, Szenario EIP

	Polen	*EU*	*MOEL*	*RdW*
niedrige Handelselastizitäten	-0,448	0,935	1,715	0,499
mittlere Handelselastizitäten	2,004	1,470	3,596	0,857
hohe Handelselastizitäten	6,348	1,804	5,626	1,021

Tabelle A-5: Sensitivitätsanalyse mit den Elastizitätsparametern im Modell mit steigenden Skalenerträgen

Quelle: eigene Berechnungen mit dem CGE-Modell, Szenario EIP

LITERATUR

AMTSBLATT DER EUROPÄISCHEN GEMEINSCHAFTEN (1999) vom 18.06.1999.

ANDERSON, Kym (1980): The Political Market for Government Assistance to Australian Manufacturing Industries, in: The Economic Record 56, S. 132-144.

ANDERSON, Kym; BALDWIN, Richard E. (1987): The Political Market for Protection in Industrial Countries, in: El-Agraa, Ali (Hrsg.): Protection, Cooperation , Integration and Development, New York.

ARMINGTON, P. (1969): A Theory of Demand for Products Distinguished by Place of Production, IMF Staff Papers 16, S. 159-176.

ARROW, Kenneth J.; DEBREU, Gérard (1954): Existence of an Equilibrium for a Competitive Economy, in: Ecomometrica 22, 265-290.

AUSTEN-SMITH, David (1991): Rational Consumers and Irrational Voters, in: Economics and Politics 3; S. 73-92.

BALDWIN, Richard E. (1994): Towards an Integrated Europe, London.

BALDWIN, Richard E. (1995): A Domino Theory of Regionalism, in: Baldwin, Richard E.; Haaparanta, Pertti; Kiander, Jaakko (Hrsg.): Expanding Membership of the European Union, Cambridge, S. 25-48.

BALDWIN, Richard E.; FRANCOIS, Joseph, F.; PORTES, Richard (1997): The Costs and Benefits of Eastern Enlargement. The Impact on the EU and Central Europe, in: Economic Policy 24, S. 127-170.

BALDWIN, Richard E.; VENABLES, Anthony J. (1995): Regional Economic Integration, in: Grossman, Gene; Rogoff, Kenneth (Hrsg.): Handbook of International Economics, vol. III, Amsterdam, S. 1597-1644.

BANSE, Martin (1997): Die Analyse der Transformation der ungarischen Volkswirtschaft - Eine Empirische Allgemeine Gleichgewichtsanalyse unter besonderer Berücksichtigung des Agrarsektors und der Ernährungsindustrie, Berlin.

BANSE, Martin; MÜNCH, Wolfgang (1999): Die Einführung der Gemeinsamen Agrarpolitik in den Beitrittsländern Mitteleuropas und die Agenda 2000 – landwirtschaftliche Effekte, Unveröffentlichtes Manuskript, Institut für Agrarökonomie der Universität Göttingen

BARLIK, Ewa (1999): Kryzys Wartosci, in: Rzeczpospolita, 17.02.1999.

BECKER, Gary (1983): A Theory of Competition Among Pressure Groups for Political Influence, in: Quarterly Journal of Economics 98, S. 371-400.

BECKER, Gary (1985): Public Policies, Pressure Groups and Deadweight Costs, in Journal of Public Economics28, S. 329-347.

BERNHEIM, Douglas B.; WHINSTON, Michael D. (1986a): Menu Auctions, Resource Allocation, and Economic Influence, in: The Quarterly Journal of Economics CI, S. 1-31.

BERNHEIM, Douglas B.; WHINSTON, Michael D. (1986b): Common Agency, in: Econometrica 54, S. 923-942.

BERNHOLZ, Peter; BREYER, Friedrich (1994): Grundlagen der Politischen Ökonomie, Band 2,: Ökonomische Theorie der Politik, 3. Auflage, Tübingen.

BHAGWATI, Jagdish (1988): Protectionism, Cambridge, MA.

BHAGWATI, Jagdish (1991): The Theory of Political Economy, Economic Policy, and Investment, in: Irwin, Dougals (Hrsg.): Political Economy and International Economics, Cambridge, S. 153-167.

BHAGWATI, Jagdish; PANAGARIYA, Arvind (1996): Preferential Trading Areas and Multilateralism - Strangers, Friends, or Foes?, in: Bhagwati, Jagdish; Panagariya, Arvind (Hrsg.): The Economics of Preferential Trading Agreements Washington, D.C., S. 1-78

BLANK, Jürgen E.; CLAUSEN, Hartmut; WACKER, Holger (1998): International Ökonomische Integration: Von der Freihandelszone zur Wirtschafts- und Währungsunion, München

BLANKART, Charles B. (2001): Öffentliche Finanzen in der Demokratie, 4. Auflage, München.

BÖHRINGER, Christoph; DRZENIEK, Margareta; LÖSCHEL, Andreas (2003): The impact of EU-Enlargement on the Polish Economy, erscheint demnächst

BRAINARD, S. Lael; VERDIER, Thierry (1994): Lobbying and Adjustment in Declining Industries, in: European Economic Review 38, S. 586-595.

BRENTON, Paul, SHEEHY, John, VANCAUTEREN, Marc (2001): Technical Barriers to Trade in the European Union: Importance for Accesion Countries, Journal of Common Market Studies.

BRENTON, Paul; DI MAURO, Francesca (1998): Is there Any Potential in Trade in Sensitive Industrial Products Betwenn teh CEECs and the EU?, in: The World Economy 21, S. 285-304.

BREUSS, Fritz (1998): Economic Evaluation of EU Enlargement on EU Incumbents, Vortrag gehalten bei der Konferenz zum 25-Jährigen Bestehen des Wiener Instituts für Internationale Wirtschaftsvergleiche (WIIW), Wien 11.11-13.11.1998.

BROOKE, Anthony; KENDRICK, David; MEERAUS, Alexander; RAMAN, Ramesh (1998): Gams. A User's Guide. erhältlich über : http://www.gams.com.

BROWN, Drusilla; DEARDORFF, Alan; DJANKOV, Simeon; STERN, Robert (1997): An Economic Assessment of the Integration of Czechoslovakia, Hungary and Poland into the European Union, in: Black, Stanley W. (Hrsg.): Europe's Economy looks East. Cambridge, S. 23-60.

BRÜCKNER, Herbert; TRÜBSWETTER, Parvati; WEISE, Christian (2000): EU-Osterweiterung: Keine massive Zuwanderung zu erwarten, in DIW-Wochenbericht 21/00, Berlin.

BUCHANAN, James M. (1980): Rent Seeking and Profit Seeking, in: Buchanan, James M.; Tollison, Robert D.; Tullock, Gordon C. (Hrsg.): Toward a Theory of the Rent-Seeking Society, College Station, S. 3-15.

CADOT, Olivier, DE MELO, Jaime, OLARREAGA, Marcelo (1999): Regional Integration and Lobbying for Tariffs against Nonmembers, in: International Economic Review 40, S. 635-657.

CAVES, Richard (1996): Multinational Enterprise and Economic Analysis, 2. Auflage, Cambridge.

CAWLEY, Richard; DAVENPORT, Michael (1988): Partial Equilibrium Calculations of the Impact of Internal Market Barriers in the European Community, Economic Paper No. 73, Europäische Kommission, Brüssel.

CBOS (Centrum Badania Opinii Spolecznej) (2001): Spoleczne poparcie dla integracji z Unia Europejska (Die gesellschaftliche Unterstützung der Integration mit der Europäischen Union), erhältlich unter: http://www.cbos.pl

CHIANG, Alpha C. (1984): Fundamental methods of Mathematical Economics, 3rd ed. Auckland et al.

COATE, Stephen; MORRIS, Stephen (1994): On the Form of Transfers to Special Interests, University of Pennsylvania, CARESS Working Paper No. 94/21.

COOPER, C. A.; MASELL, B. F. (1965): Towards a General Theory of Customs Unions for Developing Countries, in: Journal of Political Economy 73, S. 461-476.

COUGHLIN, Peter J.; MUELLER, Dennis C.; MURRELL, Peter (1990): Electoral Politics, Interest Groups, and the Size of Government, in: Economic Inquiry 28, S. 682-705.

DAXHAMMER, Rolf (1995): Special Interest Groups and Economic Policy in Democratic Societies: Theoretical Foundations and Empirical Evidence, European University Studies: Series 5, Economics and Management; Vol. 1677, Frankfurt am Main

DE ROSA, Dean (1998): Regional Integration Arrangements: Static Economic Theory, Quantitative Findings, and Policy Guidelines, World Bank, Policy Research Working Paper Nr. 2007

DE SANTIS, Robeto A. (1999): Comments on the Harrison-Rutherford-Tarr CGE Model with Imperfect Competition and Increasing Returns to Scale, Kiel Working Paper 907, Kiel.

DEBREU, Gérard (1952): A Social Equilibrium Existence Theorem, in: Proceedings of the National Academy of Sciences 38, 886-893.

DEBREU, Gérard (1959): Theory of Value, New York.

DERVIS, Kemal; DEMELO, Jaime; ROBINSON, Sherman (1982): General Equilibrium Models for Development policy, Cambridge et al.

DEWATRIPONT, Mathias; ROLAND, Gérard (1995): The Design of Reform Packages under Uncertainty, in: American Economic Review 85, S. 1207-1223.

DIECKHEUER, Gustav (1998): Internationale Wirtschaftsbeziehungen, 4. Auflage, München.

DIMARANAN, Betina. V.; MCDOUGALL, Robert A. (2002). Global Trade, Assistance, and Production: The GTAP 5 Data Base, Center for Global Trade Analysis, Purdue University.

DIXIT, Avinash K.; STIGLITZ, Joseph E. (1977): Monpolisitic Competition and Optimum Product Diversity, in: American Economic Review 67, S. 297-308.

DORN, Ludwik (2000): Finansowanie dzialalnosci politycznej w Polsce. Obecna praktyka i jej reforma (Finanzierung politischer Tätigkeit in Polen. Gegenwärtige Praxis und Reform), in: Walecki, Marcin (Hrsg.): Finansowanie polityki. Wybory, pieniadze, partie polityczne, Warszawa, S. 141-178.

DOWNS, Anthony (1957): An Economic Theory of Democracy, New York.

DRUD HANSEN, Jørgen, ULFF-MØLLER NIELSEN, Jørgen (1997): An Economic Analysis of the EU, 2nd Ed., London et al.

DZIEGIELEWSKA, Dominika (2000): How Much Does It Cost to Join the European Union and Who Is Going to Pay for It? Cost Estimates for the Czech Republic, Hungary, Poland and Slovenia, Complying with the EU Environmental Standards. IIASA Working Paper IR-00-001, Laxenburg.

EBRD (1999): Transition Report, London.

EL-AGRAA, Ali M. (1998): The European Union: History, Institutions, Economics and Politics, London u.a.

EUROPÄISCHE KOMMISSION (1997a): Agenda 2000 - Eine stärkere und erweiterte Union, DOC/97/6.

EUROPÄISCHE KOMMISSION (2001a): State of Play in Accession Negotiations, 9 July 2001, erhältlich über: http://europa.eu.int/comm/enlargement.

FALVEY, Rod; KIM, Cha Dong (1992): Timing and Sequencing Issues in Trade Liberalization, in: The Economic Journal 102, S. 908-924.

FEHR, Hans (1992): Umsatzsteuerharmonisierung in der EG, Regensburg 1992.

FELDERER, Bernhard; HOMBURG, Stefan: Makroökonomik und Neue Makroökonomik, 7. Auflage, Berlin u. a. 1999.

FERNANDEZ, Raquel; RODRIK, Dani (1991): Resistance to Reform: Status Quo Bias in the Presence of Individual-Specific Uncertainty, in: American Economic Review 81, S. 1146-1155.

FIDRMUC, Jarko; GROZEA-HELMENSTEIN, Daniela; WÖRGÖTTER, Andreas (1999): East-West Intra-Industry Trade Dynamics, in: Weltwirtschaftliches Archiv 135, S. 332-346.

FINDLAY, Ronald; WELLISZ, Stanislaw (1982): Endogenous Tariffs, the Political Economy of Trade Restrictions, and Welfare, in: Bhagwati, Jagdish (Hrsg.): Import Competition and Response, Chicago, S. 238-243.

FINGER, J. M.; HALL, H. Keith; NELSON, Douglas R. (1982): The Political Economy of Administered Protection, in: American Economic Review 72, S. 452-466.

FRANCOIS, Joseph F. (1998): Scale Economies, Imperfect Competition, and the Eastern Expansion of the EU, in: Brockmeier, Martina et al. (Hrsg.): Economic Transition and the Greening of Policies, Kiel.

FRANCOIS, Joseph, F.; ROLAND-HOLST, David W. (1997): Scale Economies and Imperfect Competition, in: Francois, Joseph; Reinert, Kenneth (Hrsg.): Applied Models for Trade Policy Analysis. A Handbook, Cambridge, s. 331-363.

FRANCOIS, Joseph; REINERT, Kenneth (Hrsg.) (1997): Applied Models for Trade Policy Analysis. A Handbook, Cambridge.

FRATZSCHER, Oliver (1996): The Political Economy of Trade Integration, Heidelberg.

FREY, Bruno S. (1985): Internationale Politische Ökonomie, München.

FREY, Bruno S.; BUHOFER, Heinz (1986): Integration and Protectionism: a Comparative Institutional Analysis, in: Außenwirtschaft 41, S. 329-350.

GÁCS, János (1999): Accession to the EU: A Continuation of or a Departure from Transition Reforms? International Institute for Applied Systems Analysis (IIASA), Interim Report No. 2-99, Laxenburg, erhältlich über: http://www.iiasa.ac.at.

GASIOREK, Michael; SMITH, Alisdair; VENABLES, Anthony J. (1992): Trade and Welfare: A General Equilibrium Model, in: Winters, L. Alan (Hrsg.): Trade Flows and Trade Policy after "1992", Cambridge University Press, Cambridge.

GAWANDE, Kishore; BANDYOPADHYAY, Usree (2000): Is Protection for Sale? Evidence on the Grossman-Helpman Theory of Endogenous Protection, in: Review of Economics and Statistics 82, S. 139-152.

GAZETA WYBORCZA (2001): Finansowanie Kampanii Wyborczej 2001 (Die Finanzierung des Wahlkampfes 2001) vom 12.06.01, Seite 7.

GINSBURG, Victor; KEYSER, Michiel (1997): The Stucture of Applied General Equilibrium Models, Cambridge, Mass.

GODEK P. E. (1985), Industry Structure and Redistribution through Trade Restrictions, in: Journal of Law and Economics 28, S. 687-703.

GOLDBERG, Pinelopi K.; MAGGI, Giovanni (1999): Protection for Sale. An Empirical Investigation, in: American Economic Review 89, S. 1135-1155.

GROSSMAN, Gene; HELPMAN, Elhanan (1993): The Politics of Free Trade AgreeMents, Discussion Paper in Economics, no. 166, Wodroow Wilson School of Public and International Affaires, Princeton University.

GROSSMAN, Gene; HELPMAN, Elhanan (1994a): Protection For Sale, in: American Economic Review 84, S. 833-850.

GROSSMAN, Gene; HELPMAN, Elhanan (1995): The Politics of Free Trade Agreenents, in: American Economic Review 85, S. 667-690.

GUS (Glowny Urzad Statystyczny) (1992): Rocznik Handlu Zagranicznego (Jahrbuch des Außenhandels), Warszawa.

GUS, (Glowny Urzad Statystyczny) (2000): Maly Rocznik Statystyczny (Kleines Statistisches Jahrbuch), Warszawa.

HARRISON, Glenn W.; RUTHERFORD, Thomas F.; TARR, David G. (1994): Product Standards, Imperfect Competition and Completion of the Market in the European Union, in: Policy Research Working Paper 1293, International Economics Department, The World Bank, Washington D.C.

HARRISON, Glenn W.; RUTHERFORD, Thomas F.; TARR, David G. (1996): Increased Competition and Completion of the Market in the European Union: Static and Steady State Effects, in: Journal of Economic Integration 11, S. 332-365.

HARRISON, Glenn W.; RUTHERFORD, Thomas F.; TARR, David G. (1997a): Quantifying the Uruguay Round, in: The Economic Journal 107, S. 1405-1430.

HARRISON, Glenn W.; RUTHERFORD, Thomas F.; TARR, David G. (1997b): Trade Policy Options for Chile. A Quantative Evaluation, Weltbank, Policy Research Discussion Paper Nr. 1783.

HARRISON, Glenn W.; RUTHERFORD, Thomas F; WOOTON, Ian (1991): An Empirical Database for a General Equilibrium Model of the European Communities, in: Piggot, John; Whalley, John (ed.): Applied General Equilibrium, Heidelberg.

HAUSNER, Jerzy (1994): Reprezentacja interesow w spoleczenstwach socjalistycznych i postsocjalistycznych (Die Interessenvertretung in sozialistischen und post-sozialistischen Gesellschaften), in: Hausner, Jerzy; Marciniak, Piotr (Hrsg.): Od socialistycznego korporacjonizmu do…? Studia nad systemem reprezentacji interesow (Vom sozialistischen Korporatismus bis zum...? Studien zum System der Interessenvertretung), Tom 2, Warszawa.

HAUSNER, Jerzy (1998): Political Stimulators and Barriers to European Integration, in: Hausner, Jerzy; Marody, Miroslawa; Wilkin, Jerzy; Wojtyna, Andrzej, Zirk-Sadowski, Marek (Hrsg.): Accession or Integration? Poland's Road to the European Union, Warszawa.

HELPMAN, Elhanan, KRUGMAN, Paul (1985): Market Structure and Foreign Trade, Cambridge, Mass.

HELPMANN, Elhanan (1995): Politics and Trade Policy, NBER Working Paper Nr. 5309, Cambridge, Mass.

HENDERSON, James M.; QUANDT, Richard E (1983): Mikroökonomische Theorie, München.

HEROK, Claudia; LOTZE, Hermann (2000): Implications of an EU Eastern Enlargement Under a New Common Agriclutural Policy, in: Journal of Policy Modeling 22, S. 661-690.

HILLMAN, Arye (1989): The Political Economy of Protection, Chur.

HILLMAN, Arye (1991): Protection, Politics and Market Structure, in: Helpman, E., Razin, A. (Hrsg.): International Trade and Trade Policy, Cambridge, Mass.

HILLMAN, Arye; URSPRUNG, Heinrich (1993): Multinational Firms, Political Competition and International Trade Policy, in: International Economic Review 34, S. 347-363.

HILLMAN, Arye; URSPRUNG, Heinrich (1999): Foreign Investment and Endogenous Protection with Protectionist Quid Pro Quo, in: Economics and Politics 11, 1-12.

HOFFMAN, Anders (1998): The Gains From Partial Completion of the Single Market, MobiDK Policy Paper, erhältlich unter: http://www.mobidk.dk.

HUFF, Karen M.; HANSLOW, Kevin; HERTEL, Thomas W.; TSIGAS, Marinos E. (1999): GTAP Behavioral Parameters, in: Hertel, Thomas W. (Hrsg.): Global Trade Analysis. Modeling and Applications, Cambridge, S. 124-148.

INTRILIGATOR, Michael D. (1971): Mathematical Optimization and Economic Theory, Englewood Cliffs, N.J.

JOHNSON, Harry G. (1965): An Economic Theory of Protectionism, Tariff Bargaining and the Formation of Customs Unions, in: Journal of Political Economy 73, S. 256-283.

KAHNEMANN, D.; TVERSKY, A. (1979): Prospect Theory: An Analysis of Decision under Risk, in: Econometrica 47, S. 263-291.

KAHNEMANN, D.; TVERSKY, A. (1984): Choices, Values, and Frames, in: American Psychologist 4, S. 341-350.

KEAT, Preston (2000): Government Favoritism, Geographic Concentration and Enterprise Restructuring in Post-Socialist Poland: A Cross-Sectoral Analysis of Industrial Manufacturing Firms, University of California, Department of Political Science, Unveröffentlichtes Manuskript.

KEHOE, Patrick J; KEHOE, Timothy J. (1994): A Primer on Static Applied General Equilibrium Models, in: Federal Reserve Bank of Minneapolis Quarterly Review 18.

KEUSCHNIGG, Christian; KOHLER, Wilhelm (1999): Eastern Enlargement to the EU: Economic Costs and Benefits for the EU Present Member States. The Case of Austria: Part I: Theory, Policy Scenarios and Results, unveröffentlichtes Manuskript, erhältlich über: http://www.economics.uni-linz.ac.at/Members/Kohler/ eustudd.htm

KIRSCH, Guy (1997): Neue Politische Ökonomie, 4. Auflage, Düsseldorf

KPRM (2000) – Kancelaria Prezesa Rady Ministrow (Sekretariat des Ministerpräsidenten der Republik Polen): Negocjacje czlonkowskie. Polska na Drodze do Unii Europejskiej (Die Beitrittsverhandlungen. Polen auf dem Weg zur Europäischen Union), Warszawa

KRAUS, Margit; SCHWAGER, Robert (2000): EU Enlargement and Immigration, ZEW Discussion Paper No. 00-09, Mannheim.

KRISHNA, Pravin (1998): Regionalism and Multilateralism: A Political Economy Approach, in: The Quarterly Journal of Economics, Februar 1998, S. 227-251.

KRUEGER, Anne O. (1974): The Political Economy of the Rent-Seeking Society, in: The American Economic Review 64, S. 291-303.

KRUGMAN, Paul (1979): Increasing Returns, Monopolistic Competition, and International Trade, in: Journal of International Economics 9, S.469-479.

KRUGMAN, Paul (1986): Comment on Trade and Industrial Policy under Imperfect Competition by A. Venables and A. Smith, in: Economic Polcy 3, S. 662-3.

KRUGMAN, Paul (1991a): Is Bilateralism Bad?, in: Helpman, Elhanan; Razin, Assaf (eds.): International Trade and Trade Policy, Cambridge, Mass., S. 9-23.

KRUGMAN, Paul (1991b): The Move Toward Free Trade Zones, in: Federal Reserve Bank of Kansas City (Hrsg.): Policy Implications of Trade and Currency Zones, Kansas City, S. 7-41.

LEININGER, Wolfgang (1996): Mikroökonomik, in: von Hagen, Jürgen; Börsch-Supan, Axel; Welfens, Paul J. J. (Hrsg.) Springers Handbuch der Volkswirtschaftslehre 1, Berlin und Heidelberg, S. 1-42.

LEVY, Philip I. (1997): A Political-Economic Analysis of Free-Trade Agreements, in: The American Economic Review 87, S.506-519.

LONG, Ngo V.; VOUSDEN, Neil (1991): Protectionist Responses and Declining Industries, in: Journal of International Economics 30, S. 87-103.

MAGEE, Stephen P.; BROCK, William A.; YOUNG, Leslie (1989): Black Hole Tarifs and Endogenous Policy Theory. Political Economy in General Equilibrium, Cambridge et al.

MARKUSEN, James (1981): Trade and Gains from Trade with Imperfect Competition, in: Journal of International Economics 11, S. 531-551.

MARKUSEN, James R.; MELVIN, James R.; KAEMPFER, William M.; MASKUS, Keith (1995): International Trade: Theory and evidence, New York et al.

MARTINELLI; CESAR; TOMMASI, Mariano (1997): Sequencing of Economic Reforms in the Presence of Political Constraints, in: Economics and Politics 9, S. 115-131.

MARVEL, H. P.; RAY, E. J. (1983): The Kennedy Round: Evidence on the Regulation of Trade in the U.S., in: American Economic Review 73, S. 190-197.

MATHIESEN, L. (1985a): Computational Experience in Solving Equilibrium Models by a Sequence of Linear Complementary Problems, in: Operations Research 33, S. 1-26.

MATHIESEN, L. (1985b): Computational of Economic Equilibria by a Sequence of Linear Complementary Problems, in: Mathematical Programming Study 23, S. 144-162.

MAYER, Wolfgang (1984): Endogenous Tariff Formation, in: American Economic Review 74, S. 970-985.

McDOUGALL, Robert (1996): Concordances - Four-digit CCCN to GTAP Sectors, GTAP Resource 322, erhältlich über: http://www.gtap.agecon.purdue.edu/

MESSERLIN, Patrick (1981): The Political Economy of Protectionism: The Bureaucratic Case, in: Weltwirtschaftliches Archiv 117, S. 469-496.

MESSERLIN, Patrick (1995): CEEC's Trade Laws in the Light of Internatioanl Experience, in: Winters, Alan (Hrsg.): Foundations of an Open Economy, Trade Laws and Institutions in Eastern Europe, Oxford, S. 40-63.

MITCHELL, William C.; MUNGER, Michael C. (1991): Economic Models of Interest Groups: An Introductory Survey, in: American Journal of Political Science 35, S. 512-546.

MLICKI, Miroslaw (1998): Lobbing w polskim Sejmie (Lobbying im Polnischen Sejm), in: Wesolowski, W.; Post, B.: Polityka i Sejm. Formowanie sie elity politycznej, Warszawa.

MORTENSEN, Jørgen; RICHTER, Sándor (2000): Measurement of Costs and Benefits of Accession to the European Union for Selected Countries in Central and Eastern Europe, in: Wiener Institut für Internationale Wirtschaftsvergleiche, Forschungsberichte, Nr. 263, Wien.

MUELLER, Dennis C. (1989): Public Choice II, Cambridge.

MUNDELL, Robert (1964): Tariff Preferences, and the Terms of Trade. Manchester School of Economic and Social Studies 32, S. 1-13.

MURPHY, Kevin M.; SHLEIFER, Andrei; VISHNY, Robert W. (1992): The Transition to a Market Economy: Pitfalls of Partial Reform, in: Quarterly Journal of Economics, S. 889-906.

MURPHY, Kevin M.; SHLEIFER, Andrei; VISHNY, Robert W. (1993): Why is Rent-Seeking so Costly to Growth?, in: American Economic Review, Papers and Proceedings 83, S. 409-414.

MUSSA, Michael (1982): Government Policy and the Adjustment Process, in: Bhagwati, Jagdish (Hrsg.): Import Competition and Response, Chicago.

NALEWAJKO, Ewa (1997): Protopartie i Protosystem? Szkic do obrazu polskiej wielopartyjnosci (Protoparteien und Protosystem? Eine Skizze der Parteienlandschaft in Polen), Warszawa.

NISKANEN, William (1971): Bureaucracy and Representative Democracy, Chicago und New York.

OLSON, Mancur (1992): Die Logik des Kollektiven Handelns. Kollektivgüter und die Theorie der Gruppen, 3. Auflage, Tübingen.

ORLOWSKI, Witold M.; MAYHEW, Alan (2001): The Impact of EU Accession On Enterprise Adaptation and Institutional Development in the Countries of Central and Eastern Europe, University of Sussex, Sussex European Institute Working Paper nr. 44.

OST, David (1994): Polityka i interesy w postsocialistycznej Europie, in: Hausner, Jerzy; Marciniak, Piotr (Hrsg.): Od socialistycznego korporacjonizmu do...? Studia nad systemem reprezentacji interesow (Vom sozialistischen Korporatismus bis zum...? Studien zum System der Interessenvertretung), Tom 2, Warszawa.

PALTSEV, Sergyey V. (2000): Moving from Static to Dynamic General Equilibrium Economic Models (Notes for a Beginner in MPSGE), University of Colorado, Unveröffentlichtes Manuskript.

PANAGARIYA, Arvind; FINDLAY, Ronald (1996): A Political Economy Analysis of Free Trade Areas and Customs Unions, in: Feenstra, Robert C, Grossman, Gene M., Irwin, Douglas A. (Hrsg.): The Political Economy of Trade Policy, Cambridge, Mass., S. 265-287.

PIAZOLO, Daniel (1999): Welfare versus Income Effects of Poland's Integration into the European Union, Kiel Working Paper Nr. 940.

PIAZOLO, Daniel (2000): Eastern Europe between Transition and Accession: An Analysis of Reform Requirements, Institut für Weltwirtschaft Kiel, Working Paper no. 991, erhältlich über: http://www.uni-kiel.de/IfW/pub/pub.htm.

PILCZYNSKI, Jerzy (1999): Szeptem i krzykiem (Flüsternd und schreiend), in: Rzeczpospolita, 16.02.1999.

PINCUS, J.J. (1975): Pressure Groups and the Pattern of Tariffs, in: Journal of Political Economy 83, S. 757-778.

PKW (Panstwowa Komisja Wyborcza - Staatliche Wahlkommission) (2001): Ergebnisse der Parlamentswahlen vom September 2001, erhältlich über: http://www.pkw.gov.pl.

PRATTEN, Cliff (1988): A Survey of Economies of Scale, in: Europäische Kommission: Studies on the Economics of Integration, Research on the Cost of Non-Europe, Basic Findings, Bd. 2.

RADA MINISTRÓW (2000): Raport w sprawie korzysci i kosztów integracji Rzeczypospolitej Polskiej z Unia Europejska (Bericht über die Nutzen und Kosten der Integration der Republik Polen mit der Europäischen Union), Warszawa, erhältlich unter: http://www.cie.gov.pl/tem/dok/kosz_korz.pdf.

RAY, E. J. (1991): Protection of Manufactures in the United States, in: Greenaway, David (Hrsg.): Global Protectionism: Is the U.S. Playing on a Level Field?, London.

REINERT, Kenneth A.; ROLAND-HOLST, David W. (1992): Armington Elasticities for United States Manufacturing Sectors, in: Journal of Policy Modeling 14, S. 631-639.

REINERT, Kenneth A.; ROLAND-HOLST, David W. (1992): Armington Elasticities for United States Manufacturing Sectors, in: Journal of Policy Modeling 14, S. 631-639.

RICHARDSON, Martin (1992): On Equilibrium in a Free Trade Area with Internal Trade, Department of Economics, Georgetown University, Working Paper No. 92-01.

RICHARDSON, Martin (1995): Tariff Revenue Competition in a Free Trade Area, in: European Economic Review 39, S. 1429-1437.

RODRIK, Dani (1995): The Dynamics of Political Support for Reform in Economies in Transition, CEPR Discussion Paper No. 1115, London.

ROLAND, Gérard (1994): The Role of Political Constraints in Transition Strategies, in: Economies in Transition 2, S. 27-41.

ROSE, Klaus; SAUERNHEIMER, Karlhans (1999): Theorie der Außenwirtschaft, 13. Auflage, München.

RUTHERFORD, Thomas F. (1998): Economic Equliibrium Modeling with GAMS. An Introduction to GAMS/MCP and GAMS/MPSGE, erhältlich über: http://www.gams.com.

RUTHERFORD, Thomas; WINER, Stanley (1995): Tax Policy in A Computable Model of Economic and Political Equilibrium, in: Hettich, Walter; Winer, Stanley (Hrsg.): Democratic Choice and Taxytion, Cambridge, s. 153-192.

RUTSTRÖM, Eva E. (1991): The Political Economy of Protectionism in Indonesia. A Computable General Equilibrium Analysis, Stockholm.

SALVATORE, Dominick (2001): International Econmics, 7th ed. New York et al.

SAUNDERS, R.S. (1980): The Political Economy of Effective Protection in Canada's Manufacturing Sector, in: Canadian Journal of Economics 13, S. 340-348.

SCHUMANN, Jochen (1992): Grundzüge der Mikroökonomischen Theorie, Berlin u. a.

SHEILLS, Clinton R.; REINERT, Kenneth A. (1993): Armington Models and Terms of Trade Effects: Some Econometric Evidence for North America, in: Canadian Journal of Economics 26, S. 299-316.

SHOVEN, John B.; WHALLEY, John (1992): Applying General Equilibrium, Cambridge.

STIGLER, George J. (1971): The Theory of Economic Regulation, in: Bell Journal of Economics and Management Science 2, S. 3-21.

STIGLITZ, Joseph (1987): Prinicipal and Agent, in: Eatwell, John, Milgate, Murray, Newman, Peter (Hrsg.): The New Palgrave Dictionary of Economics, London.

SZCZERBIAK, Alexander (2000): Polish Public Opinion: Explaining Declining Support for EU Membership, in: Journal of Common Market Studies 39, S. 105-122.

SZOMBURG, Jan (1994): Koniec etosu transformacji – czas gry interesow (Ende des Ethos der Transformation – Zeit für das Spiel der Interessen), in: Rzeczpospolita, 8.11.1994.

TOLLISON, Robert D. (1982): Rent-Seeking: A Survey, in: Kyklos 35, S. 575-602.

TREFLER, Daniel (1993): Trade Liberalization and the Theory of Endogenous Protection: An Econometric Study of U.S. Import Policy, in: Journal of Political Economy 101, S. 138-160.

TULLOCK, Gordon C. (1967): The Welfare Costs of Tariffs, Monopolies, and Theft, in: Western Economic Journal, S. 224-232.

URSPRUNG, Heinrich W. (2000): Die Modellierung endogener Handelspolitik: "The Rake's Progress", in: Außenwirtschaft 55, S. 85-119.

VAN WINDEN, Frans (1999): On the Economic Theory of Interest Groups: Towards a Group Frame of Reference in Political Economics, in: Public Choice 100, S. 1-29.

VARIAN, Hal R. (1994): Mikroökonomie, 3. Auflage, München.

VINER, Jacob (1950): The Customs Union Issue, New York.

WALECKI, Marcin (1999): Wybrane aspekty finansowania partii politycznych w Polsce, in: Instytut Spraw Publicznych: Finansowanie partii politycznych w Polsce. Ocena dotychczasowych doswiadczen, wnioski na przyszlosc. Konferenzmaterialien, Warschau, 7.12.1999.

WALECKI, Marcin (2000a): Dochody Polskich partii politycznych – regulacje prawne i praktyka, in: Walecki, Marcin (Hrsg.): Finansowanie Polityki. Wybory, pieniadze, partie polityczne, Warszawa, S. 116-138.

WALECKI, Marcin (2000b): Wydatki Polskich partii politycznych, in: Walecki, Marcin (Hrsg.): Finansowanie Polityki. Wybory, pieniadze, partie polityczne, Warszawa, S. 86-115.

WALRAS, Léon (1884): Eléments d'économie politique pure ou théorie de la richesse sociale, Übersetzt in: Walras, L. (1954): Elements of Pure Economics, London.

WALZ, Uwe (1997): Dynamic Effects of Economic Integration: A Survey, in: Open Economies Review 8, S. 309-326.

WECK-HANNEMANN, Hannelore (1992): Politische Ökonomie des Protektionismus, Frankfurt, New York.

WEI, Shang-Jin (1997): Gradualism versus Big Bang: Speed and Sustainability of Reforms, in: Canadian Journal of Economics 4b, S. 1234-1247.

WELTBANK (1999): Corruption in Poland: Review of Priority Areas and proposals for Action, Warszawa, erhältlich über: http://www.worldbank.org.pl/html/corruption.html.

WILLENBOCKEL, Dirk (1994): Applied General Equilibrium Modelling. Imperfect Competition and European Integration, Chichester.

WILLENBOCKEL, Dirk (2001): Imperfectly Competitive Supply Behavoiur and Perceived Demand Elasticities: A Synopsis of Alternative Specifications. Unveröffentlichtes Manuskript.

WINTERS, Alan (1996): Regionalism versus Multilateralism, World Bank, Policy Research Working Paper Nr. 1687, Washington D.C.

WNUK-LIPINSKI, Edmund (1996): Demokratyczna rekonstrukcja. Z socjologii radykalnej zmiany spolecznej (Die Demokratische Rekonstruktion. Aus der Soziologie der radikalen sozialen Veränderung), Warschau.

WONNACOTT, Paul; WONNACOTT, Ronald (1981): Is Unilateral Tariff Reduction Preferable to a Customs Union? The Curious Case of the Missing Foreign Tariffs, in: American Economic Review 71, S. 704-714.

WTO (2000) – World Trade Organization: International Trade Statistics 2000, Geneva.

ZIELINSKI, MIROSLAW (1994): Elementy polityki handlowej w Polsce w latach 1990-1992 (Elemente der Handelspolitik in Polen in den Jahren 1990-1992), Fundacja Naukowa CASE, Studia i Analizy Nr. 16, Warszawa.

ZIELINSKI, MIROSLAW (1998): Mozliwosci rozwoju lobbingu dla MSP w Polsce (Möglichkeiten der Entwicklung des Lobbying für kleine und mittlere Unternehmen in Polen), in: Fundacja MCRD (Hrsg.): O lobbingu i nie tylko (Nicht nur über das Lobbying), Krakow.